カウンセリング再発見
それはフェルトセンスから始まった

創元社

はしがき

　それはフェルトセンスから始まった。「始まる」ではなく、「始まった」あるいは「始まっていた」が正確なところだ。いったい何が始まったのか。

　それはカウンセリング理論の再構築だろうと本書の主題から想像することができる。だが、じつのところ「カウンセリング理論」の衣を着た「こころの理解の仕方」なのだ。「こころの理解の仕方」が変わっているから「こころ」とかかわるカウンセリングの仕方も変わっている。

　では、「こころの理解の仕方」はどう変わったのか。それと「フェルトセンス」はどう関係しているのか。この「フェルトセンス」という語は何を指すのか。それは本書のなかで繰り返し論じられているから、ここでは定義を示すには至らない。フェルト＝感じられた、センス＝意味。つまり、それは「感じられた意味」と訳すことができる。よく似た表現にフェルト・ミーニングがある（こちらも日本語に訳すと「感じられた意味」）。私たちは辞書の定義どおりに厳密に言葉を使っているわけではない。「感じられた意味」でやりとりしている。それが人間の体験やコミュニケーションの実際だ。ちゃんと定義された変数でプログラムされたコンピューターのソフトウェアと人間の体験の違いはそこにあるように思う。

　ビジネスメールの冒頭に書かれている「"いつもお世話になっております"とはどういう意味ですか？」と日本語ネイティブでない方に尋ねられたら、どう答えるだろうか。もちろん、「お世話」とは食事を作ってくれる、洗濯をしてくれる、といった「身の回りの世話」ではない。では、メールの冒頭にある「いつもお世話になっております」は何を指すのか？

　「それはナンセンスではないか」と日本語ネイティブじゃない方は思うかもしれない。意味がないじゃないか、と。いや、しかし、日本語話者としては「なんの意味もない」という解釈には賛成できない。意味はある。しかし、それは特定の「お世話になる」行為内容を指すのではなく、「感じられた意味（フェルト・ミーニング）」を表している。

　ならば、「いつもお世話になっております」の「感じられた意味」を別の表

現を用いて言い換えてみるとどうなるのか。「いつも仲良くしてくれてありがとう」という表現はどうか。「いや〜ちょっと違うな」という声が聞こえてきそうだ。でもなぜこの言い換えは不十分だとわかったのか。「いつもお世話になっております」の意味がはっきりわかっていないのであれば、「いつも仲良くしてくれてありがとう」が適切な言い換えではないと判断する根拠が示せないではないか。

「いつも仲良くしてくれてありがとう」はちょっと違うと、「感じられた意味」が知っているから、この言い換えは適切ではないと言えるのだ。これこれしかじかの定義に合わないから、この言い換えは適切ではないと人は判断するのではなく、「なんとなく」"これは違うな"、とか、「なんとなく」"あ、これだ！"と体験する。

「あなたは何者ですか」と聞かれたときも同じで、これこれしかじかです、とははっきり答えられない。私たちの体験は未形成だ。まだ形になっていないものとして体験を扱う必要がある。科学や学問の方法は、それが研究する対象にあっていなければならない。人の体験を研究するカウンセリング心理学などの学問は、人の体験の性質に合致した方法論を用いる必要がある。

カウンセリング心理学のパイオニア、カール・ロジャーズの1940年代の面接記録を読みながら大学院生たちと思わず笑ってしまった。この面接のクライエントは、覗き見をしてしまう行為をやめようとしている。彼は面接の冒頭で、それを思うと胸に重たいものが感じられ、それはなんだかわからないが、下のほうに降りていくんだ、と繰り返し述べる。当時のロジャーズの応答は「はい、うん」だけ、あるいは「なんだかわからないんだね」とか、「それ、痛いのか？」といったもの。当時は、未形成の意味感覚であるフェルトセンスの存在を知らないから、これには対応できない。いまなら、「胸の重いものがあなたになにかを伝えているとしたらなんでしょう」とその「感じられた意味」を問うかもしれない。もうすでにカウンセリングや心の理解は変わってきているのだ。それはフェルトセンスから始まった。

2024年12月

池見　陽

目　次

はしがき　00

序　章
カウンセリングを問い直す ··011

意味や論理に先立つもの

フェルトセンスの発見

フェルトセンス革命

カウンセリングで何が変わるのか

カウンセリング再発見

第1章
フェルトセンスとは何か ··017

1　フェルトセンスはいかなる体験なのか　017

「経験」と「体験」

「いま・ここ」──私にとっての体験

「体験」とフェルトセンス

振り返って観る

フェルト・ミーニングとフェルトセンスの区別

「なんとなく知っている」

「フェルトセンスがやってくる」

直接参照（direct referent）

「生を振り返って観る」ことはカウンセリングの成功に不可欠

2　体験過程とはいかなるプロセス（作用）なのか　029

「感じ」として参照されるフェルトセンス

意味は暗在的（implicit）に感じられている

「構造拘束」では暗在的な意味が機能していない

体験過程

「体験的一歩」と「体験過程の推進」

フェルトシフト

3　人はいつも全体を体験する──フェルトセンスと「全体」　037

一瞬にして包括的に体験する

「詳しく」ではなく「全体を感じる」

4　意味はいかにして立ち現れるのか　040

人は自ら意味を生成させている

言葉に先立つフェルトセンス

5　フェルトセンスは「カラダ」の知　048

フェルトセンスは「カラダ」の知

カラダは身体ではない

6　体験はいかにして生の可能性を指し示しているのか　053

ヒューマニスティック心理学と「自己実現」

フェルトセンスは「心のメッセージ」のインプライング

澱みなく進んでいく生

フェルトセンスは「実存」である

7　フォーカシング指向心理療法とフェルトセンス革命　060

ボーデンゼーのほとりにて

『フォーカシング指向心理療法』にみる「フォーカシング」

『フォーカシング指向心理療法』にみる「関係」あるいは「相互作用」

「関係が第一、フォーカシングは三番目でしかない」が意味するところ

「そろそろウィーンに行くよ」

第2章
カール・ロジャーズのカウンセリング論再発見 ……… 075

1　カール・ロジャーズとフェルトセンス　075
　　　ロジャーズは「フェルト・ミーニング」に注目した
　　　ロジャーズの「三つの時代」

2　非指示的心理療法の時期──「傾聴」が否定されることになった経緯　078
　　　ロジャーズの傷心──「傾聴」から「人間関係」へ
　　　ロジャーズの「中核3条件」に対する誤解

3　クライエント中心療法の時期──中核3条件が意味するところ　082
　　　訳語の問題
　　　「中核3条件」を見直す

4　パーソン・センタード・セラピーの時期
　　　──フェルトセンス革命はロジャーズを変えていた　087
　　　パーソン・センタード・セラピーは「体験過程の時代」
　　　「理解の試み」にはいかなる作用があるのか
　　　カール・ロジャーズのカウンセリング論

第3章
［理論］カウンセリングでは何が起こっているのか ……… 097
──体験過程モデルが描く人間観

1　心理学諸理論における人間観　097
　　　人間観への関心
　　　「体験過程モデル」の構築

2　面接事例の提示　101
　　　面接記録より
　　　CLから来た4日後のメールより

3　カウンセリングでは何が起こっているのか
　　　──体験過程モデルの人間観　107

第4章
エイジアン・フォーカシング・メソッヅ 135

1 マインドフルネスとフォーカシングをめぐる回想と展望 135

　「マインドフルネス」という名の仏教瞑想

　寺院での生活

　誰が瞑想をしているのか

　マインドフルネスとフォーカシング

　エイジアン・フォーカシング・メソッヅ

2 エイジアン・フォーカシング・メソッヅ (iFocusing) の導入 141

　座り方と呼吸のしかた

　雑念への対処

3 観想法 (The Focusing of Observing Thoughts) 144

　観想法の実演

　観想法とはいかなる実践か──実演の解説を通して

　スペース・プレゼンシング

4 観我法 (The Focusing on observing selves) 154

　自我を観る

　観我法の実演

　観我法とはいかなる実践か──実演の解説を通して

5 青空法 (Blue Sky Method) 163

第5章
〈フェルトセンス・表現と変容〉のプロセス 167
──その実践ガイド

1 漢字一字で表す 168

　カウンセリングにおける漢字フォーカシング (iFocusing)

　暗に感じられている漢字に意味

　漢字一字と質的研究 (iFocusing)

漢字フォーカシング・グループ（iFocusing）

2 「アニクロ」──生きざまを動物として表現してみる（iFocusing）　176

アニクロ

アニクロのインストラクション

アニクロの実例

動物イメージはどこから現れるのか

　　──フェルト・ミーニングとその象徴化

「生きざま」は実存

アニクロは生を「振り返って観る」契機

気づきは「心のメッセージ」

クロッシング（交差）

人は言い表すまで自身を知らない

気づきは過去に遡及適用される

3 クリアリング・ア・スペース　183

自分と過ごす贅沢なひととき

クリアリング・ア・スペース

ペアでクリアリング・ア・スペースを実践する

実例

実例の解説

「クリアリング・ア・スペース」の日常生活での活用

4 フォーカシング　195

「フォーカシング」の意味するところ

フォーカシング・ショート・フォーム成立までの経緯

フォーカシング・ショート・フォーム

フォーカシング・ショート・フォーム実例

　　──つららが変容したフォーカシング・セッション

求める答えは「もともと知っていた」

5 「シカゴ・スタイル・リスニング」（iFocusing）　216

リスニングの「二重の考察」（ロジャーズ）とカウンセリング教育

シカゴ・スタイル・リスニングの手順

シカゴ・スタイル・リスニングの感想

「深いリスニング（傾聴）」（Deep Listening）との関係

エピローグ ··227

1 「書く」ことによって発想が推進される 227

2 フォーカシングと私──狭間でのめぐり逢い 229

　　狭間に暮らす

　　言語の狭間に聴こえてくるもの

　　心理学と哲学の狭間に現れるもの

　　ハイデガーとロジャーズの合流が培うもの

3 ユージン・ジェンドリンの故郷ウィーンへの巡礼の旅 237

初出一覧 242

参考文献 243

装丁　濱崎実幸

序　章
カウンセリングを問い直す

意味や論理に先立つもの

　「一郎もなぜか胸がつまって笑えませんでした」（宮沢賢治『ひかりの素足』）。
　誰もが理解できる一文だ。あるいは、これと同じような体験をしたことが
あるかもしれない。
　しかし、この文をよくみてみよう。「胸がつまった」とはどういう状態を指
しているのか。もちろん、胸のレントゲンをとったら映るような物理的な「胸
のつまり」があるわけではない。これは「こころ」の状態を表現したものだ。
　ただ、「感情」や「情動」といったような焦点がはっきりしたものではない。
そうならば、「一郎も怖くて笑えませんでした」などと書くだろう。だが、作
者はそうは書いていない。ここに描かれている「胸のつまり」は恐怖の感情
だとは断定できない。
　胸のつまりの前には「なぜか」とある。これは、一郎自身が胸のつまりの
意味をはっきりと認識できていないことを示している。この文には「○○だ
から胸がつまった」といった論理展開はみられない。この「胸のつまり」は、
論理や理性を超えたものだ。そもそも、人の体験は論理で構成されていない。
　この「胸のつまり」の意味はまだ形成されていない。あとから一郎が振り
返って観たときに、「あのときは怖かったんだ」とか「圧倒されていたんだ」
と、あとになってその意味を言葉にすることができるだろう。「怖い」「圧倒
される」といった意味は、胸がつまったその瞬間ではなく、事後に振り返っ
たときに生成される。言い換えれば、「胸のつまり」は言葉や意味形成に先立
って存在している。

この「胸のつまり」を端的かつ的確に表現する言葉はあるだろうか。先に挙げた「感情」や「情動」以外では、「気分」や「気持ち」といった表現が浮かぶ。「気」の現象と考えてみることもできるが、一郎本人の観点では、それは「胸」、つまり具体的にカラダに感じられている。ただし、物理的な身体現象ではない。

また、この「胸のつまり」は、ある状況において感じられている。それは「状況を生きる感覚」だ。それはカラダに感じられる生の感覚で、言葉や意味や論理に先立って存在している。そしてそれを言い表すことによって、人は自分の体験の意味を理解することができる。それは、人が己を理解し、体験の意味を知るための根源的なものだ。

ところが、この「胸のつまり」のような体験を適切に表現する言葉は、じつは日本語にも英語にも存在しなかった。ユージン・ジェンドリンがそれを発見するまでは。

┃ フェルトセンスの発見

アメリカ合衆国の哲学者ユージン・ジェンドリン（Eugene Gendlin：1926–2017）はこうした体験を「フェルトセンス」（felt sense：感じられた意味）と名づけた。

ジェンドリンは哲学専攻の大学院生のころから同じシカゴ大学で教鞭をとっていたカウンセリング心理学の教授カール・ロジャーズ（Carl Rogers：1902–1987）の門をたたき、そこでカウンセリング研究に従事するようになった（第2章参照）。そしてロジャーズとともにクライエント中心療法（のちのパーソン・センタード・セラピー）の基盤を築き、その「共同創始者」とも評されている（エピローグ参照）。ジェンドリンが取得した学位はすべて哲学で、心理学を正式に学んだことはなかったが、心理療法家としても著名になった。アメリカ心理学会から心理学賞を4度も受賞し、合計七つもの心理学賞を受賞している。

一郎の「胸がつまった」体験はフェルトセンスだ。フェルトセンスは、ジェンドリンがそれを名づけるまではずっと見落とされてきた。フェルトセンスに気づいて、それに注意を向けていると言葉が生まれてくる。そして意味が立ち現れてくる。この過程を「フォーカシング」という。

フェルトセンス革命

フェルトセンスの例をもう少し挙げてみよう。

高価な買い物をするとき、商品の説明書をよく読み、商品のスペックが自分の求めている基準と一致することを確認した。が、何か「気がのらない」。「う～ん」と唸（うな）る。いい商品ということはわかるが、「う～ん」……この「う～ん」で表現されているものがフェルトセンスだ。これは感情そのものではない。どうして「う～ん」なのか、この時点ではその理由や意味はまだはっきりとしていない、未形成の状態だ。「う～ん」は理由や意味形成に先立って存在している。具体的にカラダになんだかはっきりしない感覚として感じられている。

ビジネスの企画を考えていると何かスッキリしない。どこがスッキリしないのか、企画について考えてみる。細部はどこにも問題がなさそうだ。けれども、スッキリしない。そのスッキリしない体験がフェルトセンスだ。

この作品には何かが足りない。アーティストは何が足りないのか考えてみる。しかし、いくら考えても足りないものは導きだせない。そういうとき、アーティストは「何か足りない」というフェルトセンスにとどまって、そこからアイディアや新しい発想が浮かぶのを待つ。そのアーティストはフォーカシングをしている。

ある人との会話を思い出すと腹が立ってくる。腹立ちの感情に触れていると、相手に対して強い言葉を浴びせかけ、喧嘩している空想が始まる。腹立ちはますます強くなってくる。それはあまりにも大人気ないと立ち止まり、腹立ちは具体的にはどんなふうに体験されているのだろうかとカラダに注意を移してみる。そこには何かのフェルトセンスが感じられている。そのフェルトセンスは「腹立ち」という言葉で適切に表現できているだろうか。「腹立ち」ほどは強くない傷のようなものが胸に感じられる。腹立ちの奥には「傷つき」があるのだろうか。その人との関係で繰り返し傷ついてきたのだろうか……。

このように、フェルトセンスは問題解決、創造性、対人関係──人が選択して生活する多くの営みに関与している。

問題に遭遇したときに「よく考えて」とか「感情を表現して」といった一般的な対応はわりと役に立つものだ。それらは過小評価されるべきではない。しかし、そこではフェルトセンスが見落とされている。「内なる静かな声」「心

のメッセージ」（池見, 1995）に人が気づき、そこに立ち止まり、それを言い表していくことは、一般的なやりとりを超えた個性的なやりとりを生み出し、やがて社会に変革をもたらすだろう。それは「フェルトセンス革命」になるように思える。

フォーカシング研究所（現 The International Focusing Institute：国際フォーカシング研究所）のエクゼクティブ・ディレクターを勤めていたメアリー・ヘンドリックス・ジェンドリン博士（ユージン・ジェンドリン夫人、故人）は、同研究所のミッション（使命）として「フェルトセンス・リテラシー（felt sense literacy）」を掲げていた。リテラシーは「読み書き能力」だ。人々がフェルトセンスの存在に気づいて、それを大切にして、そこから言葉を発したり、思考したりすることがあたりまえになる文化の構築を彼女はめざしていた。私は日本語や英語のなかで「フェルトセンス」という言葉が定着することを、まずはめざしてみたい。

カウンセリングで何が変わるのか

カウンセリングの仕事は対症療法ではない。この点は、疾病理解を中心とする医療における「治療」や「療法」とはニュアンスが異なる。カウンセリングがめざしているのは人間理解だ。それは身体のメカニズムとは次元が異なる。人は意識がある存在だから、生の意味を求めている。

職場で「不安」を感じると訴える人がいるとする。その人が求めているのは、単に不安を「取り去る」ことではない。自分はどうして職場で不安を感じているのか、その人は意味を探し求めている。また、「私はどんな人間なのだろうか」「この職場は私に適しているのだろうか」といった自己理解や生の可能性を探求している。カウンセリングの役割は、このような自己理解の成立をお手伝いするものだ。

人の感情の根底にはフェルトセンスがある。さきの職場の例でいえば、職場で感じられる何らかのフェルトセンスに「不安」というラベルを貼り、そのラベルを通して「私は不安を感じている」と理解している。まずは、そのラベルがフェルトセンスを適切に表現しているのかを調べてみる必要がある。ラベルが変わると自己理解も変容する。

フェルトセンスは状況を生きる感覚だ。フェルトセンスが言い表されるようになると、状況の生き方が変化する。カウンセリングで何が変わるのか──

それは人の生きるありさまの変容だ。

　フェルトセンスに注意を向け、そこから言葉を生み出し、発想していくことは、クライエントの生に変容をもたらす。しかし、それ以前にカウンセラーがフェルトセンスの存在に気づき、それを大切に扱う必要がある。それができるようになると、カウンセリングは変わる。

　第1章で取り上げるように、ジェンドリンの「フォーカシング指向心理療法」のめざすところは、各種カウンセリング（心理療法）の変容だ。フェルトセンスを大切に扱うことで「カウンセリングはどのように変わるのか」。こちらのほうも大きな課題だ。

　心理学に限らず、「科学的」な研究方法を用いる場合には、厳密に定義された変数が必要だ。「不安」の研究をするのなら、その「操作的定義」として、どの不安尺度を用いるのか、その尺度で得られたどの範囲の得点群を「不安」と定義するのか、といったことを決める必要がある。

　しかし、フェルトセンスは未形成のため、それを変数として捉えるのは難しい。ある瞬間、それは確かに「不安」と言語化されたとしても、つぎの一瞬のうちに表現が変わり、それは「寂しさ」になるかもしれない。また、それは人が状況を生きる感覚なので、状況が違えばフェルトセンスも違ってくる。フェルトセンスは「特性」のようには扱えない。

　このように、フェルトセンスは従来のパラダイムには馴染まないため、実証的研究ではなかなか取り上げられない。「神経質」「内向性」「うつ感情」などのようなコンテンツから出発する研究では、フェルトセンスを扱えない。コンテンツではなく、「まだ形成されていない意味感覚が概念として形成されていくプロセス」を扱うアプローチが必要になる。研究の方法にもフェルトセンス革命が必要で、これもまた大きな課題といえる。

カウンセリング再発見

　本書の読者をつぎのように位置づけることができるかもしれない。心理療法（心理支援）やカウンセリングに従事されている方々／心理療法やカウンセリングを学んでいる方々／フォーカシングを実践されている方々／フォーカシングを学んでいる方々／「こころ」や「ココロとカラダ」あるいは精神性やこころの哲学に関心がある方々。こうした方々に最初にお伝えしたいことは「フェルトセンス」についてで、ここではその「予告編」を提供した。

フェルトセンスを中心に据えてみると、カウンセリングの考え方が革命的に変容する。それは「カウンセリング再発見」となるだろう。

　本書では、カウンセリングを再構築するため、精神分析、ロジャーズ、ジェンドリンなどの理論を解説しているが、後半では著者独自の心理療法論を展開している。

　第1章では、筆者のベース・キャンプとなるフェルトセンスや「体験過程」について論じていく。第2章では、フェルトセンスの観点から、カウンセリングのパイオニアだったカール・ロジャーズ（Carl Rogers：1902-1987）のパーソン・センタード理論について論説していく。日本において一般に理解されているロジャーズの読み方とは多少異なることに気づく読者もいるだろう。そして第3章では、筆者独自の心理療法論を展開する。このように本書では「カウンセリング」を基礎から再構築している。

　書名にある「カウンセリング再発見」は、必ずしも「理論的」ということではない。理論は実践の上に構築される。つまり、これらの理論の基盤となる人の体験や実践方法がある。ジェンドリンのフォーカシングおよびそれに端を発する筆者独自の実践は、第4章と第5章で紹介している。理論よりも先に実践に触れたい読者は、第5章から読みはじめるといいだろう。

　本書に紹介されている理論と実践を通して、読者が「カウンセリングとは何か」といったことを再発見されることを期待し、序章を終えることにする。

第1章
フェルトセンスとは何か

1 フェルトセンスはいかなる体験なのか

┃「経験」と「体験」

　序章で"フェルトセンスとは何か"について大まかに解説した。例文として「一郎もなぜか胸がつまって笑えませんでした」を挙げ、この文にある「胸のつまり」のような体験がフェルトセンスだとした。つまり、フェルトセンスはある種の体験なのだ。本章ではこれをもう少し精密にとらえ、「フェルトセンスとはいかなる体験なのか」を検討してみたい。

　ここで言う「体験」は、「経験」と表現されることもある。「体験」も「経験」も、どちらも英語ならexperienceで、experienceの意味で用いるのなら、「体験」と「経験」は同じ意味だから入れ替えることができる。しかし、日本語の「体験」と「経験」はまったく同じというわけではない。『広辞苑 第七版』ではつぎのような語釈を与えている。

　　けい-けん【経験】(experience)　①人間が外界との相互作用の過程を意識化し自分のものとすること。人間のあらゆる個人的・社会的実践を含むが、人間が外界を変革するとともに自己自身を変化させる活動が基本的なもの。馬場辰猪、思想の説「之を——するや必ず自ら進で其の事物に当らざる可らず」㋐外的あるいは内的な現実との直接的接触。㋑認識として未だ組織化されていない、事実の直接的把握。㋒何事かに直接ぶつ

かる場合、それが何らかの意味で自己を豊かにするという意味を含むこと。「得がたい──」㋓何事かに直接にぶつかり、そこから技能・知識を得ること。「──を積む」②〔哲〕感覚・知覚から始まって、道徳的行為や知的活動までを含む体験が自覚されたあり方、またその状態。

たい-けん【体験】　自分が身をもって経験すること。また、その経験。「初──」「戦争──」「──談」

　どうやら「経験」のほうが「体験」よりも experience を言い表しているように読める。とくに、①の㋐と㋑の定義は本書で取り上げているフェルトセンスの意味に近い。一方、「体験」については「経験」よりも記述が少ないうえに、その記述は「経験」に依拠しているように読める。
　こうした点をふまえると、experience を日本語で表現するとすれば、「経験」のほうが「体験」よりも近いように思える。しかし、本書では experience を表現する語としてあえて「体験」を採択する。その理由は、さきの「体験」の語釈にあるように、「体験」という語には「自分が身をもって」というニュアンスが強いからだ。
　また、「経験」の①エの定義が本書で扱っているフェルトセンスと相容れないので、「経験」を用いるのは難しい。この①エの「経験を積む」という使い方では、「経験」は、たとえば「臨床経験10年以上」や「経験豊富」といった表現にあるように、「いま・ここ」で経験していることではなく、過去からの蓄積を意味する語となっている。しかし、本書で扱っているフェルトセンスは常に「いま・ここ」に位置しているため、過去からの蓄積という意味は含まれない。そのため本書では、日本のほとんどのフォーカシング研究者たちがそうするように、「体験」という語を用いることにする。

「いま・ここ」──私にとっての体験

　辞書の記述を踏まえて、私なりに「体験」という語の意味を説明してみようと思ってはみたものの、これはかなりの難題だ。試みとしては、つぎのように言うことができるだろう。体験は「私の」意識で、「私の身に起こること」や「私が身をもって生きている」状況についての意識だ。それは、状況の知覚や認識、考えたことや感じられたこと、記憶や期待、意味付けなどが

含まれた意識だ。とまとめてはみたが、体験に対するこのような説明は、自分でも完全に納得できるものではない。例を示してみよう。

　私の「体験」を記述してみる。私はこの部屋で机に向かって原稿を書いている。オフ・ホワイト色の机の上に置かれた白とシルバーのキーボードが美しいと感じている。ジャズ・ヴォーカルをオーディオで流していて、時折、ボサノヴァの軽やかなノリがカラダに響き、心地よさを感じていることに気づく。カラダもリズムにのって少し動き出している。１曲目が終わり、つぎの曲が始まる。その曲の「感じ」がいま書いている原稿と合わなければ、「あ、この曲は、いまは聴けないな」とスキップボタンを押して曲を飛ばす。自分が書いた一行を読み返し、何となく気になる表現を見つけては、ここに入る別の表現を思い浮かべてみる。アロマポットから発生しているハーブのアロマに気づく。書いている原稿と流れているジャズの曲が絶妙にブレンドしていることに気づく。詳細に記述していくとキリがないが、これが独特の「いま・ここ」の私の「体験」だ。

　私の「体験」は、私にとっての「いま・ここ」だ。体験は「内側」、状況は「外側」と考えがちだが、「内と外」をいったん括弧にくくって、私の体験のありのままを記述してみると、私の体験はいつも「いま・ここ」として参照される。

　「“いま・ここ”に立ち止まる」などといったことは物理的に無理なのではないか、という反論が聞こえてきそうだ。時間は刻々と進んでいくから、「いま・ここ」と言っても、それを言葉にしたときには、もう２秒か３秒過ぎていて、「いま」とは言えないではないか。

　たしかに、時間は進み続ける。しかし私自身には「ジャズを聴きながら原稿を書いているひととき」は「いま」として体験されている。それは「時のエスカレーター」に乗って立ち止まっているような感覚だ。エスカレーターに乗っている人は「いま」に立ち止まっているが、エスカレーターの外の景色は刻々と過ぎ去っていく。私はあたかも時間のエスカレーター上の「いま・ここ」に立ち止まって原稿を書いているようなものだ。私は「いま」に立っているが、エスカレーターの外の景色は刻々と過ぎ去っていく。

▎「体験」とフェルトセンス

　私の「体験」は、私にとっての「いま・ここ」だと解説してきたが、これから「体験」と「フェルトセンス」について検討してみよう。

もちろん、フェルトセンスも体験だ。しかし、「フェルトセンス」と「体験」という語が指している現象はまったく同じかと問われると、そうとも言い切れない。では、フェルトセンスはある特殊な内容の体験なのかと問われると、そうではない。

　たとえば、音楽の体験、映画の体験、グルメ体験、異文化体験などのように、体験内容（contents of experience）でフェルトセンスを特徴づけることはできない。むしろ、フェルトセンスはある独特の体験の仕方で、専門的には体験過程様式（manner of experiencing）のひとつと考えられている。

　フェルトセンスの実態に迫るため、まずはフェルトセンス（感じられた意味：felt sense）という言葉の意味を考えてみよう。ジェンドリンは最初からフェルトセンスという造語を使っていたわけではなく、以前にはほぼ同様の現象を指すのに「フェルト・ミーニング」（感じられた意味：felt meaning）という語を用いていた。フォーカシングという心理療法の方法を実践するようになってからフェルト・ミーニングの使用頻度が減り、その分、フェルトセンスの使用割合が増えてきたように見受けられる。そもそも「センス（sense）」は「意味」を表す語だ。英語のナンセンス（nonsense）は「意味がない」ということを表す。また、"make sense"は「意味をなす」ことだから、sense は「意味」を指している。

　一方、フェルト・ミーニングの「ミーニング」もまさに「意味」と訳される。フェルト・ミーニングとフェルトセンスは、ほぼ同義といえよう。しかし、「センス」には「センセーション（sensation：感覚）」の意味も含まれる。このことをふまえるなら、ジェンドリンが心理学的方法であるフォーカシングを構築していくにつれ、「感じられた意味」から「感じられた意味感覚」あるいは「カラダで感覚された意味」といったように、より具体的に、あるいは「身をもって」感じられる意味の感覚を強調するようになってきたとみてもいいだろう。

　ここまでに「体験」と「意味」が頻出している。ここで両者の関連について触れておく必要があろう。人の体験は「感じられた意味」あるいは「感じられた意味感覚」にどっぷり浸っている。しかし〈私たちの体験は「感じられた意味」にどっぷり浸っている〉という、この一文を理解するためには、ある体験的な手続きが必要になる。それは、私たちが体験していることを「振り返って観る」行為、別の表現では「反省する」あるいは「省みる」という体験的な手続きだ。

振り返って観る[*1]

「古池や蛙 飛び込む水の音」——松尾芭蕉のよく知られた一句を取り上げて、フェルトセンスやフェルト・ミーニングについて論じたことがある（Ikemi, 2013）。この句はどのように体験されるのだろうか。

この句は、蛙が池に飛び込んだ、という単なる事実の報告ではない。では、この句は何を表現しているのか。立ち止まって「振り返って観る」と、文字以上のものが立ち現れてくる。

古池——人があまり往来しない、人の手が入っていない静かな場所。蛙が飛び込む水の音が聞こえるほどの静けさ。その音が聞こえてくるということは、ここにいた芭蕉の「こころ」も雑念がない静かな状態だったと考えられる。つまり、この俳句が表現しているのは「静寂さ」に満ちた松尾芭蕉の「いま・ここ」だ。

このように読んでみると、「静寂な雰囲気」が感じられるだろう。そして、ここでいう「雰囲気」が「感じられた意味（フェルト・ミーニング/フェルトセンス）」だ。

俳句を読むときのみならず、人は体験の「意味」について省みるという体験的手続きをしている。たとえば朝食後、なんとなく心身のエネルギーが感じられない、元気がないとき、「二日酔い？」などと体験を振り返って観て、元気がない体験の「意味」を理解しようとする。

昨夜はあまり飲んでいないから二日酔いではないなら、「風邪？」。それにしては風邪の症状がない。では「疲れ？」。どうやら、この元気がない体験と「疲れ」という概念が響き合う。そういえば、ここ数日、とても忙しく過ごしていたこととも付合する。

この心身のエネルギーがない体験には「疲れ」というフェルト・ミーニング/フェルトセンスがあることがわかる。「今日、私はなんだか疲れている」と思っている私の体験は〈「感じられた意味」にどっぷり浸っている〉わけだ。

照明を落とした部屋の優しい灯り、ジャズ・ヴォーカルの響き、アロマポットの香り、これらに包まれて原稿を書いている〈私のいま・ここ〉すなわち私の体験は、「無意味」に感じられているわけではない。そこにはある独特

---

*1　「生を振り返って観る」は池見（2010）に用いた表現で、「反省的意識（reflexive awareness）」ともいう。

の「味わい」、すなわちフェルト・ミーニング/フェルトセンスがバックグラウンドに感じられている。私が書くこの原稿は、このひとときのフェルト・ミーニング/フェルトセンスに「包み込まれて」いるばかりでなく、それらに導かれてもいることにも気づく。

フェルト・ミーニングとフェルトセンスの区別

　ここまでフェルト・ミーニングとフェルトセンスを区別なく使用してきたが、実はこの二つの用語が指し示す体験はまったく同じというわけではない。その違いを取り上げた論文は国内外を問わず少ないが、Ikemi (2013) と池見・森田（2024）がこれに論及している。

　ジェンドリンは「フェルト・ミーニングは人間の認知のすべての場合において生起している」(Gendlin, 1962/1997, p. 65) としている。人は辞書の定義どおりに言葉を使うのではなく、その「感じられた意味」でコミュニケーションをとっている。いくつかの例で示してみよう。

　「台風が近づいている」──人は台風の厳密な定義を知らなくても、なんとなくその意味を知っている。調べてみると、台風は熱帯の海上で発生した低気圧で、北西太平洋または南シナ海に存在し、低気圧域内の最大風速が10分間平均で秒速17メートル以上のものを言うらしい。しかし、こんな定義を人はいちいち参照しているわけではない。台風とは何かを「なんとなく知っている」、すなわち「フェルト・ミーニング」として知っている。フェルト・ミーニングは「なんとなく知っている意味」と言い換えたほうがわかりやすいかもしれない。

　台風が「近づいている」という語は何を意味するのだろうか。自分がいるところからどの方角の何キロ先に台風がきているときに「近づいている」と言えるのだろうか。人はいちいち台風の速度や進路や気圧を計算して「近づいている」ことを認識しているわけではない。「台風」という言葉も「近づいている」という言葉もフェルト・ミーニングとして理解しており、これらの言葉はそれらの厳密な定義、あるいは「真の定義」を指しているわけではない。

　第5節で解説するが、日本語表現には意味が明らかに示されていない「フェルト・ミーニング的」表現がある。「よろしくお願いします」という表現は何をお願いしているのだろうか。講演をするとき、「池見です。今日は何時ま

でこれこれについて話します。よろしくお願いします」と言って始めること
がある。私は参加者にいったい何をお願いしているのだろうか。「携帯電話を
サイレント・モードにしてください、お願いします」といった特定の依頼を
しているわけではない。では「よろしくお願いします」には意味などなく、単
なる常套句なのだろうか。いや、どうもそうではない。何らかの意味が感じ
られる。その語にはフェルト・ミーニングが作用している。

　「よろしくお願いします」の正確な意味を調べようと検索してみると、「お
世話になる人への挨拶」という記述があった。しかし「お世話になる」とは
いったい何か。この場合の世話は、食事を作ってくれたり、洗濯をしてくれ
たり、といった「身のまわりの世話」ではない。ビジネスメールの冒頭に「い
つもお世話になっております」と書くが、それは何を意味しているのだろう
か。

　こうしたフレーズはそれぞれの文脈において、何らかの未構成の暗在的な
意味、すなわちフェルト・ミーニングを伝えている。フェルト・ミーニング
は「言葉の奥で作用している感じられた意味」と考えてみてもいいだろう。

　ジェンドリンはフォーカシングの文脈では、フェルト・ミーニングよりも
フェルトセンスという語を多用する傾向があった。フェルトセンスはフェル
ト・ミーニングと同様に、未構成の意味を表すが、使い分けようとするなら
ば、フェルト・ミーニングが言葉の奥に機能している「感じられた意味」で、
フェルトセンスはまだ言葉にもなっていない「感じられた意味感覚」をいう。

　フェルトセンスは言葉になっていないためにカラダの感覚が際立っており、
日本語ではオノマトペとして表現されることも多い。「仕事のことを思うと、
なんだろう……モヤモヤしていて……胸のなかが重た～い感じがするよ」と、
これはフェルトセンスの一例だ。

　一方、「仕事は重圧だ」と語っている人が使う「重圧」という語は「強い力
で圧迫すること。また、そのような力」（『広辞苑 第七版』）だけではなく、多
くの感じられた意味、すなわちフェルト・ミーニングを内包し、そこに感じ
られている意味は未形成だから、それを語った本人にもまだ明らかになって
いない。

　フェルト・ミーニングは人がその存在に気づく以前に、すでに言葉の「奥
に」作用している。一方、フェルトセンスはまだ言葉になっていないため、そ
れを表現するのが難しいし、その存在に気づきやすい。「この楽曲の感じは何
と言ったらいいんだろう、なめらか、と言うとちょっと違うし、しっかりし

ていて、柔らかいというか……」と語る人は、フェルトセンスを参照して語っている。

「なんとなく知っている」

フェルトセンス、フェルト・ミーニングという語の頭に「フェルト（felt 感じられた）」があるが、この場合のフェルトは「感情」という意味ではない。「意味を感覚的に知っている」「なんとなく知っている」と言い換えることができるようなもので、重要なのは「明示的な概念や言葉として知っているのではない」という意味でフェルト（感じられた）という点だ。

カウンセリング関係者は「感じられた」を「感情」だと解釈してしまうことがあるが、感情はフェルトセンスやフェルト・ミーニングとは別のものだ。あとで論じるように、感情は、その意味するところがはっきりわかっている。怒りの感情は、怒りを意味していることは明らかだ。

これに対して、フェルトセンス、フェルト・ミーニングの意味はまだ明在的ではなく（はっきりしていない）、暗在的（implicit）だ。「この原稿、なんか、ウーン、物足りないじゃないけど……なんだろう」といったフェルトセンスが何を意味しているのかは、語った本人にもまだはっきりわからない。

私が開発したフォーカシング・ワークのひとつにアニクロ（アニマル・クロッシングの略。第5章2節参照）がある。アニクロはフェルト・ミーニングをフィーチャーしたものだ。自身が生きているありさまを動物に喩えて言い表すワークとなっている。

動物のメタファーはどこから出現するのか。初めてアニクロを体験された、ある方はつぎのように振り返っていた。

「私は消去法で選びました。最初はトンビが浮かんだのですが、なんか違うので、それじゃないなと思いました。つぎは鶴が浮かんだのですが、そんなに大きな動物じゃないと思っているうちに最終的にはネズミになりました。忙しくチョコチョコと動いているネズミです」。

この体験記述はとても興味深い。「消去法」はどのようにして成立しているのかと考えてみた。つまり、彼女には最初はトンビのイメージが浮かんだのだが、それは「なんか違う」と感じた。この「なんか違う」という体験がフェルト・ミーニングだ。自身の生に対して「なんとなく知っている」意味はトンビのようではない、鶴のようでもない。フェルト・ミーニングがこのよ

うな象徴を拒否している。ジェンドリンならば、彼女の「カラダ（body）」が
トンビや鶴を拒否した、とも言うだろう。すなわち、トンビや鶴は論理によっ
て、「アタマで考えた」結論として拒否されたのではなく、「なんとなく感
じている」カラダがそれは自身の感覚（フェルト・ミーニング）と一致しない
と「なんとなく知っていて」拒否したのだ。

　そして「小さな忙しいネズミ」が浮かんで「そうだな」と思った。これも
フェルト・ミーニングだ。「自分は小さな忙しいネズミだ」とどこかで「なん
となく知っていた」。これには彼女のカラダも納得した、とジェンドリンは考
えるだろう。

　アニクロのワークは、このようにフェルト・ミーニングに導かれて進んで
いく。「ネズミには仲間はいるんですが、仲間は遠くにいるようなんです」と
いった具合に「なんとなく知っている」生の意味に導かれてイメージが展開
していく。

■「フェルトセンスがやってくる」

　ジェンドリンにフェルトセンスとフェルト・ミーニングの違いについて尋
ねたことがある。彼が"the felt sense comes"（フェルトセンスはやってくる）と
答えたのが印象的だった。「フェルトセンスがやってくる」とはどういう意味
なのか、別のアニクロの例で考えてみよう。

　「私はライオンでした。メスのライオンです。子供を守り、子供たちに食べ
させるために、大きな動物にも噛みついていきます。戦います。なんか、話
しているうちに、胸の中に熱いものが感じられてきました。この熱い感覚は
なんだろうと触れていると、「エネルギー」という言葉が浮かんできました。
私はエネルギーを感じて生きているのだと思うと感動的でした」。

　フェルト・ミーニングが暗黙のうちに機能していて、そこから「メスのライ
オン」というイメージが生起した。しかし、それを語っているうちに、「胸
に熱いもの」──フェルトセンス──が感じられてきた。ジェンドリンが言
っていたように、フェルトセンスは「やってきた」のだった。自身の生を振
り返っているとき、そこに生起してくるのがフェルトセンスだ。それはカラ
ダ、この場合は胸の内に感じられていた。そのフェルトセンスは「熱い」と
感じられ、「エネルギー」といった意味（言葉）と交差していた。ここでは、語
り手の内にフォーカシング（フォーカシング *a*、62頁参照）が起こっていた。

「フェルトセンスは思考や言葉やその他の個別のユニットとしてではなく、ひとつの（しばしば不思議でとても複雑な）カラダの感覚としてやってくる」(Gendlin, 1981/2007, p. 37. 筆者意訳)。

直接参照（direct referent）

このようにフェルトセンスとフェルト・ミーニングを使い分けてみたが、両者には共通点も多い。それは上記のジェンドリンの引用ではつぎのように表現されている。

「フェルトセンスは思考や言葉やその他の個別のユニットとしてではなく……」つまり、それは「不安」といったはっきりした言葉で示すことができる「個別のユニット」ではない。むしろ、それは言葉のような個別のユニットからこぼれ落ちるものだ。

「トンビではない」と言ったときに、「トンビ」という言葉（個別のユニット）に嵌りきらず、そこからこぼれ落ちてしまう部分がフェルトセンス/フェルト・ミーニングだ。どちらも「直接参照（direct referent）」と呼ばれている。それは「言葉を介さずしても」という意味で「直接」参照できる意味の感覚だ。「彼女は自分がトンビではないことを、直接参照を通して知っていたのだ」と表現することもできる。

つまり、彼女は自分がトンビではないことを知っていたが、何々だとは特定できない。その部分はまだ言葉という個別のユニットに入っていない。このまだ言葉になっていない感覚を彼女は「それ」とか「あれ」とか、「それとは違う」といったように表現することができ、そのような指示語が向けられている先が「直接参照」と呼ばれる。

これ以降本書では、フェルトセンスとフェルト・ミーニングの厳密な区別が必要な場合にのみそれらを使い分けることにして、厳密な区別が必要でない場合は「フェルトセンス」と表現する。

なお、「フェルトセンス」はジェンドリンの哲学文献やフォーカシング関係の心理学文献に登場するが、それはジェンドリン哲学やフォーカシングに限定された現象ではない。哲学者ジェンドリンは、人の体験がいかにあるかを記述しているのだ。そのため、「フェルトセンス」などといった用語を知らない人もフェルトセンスを感じている。たとえば、村上春樹の小説『ノルウェイの森』（2004）にもフェルトセンスが表現されている。

しかしどれだけ忘れてしまおうとしても、僕の中には何かぼんやりとした空気のかたまりのようなものが残った。そして時が経つにつれてそのかたまりははっきりとした単純なかたちをとりはじめた。（上巻p.53）

……そのときの僕はそれを言葉としてではなく、ひとつの空気のかたまりとして身のうちに感じたのだ。（上巻p.54）

ここでは、言葉に先立って「身のうちに感じる空気のかたまり」がフェルトセンスということになる（池見, 2016）。

■「生を振り返って観る」ことはカウンセリングの成功に不可欠

心理療法で成功するクライエントの体験のあり方（体験過程様式）を研究する第三者評定尺度として「体験過程尺度（EXPスケール）」がある。それはクライエントが「気持ちに触れた度合い」を測定していると思われている。

しかし、私はその要点をつぎのように解説したことがある（Ikemi, 2014）。すなわち、それはクライエントがいかに自身の体験を振り返って観ることができるのかを測定したものだ。自分の体験を振り返って観ることに不慣れなクライエントに対して心理療法を行うのは難しい。つまりこのような状態では、クライエントは自身の状態を報告することにとどまり、その状態が本人にとってどんな意味をもつのかを省みることをしない。

一般市中病院に勤めていたころ、このような状態にある患者さんによく出会った。「先生、お腹が痛いんです」と訴える消化器内科の患者さんは、適切な報告をしているといえるだろう。本人が腹痛について思ったこと、考えたこと、感じたことなどは抜きにして「客観的に」症状を報告している。それに基づいて内科医が「お腹のどこが痛いんですか」などと問診していき、医師が客観的な情報をもとに診断に至る。この場合は、主観を含めない客観的な報告が適切だ。

しかし、心理療法やカウンセリングは身体医療とはまったく違う。「先生、眠れないんです」だけでは、私たちカウンセラーにはどうにもできない。「眠れなくなっていることについて、何か思い当たることはありませんか？」のように問うて、本人が不眠症状について振り返って観るといった体験的な手続きを促してみる。その体験的手続きがうまく起動しなければ、カウンセリ

ングにはならない。

「何も思い当たることはありません」と言われ、症状を報告するに留まるのなら「では、医師に薬をもらってください」と言うよりほかに手はないように思えた。

駆け出しの臨床心理士だったころ、北九州市の公立病院の心療内科である患者さんに出会った衝撃をいまも鮮明に記憶している。初老の女性で、消化器内科の医師の診断ではストレス性の胃潰瘍を患っていて、心理的なストレスもあるだろうからと、私に紹介された。

その方はラーメンの屋台をやっておられた。ストレスなどについて説明はしたが、その説明は聞いていない様子だった。話が通じていないな、と思いながらも説明を続けていると、その方はつぎのようにボソッと言われた。

「あんた、あんたもキンタマ下げた男じゃろうが。治してくれんね」。

「ウッ!」と私は言葉に詰まった。その方の小さな声で、私は脳をガーンと殴られたような印象を受けた。どうしようと焦るが、どう返したらいいかわからない。しばらく私は沈黙していた。そして、ようやく私の口から出てきたのは、つぎのようなことだった。

「おばちゃん、あんたの胃やけんね、俺の胃やないけん。あんた、何時間寝とるんね、食事はなん食べよるんね……」

おばちゃんは無口で頷くだけだった。面接は気まずい雰囲気で終わった。来週また来るようにと伝えたが、来談されなかった。いわゆる「ドロップアウト(中断)」ケースだった。

この方のような考え方をする患者さんは病院にはたくさんおられた。治療は医師や治療スタッフがすること、患者は情報を伝えるだけという認識が定着していた。たとえ生活習慣病だったとしても、自身の生活を「振り返って観る」ことができず、ただただ薬をもらって飲めばいいと考えがちな人もいた。こんな日本の医療現場で、臨床心理士として何ができるのだろうかと思い悩んでいた。

しかし反対側から考えてみると、このことは(しばしば見落とされている)心理療法(カウンセリング)成功の鍵だと私は思うようになった。別の言い方をするならば、それはクライエントや患者さんが自らの体験を省みることができる内省力だ。

その力がない場合はカウンセリング以前に、何らかの「心理教育」が必要だろう。そこで、精神科の外来クリニックの患者さんたちに少人数のセミナ

ーに参加していただき、自身の体験を振り返るための心理学的方法や知識を教えるセミナー形式の集団療法を行ったことがある。その結果、そこに参加された神経症圏の患者さんたちの状態は改善していき、投薬を必要としなくなった人もでてきた（このセミナーの内容は、「体験過程教師の試み」として『心理臨床学研究』に報告した〔池見, 1997〕）。

　ジェンドリンは、彼が「フォーカシング」と呼ぶ体験とのかかわり方が心理療法の成功の鍵だとしているが（Gendlin, 1981/2007）、筆者はその主要な部分は「振り返って観ること」、すなわち内省力だと考えている。

　一部を省き、大方の心理療法（カウンセリング）では、クライエントが自身の体験を省みることが不可欠な要因となる。なぜならば、カウンセリングは壊れた機械を修理するようなものではないからだ。壊れた機械を修理する場合は、その機械に詳しい専門家が壊れた部分を取り替えるなどして修繕し、問題解決となる。

　しかし、カウンセリングの場合、本人以外の人が──たとえ心理学の専門家だったとしても──心の問題を「取り除く」ことはできない。内臓に詰まったものを手術で「取り除く」ことはできても、「こころ」はそもそも物理的なものではないため、その一部を「取り除く」ことや「修繕する」ことはできない。そこで不可欠となるのは、本人が自身の生き方や、問題と感じている状況について振り返って観て、自分の認識の仕方はそれで適切なのか、状況の生き方は最善なのか、自分はどのように生きたいのか、といったことをカウンセラーとともに注意深く省み、語り合っていくことのように私には思える。そして、そこで不可欠なのが、まだ言葉になっていない意味の感覚──フェルトセンス──なのだ。

2　体験過程とはいかなるプロセス（作用）なのか

　これまでの道のりを少し整理してみよう。フェルトセンスは私の「いま・ここ」の体験だ。その体験は「振り返って観る」反省的モードに入っている。まだはっきりとした意味が形成されていない"何か"が感じられている。

　たとえば、私はある友人と昨夜話していたことを「いま・ここ」で思い出し、なんだか"すっきりしないもの"が感じられる。これはなんだろう？　そう思ってその"すっきりしないもの"を振り返って観ている。その"すっき

りしないもの"がフェルトセンスだ。

　一般的には、このようなことは「感じ」とも呼ばれる。"すっきりしない感じ"とか、「友人と話していて、ちょっとひっかかる感じがあった」といった例にある"感じ"はフェルトセンスを指している。

　フェルトセンスは一般的な言葉では「感じ」と表現される場合があるが、フェルトセンスは「感情」ではない。フェルトセンスはしばしば感情と混同されるが、フェルトセンスと感情は性質が違う。これらをはっきり区別しておきたい。感情は「単一焦点的」という性質がある。怒りには「怒り」という焦点がはっきりある。悲しみでは「悲しい」という焦点がはっきりしている。一方、フェルトセンスの焦点はまだ形になっていない。

　さきの例文に戻ろう。友人と話していて「なんだか気になった」といったフェルトセンスはまだ意味化されていないから、焦点がはっきりしない。「腹がたった」というわけではなく「寂しく感じた」というわけでも「心配になった」というわけでもない。「ただ何となく気になった」のであって、「気になった」の焦点はまだ形になっていない。けれども「気になった」のだから、何もないわけではないし、それはナンセンスではない。"何か"はたしかにある。その"何か"をフェルトセンスという。

　フォーカシングを多少知っている人は、「体験過程に触れる」という表現を使うことがある。この表現は「フェルトセンスに触れる」とどう違うのだろうか。「体験過程」とはいかなるプロセス（作用しているさま・処理されているさま）なのだろうか。この節では、体験過程とフェルトセンスについて検討していきたい。

「感じ」として参照されるフェルトセンス

　異動で職場が変わったばかりの人に「新しい職場、どんな感じ？」と訊いてみるとき、実際は何を問うているのだろうか。一般の会話で「どんな感じ？」というときは「どのような意味を体験しているか」を問うている。つまりこの問いは「新しい職場はあなたにとって、どんな意味があると体験していますか？」をわかりやすく問うてみたものだ。

　「なんか、みんなシーンとしていて、重〜い感じなのよ」という答えは、この方の新しい職場についての"感じられた意味の感覚"、すなわちフェルトセンスを表現したものということになる。

意味は暗在的（implicit）に感じられている

　「重〜い感じ」はメタファー（隠喩）表現だ。ここでは職場での体験を重量に喩えて表現している。このメタファー表現には何らかの「意味」が含意されているが、それは暗在的な（implicit：暗にあるがはっきりしない）ために、それを明確に「あれ」とか「これ」と具体的なものを特定して明言することができない。「重〜い感じ」は「上司がとても緊張していて、その緊張感が伝わってくる」といったように、意味ははっきりとは形成されていない。

　例文のフェルトセンスでは、まだ意味は明確化されていないが、「なんとなく」「重〜い感じ」のように体験されている。この「何となく」には意味が含意されているが、明らかな形になっていない状態なので、意味は「何となくある」と感じられる。その「重〜い感じ」は有意味で、けっしてナンセンスなのではなく、それがフェルトセンスだ。

　このような「暗に何かの意味がある」ことを表現するために、ジェンドリンはしばしばimplicit（暗在的）という語を用いる[*2]。Implicitの反対語はexplicit（明在的）で、それは「意味が明確に形成されている」ことを表す語だ。フェルトセンスを特徴づけるのは、まだ明確ではないが、暗に何らかの「暗在的」な意味感覚が機能していることだ。反対に、意味がはっきりと形成されている体験は、暗在的な側面が機能していないから、それはフェルトセンスとはいえない。「私は彼に対して腹が立っています」といった体験はすでに明確な意味があるので、これはフェルトセンスとは言わない。フェルトセンスは「感じ」ではあるが、感情ではないとしたのはそのためだ。感情は「不安」「心配」「嬉しい」などとはっきりした意味形成がすでになされている。

　ジェンドリンは「体験（experience）」と「体験過程（experiencing）」という語を明確に使い分けている（Gendlin, 1962/1997, pp. 242-243）。「体験」は明在的で概念的な内容（explicit conceptual contents）を指す語として用いられている。

　彼はつぎのような例を挙げている。「たとえば、自己概念は体験と一致する、あるいは一致しないと論じられる」。つまり、私が「犬好き」だという自己概念は、目の前にいる犬が「好きだ」と明確に感じているからこそ、自己概念と体験が一致していることがわかる。反対に、犬が「怖い」と感じているのなら、「私は犬好き」という自己概念と私の「犬が怖い」体験は一致しないこ

＊2　「暗在的」は、池見（1995）によるimplicitの訳語。

とがわかる。どちらの場合でも、私は私が何を体験しているのかを明在的に（explicitly）、そしてそれが「犬好き」あるいは「犬が怖い」といった言葉になって概念化された内容（conceptual contents）になっていなければ、自己概念との一致を検証することができない。

　ジェンドリンはまた「他方、体験過程は現在において、暗在的に有意味な素材として感じられ、人はそれを直接参照することができる」と記述している（Ibid, p. 243）。

　暗在的に何らかの意味があると感じられているが、それはまだ言葉になっていないから、概念化されていない。「うーん、なんかこの作品、ちょっと、うーん、なんと言ったらいいんだろう……」のように、何らかの意味は感じられるが、まだ概念化されていない体験を「体験過程」と呼んでいる。それは概念的に明示されていないから、「夜になると"あの感じ"がやってくる」の「あの感じ」などとして直接参照（directly refer）することができる。簡単に言ってしまうと、暗在的な意味を含むものが「体験過程」、含まないものが「体験」と位置づけられている。

「構造拘束」では暗在的な意味が機能していない

　「私は彼に対して腹が立っています」という例文では、意味がすでに「腹が立っている」というように形成されていて、暗在的側面が機能していない。このような状態をジェンドリンは「構造拘束（structure-bound）」と表現し（Gendlin, 1964, pp. 128-129）、体験の暗在的側面が機能していないために、体験の過程（プロセス）が停止してしまい、過程性を失っている状態と述べている。例文を示して検討してみよう。

〈会話例A〉
Ｘ：私は彼に対して腹が立っています。
Ｙ：そう？　どんなふうに腹が立っているの？
Ａ：いや～めちゃめちゃ腹が立っているんですよ。

　会話例Aの場合、「腹が立っている」と明在的ですでに形成されている体験には変化は生じていない。そのため、この話し手がこのまま話し続けたとしても、「腹が立っている」という体験は反復的に語られ、進展は見られないだ

ろう。その意味で、この会話例では体験の「過程性が欠けて」おり、「腹が立っている」という「構造に拘束された」体験が「反復している」と理解することができる。

〈会話例B〉
A：私は彼に対して腹が立っています。
B：そう？　どんなふうに腹が立っているの？。
A：腹が立つ、というか（3秒ほど話すのを停止して言葉を探している）なんか、彼の優しさが感じられないのかな？（3秒ほど話すのを停止して言葉を探している）私が責められているように感じてしまうんです。

　会話例Bは、会話例Aとは明らかに違った展開になっている。「腹が立つ」とは言ったものの、どんなふうに腹が立っているのかと問われると、「腹が立つ」という構造は手放され、「3秒ほど話すのを停止して言葉を探す」といったポーズ（一時停止）を経て別の概念に「内容変異（content mutation）」している（Gendlin, 1964, pp. 115-120; p. 144）。それは「彼の優しさが感じられない」といった新しい内容で、さらに「私が責められているように感じる」といった進展も見られる。体験がこのように進展しているとき、体験が「過程のなかにある（in process）」という。

　会話例Aと会話例Bの違いをつぎのように理解することもできる。すなわち、「腹が立つ」といったはっきりした感情を語っている場合は構造拘束に陥りやすく、内容の変化（内容変異）は難しい。他方、「腹が立つ」といった概念を手放すことができ、言葉を探すために一時停止して、まだ言葉になっていないフェルトセンスを吟味し、それを表現しようとしたときに、これまでとは異なった表現や理解が生じる。

　心理療法の教育では、しばしば「感情表現」が重要だと教えられている。カウンセリング心理学のパイオニアだったカール・ロジャーズも「気持ち」を重要視していた。多くの心理療法家が「気持ち」に注目しているなか、ジェンドリンの理論に依拠する本書は、これとは理解を異にしている。すなわち、ジェンドリンが批判しているように、ロジャーズは彼自身が重視した「気持ち（feeling）」とは何なのかを明確に定義することはなかった（Gendlin, 1973, p. 319）[*3]。

　本書はジェンドリンに依拠し、「気持ち」とフェルトセンスを識別したうえ

で、心理療法において重要なのは、「気持ち」よりもフェルトセンスだと主張している。微妙な違いのように思えるかもしれないが、この理論的な差異は実践においては決定的な違いを生み出していく。

体験過程

　会話例Bの話し手には体験の過程性が見られる。いったい何を体験しているのだろうか。この話し手は（a）「腹が立つ」を体験していると同定してもいいのだろうか。一瞬先に、話し手は（b）「彼の優しさが感じられない」を体験しており、さらにその一瞬先では（c）「私が責められている」を体験している。それゆえ、この話し手が体験しているのは「腹立ち」だとは断定できず、（a）→（b）→（c）のように動いている体験の過程、すなわち「体験過程」なのだと理解することができる[*4]。

　さて、（a）→（b）への進展が体験過程か否かを見分けるには、つぎに挙げるいずれかの特徴が参考になるだろう。まず、（a）から現れた（b）という新たな概念（言葉・象徴）は、（a）に類似するものではないという特徴だ。

〈会話例C〉
A：私は彼に対して（a）腹が立っています。
B：そう？　どんなふうに腹が立っているの？
A：（b）怒っているんですよ。

　この場合、（a）「腹が立つ」と（b）「怒っている」は類似の概念なので、（b）は（a）を言い換えただけで、（a）が（b）に体験過程として進展したとはい

---

*3　「カール・ロジャーズはクライエントの瞬間的な"気持ち"に応答しようとした。ところが、ロジャーズは"気持ち"とはいったい何を指すのかを明確にしなかった」(Gendlin, 1973, p. 319/ジェンドリン、E.（2021, p. 81)

*4　「体験過程」は、ジェンドリンの原文ではexperiencingという専門用語として用いられている。Experiencingは本来「体験する」という動詞の進行形であるため、直訳すれば「体験している」となるが、それでは専門用語として使いにくいため、村瀬孝雄が「体験過程」と訳した。それ以来、その訳語が日本でも中国でも用いられるようになった。なお、カール・ロジャーズもexperiencingという語をしばしば用いたが、ロジャーズがジェンドリン理論に依拠するようになる1975年頃以前の文献では、ロジャーズはこれを専門用語としてではなく、一般的な意味（「体験している」）として用いた。

えない。

　もうひとつの見分け方は、(a) から現れた (b) という新たな概念は (a) からの論理的推論では得られないという点だ。

〈会話例D〉
A：私は彼に対して (a) 腹が立っています。
B：そう？　どんなふうに腹が立っているの？
A：(b) 不愉快だから (c) 会いたくないんですよ。

　この会話例の場合の (b) と (c) は (a) からの論理的な推論だ。それは三段論法のような構造になっている。
　(a)　私は彼に腹が立っている
　(b)　腹が立っている相手と一緒にいると不愉快だ
　(c)　ゆえに、私は彼に会いたくない
　これは論理的な思考過程で、体験過程には当たらない。体験過程が示されている会話例Bでは、体験過程として進展してきた新たな内容は、その前にあった内容を言い換えたものではなく、また前に述べた内容に論理的に従ったものでもない。新しいフォルム（発想の形式）が見られている。そのため、このような体験過程の進展は本人にとっても予想外なことが多く、しばしばに驚きに満ちたものと理解される。
　「体験過程」は重要な用語で、本書に何度も登場する。「体験過程」は、体験がある特定の内容に拘束されておらず、その体験内容について反省的な意識で観るとき、それが別の内容へと変異していくありさまを表現した語だ。ちょっと詩的な表現を使うとしたら、人の体験は小川の流れのようなもので、一瞬そこにあった「腹立ち」は別の姿に変わり、さらにまた別の姿に変わって流れていく。このような過程性をもった体験のあり方が、本来の人の体験の姿だと考えてもいいだろう。

「体験的一歩」と「体験過程の推進」

　会話例Bにみる体験過程では、「腹が立つ」から「彼の優しさが感じられない」が出現し、理解が一歩進んだ、あるいは「深まった」ように感じられる。このような展開を「体験過程的一歩（体験的一歩：experiential step[s]）」という。

同様に、「彼の優しさが感じられない」から「自分が責められている」へ至る展開も体験過程的一歩の例となる。反対に、体験過程が生じていない場合は、体験過程的一歩には当たらない。会話例Cの「腹が立っている」→「怒っている」は、体験過程特有の内容変異ではなく、類似概念に置き換えたに過ぎず、体験過程的一歩とはいえない。

　また、ジェンドリンの理論のなかでは、「体験過程的一歩」は「体験過程の推進（進展）（carrying forward of experiencing）」とも呼ばれ、彼の実践のなかでは、「体験過程的一歩」はフェルトシフトとも呼ばれる。

フェルトシフト

　体験過程的一歩は、ジェンドリンが考案した「フォーカシング」というメソッドでは「フェルトシフト（felt shift）」と呼ばれる。「シフト」は移動する、変化する、ずらす、変移する、変容するといった意味の語だから、フェルトシフトでは感じ方が「変移」している。「彼に対して腹が立つ」の感じ方がシフト（変移）して、「彼の優しさが感じられない」や「自分が責められている」などへと変わっているのだ。

　フェルトシフトという変化には「あっ、わかった！」といった確信があり、それを体験するとそのシフトには疑う余地がないと感じられる。度忘れした人の名前を思い出そうとしているとき、「山田さんかな？　いや、田口さんだったかな」と呟く場合は確信がないから、山田さん→田口さんへの変移はフェルトシフトとはいわない。

　しかし、つぎのような展開はフェルトシフトといえる。「山田さんかな？　いや、田口さんだったかな、ちがうな……あっ、わかった！　山本さんだ！」

　このとき、声が大きくなったり、笑い出したり、ほっと安堵したり、すっきりしたといったカラダの変化も顕著だ。また、フェルトシフトは意外性をともなって体験されることが多い。「まさか私がこんなふうに感じていたとは⁉」といった驚きなどとともに体験され、笑いが止まらなくなるなど、開放感をともなうことがある。あることに気がついて「すっきりする」といった感覚や「おかしい感じ」になるといったフェルトシフト独特の変化には、精神生理学的な変化（皮膚電気抵抗、脳波、体表温）がともなうこともわかっている。

　このような「劇的」な変化が文献などで多数報告されたため、フェルトシ

フトが「神秘化」された一面もある。つまり、「劇的なフェルトシフトを体験しないと『本物のフォーカシング』にはなっていない」といった誤解や、「フェルトシフトを体験しなければ一人前のフォーカシング実践者ではない」といった誤解が生じている。「フェルトシフトは仏教瞑想者にとっての『悟り』と同じような感覚なのかもしれない。『悟り』に到達しなければ一人前の仏教修行者ではない」といった認識も同様の誤解だろう。

　こうした誤解を避けるためにも、カウンセリング場面では「体験過程的一歩（体験的一歩）」と言うほうが馴染みやすいのかもしれない。「今日の面接、ここで一歩進みましたね」というような言い方のほうが「フェルトシフトしましたね」と言うようも、自然でしっくりくるように私には思える。

3　人はいつも全体を体験する——フェルトセンスと「全体」

▍一瞬にして包括的に体験する

　「ああ、怖い夢をみていた……怖いというよりも、なんとも気味が悪い夢だったな……」。
　こんなことを呟きながら、夜明け前に目を覚ますことはよくある。夢の細部ははっきり記憶していなくても、そのフェルトセンスだけは強烈に残っている。夢は「感情」や「気持ち」というよりも、なんとも表現しにくい、独特のフェルトセンスをともなっている。そのフェルトセンスは夢全体を包み込んでいる。それは夢の情景を生きる感覚だ。人は個別的に、たとえば夢の登場人物一人ひとりに対してフェルトセンスを体験し、それらの「合計」として夢全体のフェルトセンスを体験するわけではない。一瞬にして、包括的に「夢全体のフェルトセンス」を体験する。
　フェルトセンスを頼りに夢を振り返り、その内容を言葉にしていくとき、「あっ、わかった！」という感覚をもつことがある。これはフェルトシフトの体験だ。ジェンドリンがフォーカシングを用いた夢解釈の著作『夢とフォーカシング』（Gendlin, 1986; ジェンドリン, 1998）を執筆したのも、ここに着目したからだ。
　このように、「一瞬にして包括的に全体のフェルトセンスを体験する」のは夢ばかりではない。映画も同様で、「映画全体のフェルトセンス」が映画の体

験に上塗りされている。たとえば「なんとも言えない暗い感じの映画だな」という具合だ。その何とも表現しにくい映画のフェルトセンスは、サウンドトラックの音楽やカメラワークなどとも響き合い、その映画に対してひとつの印象を残していく。

　音楽を聴くときも同じだ。曲全体、あるいは演奏全体のサウンドから醸し出される「全体のフェルトセンス」がカラダに響いてくる。テナーサックスからあるフェルトセンスを得て、トランペットから別のフェルトセンスを感じ、ベースからは別のフェルトセンス、ピアノはまた別のフェルトセンスがある。それらの「和」が曲全体のフェルトセンス、というわけではない。人は、いつも瞬時に「全体」を体験している。ある細部だけを観察していることもあるだろうが、その細部の背景にある全体のゲシュタルトを人は暗在的に認識している。

　漢字一字を選ぶときにも、文脈全体が体験されている（第5章1節参照）。ある文脈で「聞」という一字が適切なのか、それとも「聴」なのかといったことは、「聞」や「聴」といった漢字一字を眺めて判断するものではない。人の意識（体験）は文脈の全体をひとつのゲシュタルトとして捉えている。意識は全体の意味を認識して、それに対して細部となる漢字の意味が文脈全体と軌を一にしているか、暗黙のうちにスキャンしている。文脈全体の意味に合わない字を見つけたときは「ウッ」とフェルトセンスが反応して、ある字に眼が止まるのだ。

　異動で職場が変わったばかりの人に「新しい職場、どんな感じ？」と訊いてみた例に戻ってみよう。「なんか、みんなシーンとしていて、重〜い感じなの」という答えは、職場全体のフェルトセンスを言い表したものだ。ここで「職場の上司Aさんは重さ＋3で、Bさんは＋2、でもCさんは軽くて重さは－3で、Dさんは少しだけ重くて＋1で、合計は＋3＋2－3＋1＝＋3だから重い〜感じです」とはならない。人はこのような「部分の和」を体験するわけではない。人の体験やフェルトセンスはいつも、ある意味を帯びたまとまりとして体験され、そこで体験されるのは「その状況全体の感じ」なのだ。

　夢、映画、音楽に限らず、人はどのような状況でも「全体」を体験している。フェルトセンスはいつも「全体」に対するもので、その全体とは、明在的に知覚されたものに限定されず、含意されたものにも及んでいる。

　ある会議が「なんか、微妙な感じだった」といったフェルトセンスには、会議参加者の発言として明確に聞こえてきて知覚された内容に限定されない。

「なんとなく、気まずい空気感が部屋に立ち込めている」といったように、「なんか、微妙な感じだった」と全体を捉えている。「どこが微妙なのか言いなさい」と迫っても、これといった特定の知覚はない。「あそこが」とか「ここが」とは特定することはできず、「なんとなくね」としか言えないだろう（ジェンドリンの「知覚の優位批判」については第7節で取り上げる）。

「詳しく」ではなく「全体を感じる」

人が感じるのは全体のフェルトセンスだとするフェルトセンス革命の観点から、見直したほうがいいカウンセリング実践が見えてくる。それは、カウンセリングの実践のなかで頻繁に教えられている「もっと詳しく話してください」という応答だ。「詳しく」と促されると、人は詳細を語りだし、全体から離れていく傾向がある。その結果、フェルトセンスが感じられなくなる。詳細や細部ではなく、全体を感じるように提案してみたい。

以下、CLはクライエント、COはカウンセラー。

〈応答例X〉
CL1：会議がちょっと気になりますね。
CO1：どんなふうに気になるのか、もっと詳しく話してください。
CL2：ええっと、会議に参加しているのは部門長の方々で、20名ぐらいかな、それぞれの部署から、いろいろ意見がでるんです。それぞれの立場がありますから……。
［解説］　全体のフェルトセンスが形成されない。

〈応答例Y〉
CL1：会議がちょっと気になりますね。
CO1：どんなふうに気になるのか、会議にはいろいろな側面があると思いますが、会議"全体"を思い浮かべていただいて、全体の感じはどうですか？
CO2：ええっと、う～ん、全体ですか？
CO2：はい、特定の人の発言じゃなくて、会議全体を思い浮かべて、よかったら胸やお腹などカラダに注意を向けるとどうでしょうか？ その辺りはスッキリした感じではないだろうとは思いますが、どんな感じがしてきますか？

CL3：そうですね。何か堅苦しいというか、硬い……とか、鎧を着ているような、なんかそんな感じがしています。

CO3：鎧を着ているように感じられているのですね。

CL4：いや〜いま感じてみるとそうなんですね。鎧を着ている、自分もそうなんですけど、鎧を着て自分を守っているような感じなんです。皆さんも、そう感じているのかはわかりませんが、少なくとも私はそう感じています。

CO4：鎧を着て自分を守っているのですね。

CL5：ああ、いま気がついたんですが、私は……怖がっていますわ。緊張しているのかな……いや、何か間違ったことを言ったら刺されそうな雰囲気なんですよ（笑）。なんだ、そんなふうに感じていたんだ（笑）。そう思っていたら本当に怖いですよね（笑）

［解説］「詳しく」と細部を聴くのではなく、カウンセラー1・2は「全体の感じ」に注目している。すると、全体を捉えた「何か堅苦しいというか、硬いとか、鎧を着ているような、なんかそんな感じ」を表現するフェルトセンスが感じられてきた。その後、「何か間違ったことを言ったら刺されそうな雰囲気なんです（笑）」と体験過程的一歩が見られている。

　情報科学のことは詳しく知らないが、パソコンに記録する動画は、おそらく一つひとつの音や光のユニット（バイト）を組み合わせて数ギガバイトの情報量から成り立っているのだろう。しかし、人の体験は部分の和ではなく、一瞬にして全体を把握する特徴がある。哲学者デカルトの『方法論序説』以来、一般的に科学では現象を細分化して理解する傾向があるなか、フェルトセンス革命の立場では、人の体験の全体性が尊重されなければならない。

4　意味はいかにして立ち現れるのか

▍人は自ら意味を生成させている

　フェルトセンス革命の背景には、人は自ら意味を創造することができる存在である、といった存在論（人間観）がある。

　これとは対照的に、従来の心理療法理論の多くはメカニズム論的パラダイ

ムに依拠しており、人は自ら体験の意味を見出すことができないから、専門知識があるカウンセラーが解決を導き出すと考える傾向がある。

　クライエントは、自分がどうしてこんなことで悩んでいるのかわからない。自分にはわからないから専門的な知識をもっているカウンセラーのところに相談に来ている。この一般的な構図を暗黙のうちに前提としてしまうと、カウンセラーの負担は増大するだろう。それはカウンセラーが問題を「解決してあげないといけない」あるいはそこまで行かなくても、「問題解決を提案しなければならない」と思って窮屈に感じてしまうからだ。そうした責任感から、たくさんの情報を収集してカウンセラーが解決を導きださないといけないと思ってしまう。そのために、「もっと詳しく話してください」といった応答や５Ｗ１Ｈの問いを用いる傾向がある。

　クライエントもこのような発想をしているから、まるでパソコンの不具合のときのように、ヘルプセンターに電話して、電話の向こう側にいる専門家が問題を正しく理解して解決を提案してくれると信じる傾向がある。そのような発想の仕方が背景にあるから、「もっと詳しく話してください」と言われたら詳しく状況を話し、５Ｗ１Ｈの質問にも答える。「誰が使用していましたか（Who）」、「なに（どのアプリ）を使っていましたか（What）」、「いつ操作しましたか（When）」、「どんな環境で操作しましたか（Where）」、「どうして、そのアプリを使用しようと思ったのですか（Why）」、「そのアプリをどのように操作しましたか（How）」といった具合だ。

　「もっと詳しく話してください」や５Ｗ１Ｈの問いは、そもそも情報収集のための問いで、本人に考えさせるための問いではない。フェルトセンス革命では、本人が意味を生成していくと考えるため、このような問いを頻繁に用いることはない。むしろ、人がフェルトセンスを感じられるように導き、そこから意味が立ち現れるのを援助する。

　応答例Ｙには、フェルトセンスに気づいてもらうため、カラダに注意を向けるように促す応答（カウンセラー２）があった。カラダとフェルトセンスについては本章第５節で解説することにする。その前に、フェルトセンスの前言語性（pre-verbal）、すなわちフェルトセンスがまだ言葉になっていないありさま、そしてその前言語性ゆえに、体験の意味が未形成という点について、もう少し理解を深めてみたい。

言葉に先立つフェルトセンス

　フェルトセンスを「発見」したユージン・ジェンドリンは哲学者で、著明な心理療法家だった。ウィーンに生まれ、ナチスに追われてアメリカ合衆国に移住した彼は、ドイツ語と英語のバイリンガルだった。

　私は英語と日本語のバイリンガルなので、ジェンドリン先生とはよく二つの言語の狭間について楽しく語りあった。日本語を話す私しか知らない、日本の友人がアメリカ合衆国にいる私を訪ねてきて、英語環境で人と関わる私を見て「君は二重人格だね」と言われたことを思い出す。

　言語が変わると、テレビのチャンネルが変わったみたいに、発想や身のこなしや気分までもが変容してしまう。これはバイリンガルのみならず、標準語と方言でもある程度は感じられるだろう。普段は標準語で付き合っている友人と一緒に、その人の出身地に行って、その人がその地元の方言で話している場に立ち合うと、まるで違う人のように映るかもしれない。バイリンガルの場合はこのような落差が極端になってしまう。

　私は英語と日本語のバイリンガルのため、昔はよく通訳を頼まれた（とても集中力や神経を使う仕事なので、いまはなるべく避けている）。日本で勤めはじめた駆け出しのころ、ある医学系の学会からハーヴァード大学精神医学教室准教授（当時）の講演訳を頼まれた。どこだったか思い出せないが、大きなホールのステージの片方に、白いクロスが掛けられた長テーブルが置かれ、そこにその先生と私が座り、先生の出番になるまで、私が進行状況を先生の耳元でウィスパリングして訳していた。ステージの反対側には、同じように白いクロスが掛けられた長テーブルが置かれ、そこに座長と司会者が座っていた。司会者がハーヴァード大学の先生の研究業績について長々と解説していた。あまり長いので先生は気になったのか、私の耳元で、"What's he talking about?"（なんの話なの？）と訊いてこられた。

　「いまは先生のプロフィールを紹介していますよ」と答えた。司会者による先生の業績紹介は続き、先生を招聘するに至った経緯の説明にも及んでいた。再び先生は "What's he talking about, now?"（いまはなんの話なの？）と訊いてこられた。「まだ先生の業績を話しています」と答えた。すると、司会者の声が急に大きくなり、力の入った調子で「それでは先生、よろしくお願いします！」とホールのPAから元気な声が響き渡った。

　声のトーンの急激な変化に気づいた先生は私の耳元で "What was that!?"（な

に、いまの⁉）と驚かれた。声の調子が強いので、司会者が怒っているのではないかと心配されたのかもしれない。

　私は一瞬フリーズしてしまった。「よろしくお願いします」は、英語でどう言うのだろう。何をお願いされたのだろう。不自然な一瞬の沈黙が私にはとても長く感じられていた。沈黙のなかで私の頭脳はフル回転していた。「よろしくお願いします」って、これは何のお願い？

　「時間どおりに話してください、お願いします」違う！

　「わかりやすい話をしてください、お願いします」違う！

　「楽しい話をしてください、お願いします」違う！

　不自然な沈黙のなかで先生の緊張が感じられた。これ以上は英訳にこだわっていられない。結局、"He said start!"（始めてください！　そう言っていました）とわざと誤訳することにして、その場の難を逃れた。

　それにしても「よろしくお願いします」とは何のお願いなのだろうか。どうやら、それは特定の内容を指定しない「お願い」のように思える。しかし、「内容がないお願い」などといったものは英語では言えないし、そもそも、そんなお願いは可能なのかと考えてしまった。しかし事実、日本語では頻繁にその「内容がないお願い」で会話が成立している。

　「よろしくお願いします」

　「いやいや、こちらこそ、よろしくお願いします」

　この二人が互いに何について同意したのかは不明確だ。しかしながら、「よろしくお願いします」は、意味がないナンセンスだとはいえない。何らかの意味があり、その意味は言葉で明示的に言えなくても、「感じられている」。つまり、「よろしくお願いします」はナンセンスではなく、あるフェルト・ミーニング、すなわち「感じられた意味」（なんとなく知っている意味）を表す言葉だといえる。上記の会話の二人は「感じられた意味」──フェルト・ミーニング──を共有しているのだ。

　第2節でも解説しているように、「フェルトセンス」という造語を生み出したジェンドリンは、それ以前には「フェルト・ミーニング」（感じられた意味・なんとなく知っている意味）という術語を用いていた。また、哲学文献では、ダイレクト・レファレンス（直接参照：direct reference）という語を頻繁に用いた。ダイレクト（直接）とは、介在しているものがないことを意味している。

　「よろしくお願いします」の意味するところを、説明する言葉を介在させなくても、その意味が理解できる、というありさまをいう語だ。私たちは「よ

ろしくお願いします」の意味するところを、いちいち言葉で説明されなくても、直接的に把握することができる。

　この一瞬の通訳のつまずきをハーヴァード大学の先生がどう思われたかは不明だが、会話が論理的に成立しているのではなく、フェルト・ミーニングによって成立していることを示す例として、「よろしくお願いします」という表現があることに気づかされ、私には勉強になった。

　フェルト・ミーニングは気持ちや感情を表現する言葉そのものではないが、その「まわりに」あるいは、その「下に」、その「奥に」、その「内に」存在する。なお、この文で用いている「まわり」「下」「奥」「内」も、具体的な方向を指した表現ではなく、あるフェルト・ミーニングを表わすメタファーだ。「よろしくお願いします」の意味は、その言葉の「まわりに」あるいは「下に」あるいは「奥に」あるいは「内に」存在するといえよう。

　では、「よろしくお願いします」という言葉で表現されているフェルト・ミーニングにはどんな意味があるのか。何らかのセンス（意味）があることはフェルト（感じられている）なのだが、その意味はまだ明在的な言葉になっていない。それが言葉になるまでは「よろしくお願いします」が意味するところは未形成で、フェルト・ミーニングとして把握される。それを言葉にしていくためには、「よろしくお願いします」が指しているフェルト・ミーニングを別の言葉で表現してみる必要がある。これもなかなか難しい作業なので、インターネットでこの表現を検索してみた。

　あるサイトでは「よろしくお願いします」は、ビジネスでも口頭やメールで頻繁に使用されるフレーズで、三つの部分から成り立っていると説明されている。まず、「よろしく」は人に好意を示したり、何かを頼んだりするときに添える語。そして「お願いします」は、「願い」の丁寧表現「お願い」と「します」を組み合わせた敬語表現だという。この語はお世話になる方々や普段お世話になっている方への挨拶という意味があるらしい。

　ここで言い表されている意味は、要するに「よろしくお願いします」は好意を感じている人に何かを頼むときの敬語挨拶だ。つまり、「あなたに対して好意を感じていますよ、そのあなたに頼みたいことがあるので、敬意を表して頼みます」という意味になる。なるほど、こういうふうに別の言葉にしたときに意味が形成されてくる。ようやく、私たちが「よろしくお願いします」と言ったときに、何を意味しようとしていたのかがわかる。反対に、このように言葉にするまでは、含意されたセンス（意味感覚）だけがあり、明示的な

意味は未形成なのだ。

インターネットで調べた結果をもとに「よろしくお願いします」の意味を明らかにしたが、あなたはこれで満足だろうか。「よろしくお願いします」にはもっと違ったニュアンスがあるかもしれない。そう感じる人は、そのニュアンスを言葉にしてみると、また別の意味の側面を発見することができるだろう。意味はすでに規定されているのではなく、常にある程度は開かれている。

「よろしくお願いします」と同様に、日本語にはフェルト・ミーニングを表現する言葉が多い。先に参照したインターネット記事に戻ってみると、つぎのような記述があることに気づく。「これからお世話になる方々や普段お世話になっている方へ……」。ここにある「お世話になる」とはどういう意味なのだろうか。

「お世話になる」とは「食事を作ってくれる」という意味ではないし、「掃除をしてくれる」という意味でもない。仕事のメール文を書くときにも、冒頭に「いつもお世話になっております」と書くが、それはどういう意味なのか。これもひとつの例だが、「お世話になる」はあるフェルト・ミーニングを表していて、その意味は、別の言葉で言い表してみるまでは明確に形成されていない。

カウンセリングのなかでは、フェルト・ミーニングやフェルトセンスを別の言葉で言い表してみたときに、よりしっくりくる意味が形成されることがしばしばに観察される。

前の節にある〈応答例Y〉に戻ってみよう。その応答例を見ると、上記に解説してきた「よろしくお願いします」や「お世話になる」の「下に」あるフェルトセンスが言い表され、新しい意味が形成されてくるのと同じ過程が観察される。

〈応答例Y〉
CL1：会議がちょっと気になりますね。
CO1：どんなふうに気になるのか、会議にはいろいろな側面があると思いますが、会議全体を思い浮かべていただいて、そのときどんなふうに感じていますか？
CL2：ええっと、う〜ん、全体ですか？
CO2：はい、特定の人とかじゃなくて、会議全体を思い浮かべて、よかった

ら胸やお腹などカラダに注意を向けるとどうでしょうか。その辺りはスッキリした感じではないだろうとは思いますが、どんな感じがしてきますか？

CL3：そうですね。何か堅苦しいというか、硬い……とか、鎧を着ているような、なんかそんな感じがしています。

CO3：鎧を着ているように感じられているのですね。

CL4：いや〜いま感じてみるとそうなんですね。鎧を着ている、自分もそうなんですけど、鎧を着て自分を守っているような感じなんです。皆さんも、そう感じているのかもれませんが、少なくとも私はそう感じています。

CO4：鎧を着て自分を守っているのですね。

CL5：ああ、いま気がついたんですが、私は……怖がっていますわ。緊張しているのかな……いや、何か間違ったことを言ったら刺されそうな雰囲気なんです（笑）。なんだ、そんなふうに感じていたんだ（笑）。そう思っていたら本当に怖いですよね。

　〈応答例Ｙ〉の下線部を見てみよう。クライエントの最初の発言にある「気になる」という表現がフェルト・ミーニングを表しているものだと気づいたカウンセラーは、それを別の言葉で表現するように求めている。

　「気になる」の「下に」あったのは「何か堅苦しいというか、硬い……とか、鎧を着ているような、なんかそんな感じ」の体験、すなわちフェルトセンス、また、そのフェルトセンスの表現で、加えてそのフェルトセンスを感じている自己に対する理解だ（「体験」「表現」「理解」の循環については第４章で解説する）。

　さらに、CL4では、フェルトセンスが一歩進み（体験過程的一歩）「鎧を着て自分を守っているような感じ」に展開する。この表現もまたフェルトセンスで、その表現であり、自己理解そのものだ。そしてつぎの発言では「怖がっています」とさらに進展している。

　「気になる」とは、何を意味しているのか。その表現が指し示しているフェルトセンスを言い表していくなかで、このような意味があったことをクライエントは発見している。ここに見る言語行為は「よろしくお願いします」や「お世話になります」を言い表すのと同じ過程だということを確認しておきたい。

　フェルトセンス革命の観点からは、興味深い観察ができる。まず、人の会話には、意味が未形成の部分があっても会話は成立している。「よろしくお願

いします」「いや〜こちらこそ！」のように、話は通じ合っているが、「よろしくお願いします」が何を意味しているかは未形成だ。人は必ずしも明確に意味形成された会話をしているのではない。

つぎに、未形成の意味を言い表そうとすれば、再び意味が未形成の言葉を説明に使用することになるから、人の話は無尽蔵に未形成の意味を含む。それを完全に明在的な意味に置き換えていくのは不可能だ。

たとえば、「よろしくお願いします」を説明するために「お世話になった人に……」と、再び多くが含意された「お世話になる」という表現が用いられる。このように、いくら説明しようと思っても、人の体験は完全に明在的な言葉に置き換えられない。明確に定義されたユニット（変数）から成り立っているコンピューター・プログラムとは異なり、人の会話の多くは定義し尽くすことができない表現で成立している。

フェルトセンス革命の観点からみると、もうひとつの重要な観察がある。人は自分がいったい何を体験しているのか、話してみるまではわかっていない、という観察だ。この観察は「革命的」といえるかもしれない。なぜならば、人の言葉は、その人が言いたいことの表象だと考えるのが一般的だからだ。つまり、自分が言いたいことはわかっていて、それを言葉で表現している、というのが普通の考え方だ。

しかし、〈応答例Ｙ〉をもう一度見てみよう。第一発言で「気になっている」と話したクライエントは、その時点では自分が「怖がっている」とは思っていない。CL5の発言でようやく「怖がっていますわ」と気づく。

この「怖がっています」をさらに言葉にしていくと、また別のものに変わる可能性がある。そうすると、CL5の時点でも、彼が「本当に」感じているのは「怖がっている感じだ」とは明言できない。前の観察にあるように、未形成の意味は無尽蔵にあり、言い尽くすことができないことを考えると、人が話すという行為は、常に未知の可能性に開かれていることになる。

反対に、「私は不安です」といったことを断定して決めつけている場合は、未知の領域が感じられない。それは「構造拘束」、あるいは東洋的な表現を使用するならば「執着している」ことになる。その執着を手放したときに、人は自分がいったい何を感じているのかわからない未形成の意味の渦とともに状況を生きていることに気づかされるのだ。

5 フェルトセンスは「カラダ」の知

フェルトセンスは「カラダ」の知

「自転車の乗り方は言葉で説明できなくても、カラダが知っている」。私が指導していた人がこんな例を考えてくれた。人は常に「アタマ」で論理的に考えていると思いがちだが、じつは論理以前にカラダに知がある。たしかに論理的な思考は人間の優れた能力のひとつだが、知は論理に限定されない。自転車の乗り方を論理的に説明できるだろうか。

> ヴィルヘルム・ディルタイは……［中略］……生のプロセスそれ自体は高度に組織化されているとし、論理は生がもともともっている秩序づけのパターンのいくつかを利用し、引き出しているに過ぎないとした。（ジェンドリン, 2021, p. 76）

人が何かを説明しているのを聞いていて、「何か腑に落ちない違和感」を感じることがある。そのとき、カラダの違和感が先に立ち現れる。それに続いて、「この説明のどこがおかしいのだろうか」と論理的な検証を行う。これは「カラダの違和感」として感じられる生のプロセスが高度に組織化されている証で、論理よりも先に何かを示そうとしている。論理はカラダの違和感に導かれて展開していくのだ。

本書では上記のように「カラダ」と表現しているが、より丁寧に書くと、それは「カラダに感じられるフェルトセンス」で、また「生きられたカラダ」あるいは「体験されたカラダ」と呼ぶことができる。「何か腑に落ちない」は、フェルトセンスとして感じられる体験であり、その体験の表現であり、その状況における自己理解でもある。

同じような例だが、「なんだか胸騒ぎがする」でも、概念的にはよくわからないが、カラダが感じるフェルトセンスが何かを警告している。フェルトセンスは「カラダの知である」と言ってもいいだろう。その「カラダの知」が意味するところを発見するためには、カラダのフェルトセンスを言葉で言い表していく必要がある。前の節にあった〈応答例Ｙ〉がその例で、そのように言い表していくことを「フォーカシング」という。

カラダは身体ではない

　本書では「カラダ」はカタカナ表記にしている。「カラダの知」であるフェルトセンスを指すのに「身体」という漢字は用いていない。「身体」は解剖学的・生理学的身体を連想させる。しかし、フェルトセンスは身体生理学的現象ではないため、フェルトセンスと「身体」を混同してはならない。すなわち、「彼の話を聞いていて胸に圧迫感を感じた」という場合に、胸のレントゲン写真をとっても圧迫するものは何も映らない。フェルトセンスと身体生理学的な現象は区別しなければならない。「その状況を思うと肩が凝っていることに気づきます」という場合の「肩の凝り」は筋肉の凝り、フェルトセンスではない。肩凝りならばカウンセリングよりも湿布を貼るほうが適切だ。

　しかし、この例はじつはそう簡単ではない。「その状況を思うと、肩身が狭いです。（肩をすくませる動作をして）肩も凝っています」ならばどうだろうか。同じ、肩凝りを言っているようで、じつは「肩身が狭い」と感じられており、そして「肩身が狭い」という表現を用いて、肩をすくませてその身構えを確認している。肩に目が向いたときに、肩凝りにも気づいている。

　この場合、肩凝りは二次的なもので、主は「肩身が狭い」という言葉で表される状況の生き方、すなわちフェルトセンスだ。「肩身が狭い」身構えをもって、カラダが状況をよりよく生きようとしている。このような「状況を生きるカラダ」がフェルトセンスだ。

　このようにして、「その状況を思うと、肩身が狭いです。（肩をすくませる動作をして）肩も凝っています」という例文は、主としてフェルトセンス表現であると理解することができ、二次的に肩凝りといった身体現象の報告をしていると理解することができる。

　フォーカシング実践において、フェルトセンスを「身体の感じ」や「体の感じ」と説明している場合がある。私はこれらの表現には賛成できない。

　ひとつには、上記で論じたように、カラダと「身体」（あるいは「体」）を安易に同一化してはならないと考えるからだ。そして、もうひとつ重要なこととして、ジェンドリンがいう「カラダ」は「生きられたカラダ」で、「状況を生きているカラダ」だ。つまり彼が捉えているカラダは、「カラダとしての世界 - 内 - 存在（embodied being-in-the-world）」なのだ。つぎの引用でそれが明らかになるだろう。

私たちの生はカラダとともにある。反対から言うと、カラダは生理学的メカニズムよりも遥かにより以上である。生とは、環境を生きることである。食事や空気を摂取して生きるといった物理的な側面もあれば、他者や状況とともに生きるといった心理的な側面もある。また、宇宙とともに生きるといった側面もある。……［中略。原文では、このあとにドイツの大学で「〜学」による分断——食事や空気ならば生物学、人間関係ならば心理学というような分断——が起こったことを説明している］……母親と乳児のあいだでは、そういった（学問領域の）線を引くことができない。母乳と温もりと労わりと「いない・いない・ばー」のパーソナルなやりとりのあいだにはなんら線も引けないのである。お腹で笑う乳児のお腹は、消化をしているお腹と同じである。コミュニケーションの内に自らを見出している乳児は、物理的に母乳の内に自らを見出すのと同様である。したがって、カラダはより大きな他者とともに生きるシステムである。それは皮膚という封筒の内側だけではないのである。(Gendlin, 1978, pp. 343. 筆者意訳)

　ジェンドリンは哲学者マルチン・ハイデガーの著作の英訳に携わり、ハイデガーと文通していた。上記の引用文にみられる考え方の背景には、ハイデガーの「世界–内–存在」がある。ジェンドリンは「カラダとしての世界–内–存在」を強調している。

　ハイデガーのいう「世界」は歴史や言語を含むが、それは「世界情勢」といった広い意味のものではなく、人が実際に生きている「状況」として参照されるものだ。ハイデガーの「世界–内–存在」の概念が示しているのは、人が状況から独立して存在するということはなく、人はつねに状況の内に、あるいは状況とともにある、状況を生きているという考え方だ。

　さきの母親と乳児の例でいえば、「よく笑う性格の赤ちゃん」が独立して存在していて、母親の「いない・いない・ばー」に反応して笑っているのではなく、乳児の笑いと母親の「いない・いない・ばー」や、乳児がいる安心できる環境などが一体となった存在で、「世界–内–存在」ということになる。

　ジェンドリンがハイデガーに追加して強調しているのは、「世界–内–存在」の「カラダ」の側面だ。すなわち、お腹で笑う乳児は「カラダ化された世界–内–存在」ということだ。

　世界–内–存在としてのカラダについて、ジェンドリンはつぎのように記し

ている。

> 人に感じられる……［中略］……体験過程は"主観的"なのではなく"相
> 互作用的"なのである。それは精神内界的でもなく相互作用的なのであ
> る。それは内側ではなく内側–外側なのである。(ジェンドリン, 2021, p. 90)

　カラダの内側に感じられるフェルトセンスは、カラダの外側の状況につい
てのものだ。職場の会議といった外側の状況を思うと、胸の内にスッキリし
ない雨雲を感じるといったように、この胸の内の雨雲は内側、精神内界のも
の、というわけではなく、職場の会議をどのように生きるかという外側との
相互作用なのだ。それゆえに、フェルトセンスは「内側–外側なのである」。
　ジェンドリンの『フォーカシング指向心理療法』の最終ページにはつぎの
ような興味深い記載がある。

> 現在、カラダをめぐる関心は高まっているが、状況についての意味感覚
> としての、あの特別な種類のカラダのセンス（意味感覚）を発見している
> 人はまだ少ない。(Gendlin, 1996, p. 304. 筆者意訳。原書では、下線部（sense of a
> situation）がイタリック体で強調されている)

　ここで、状況「についての」が強調されているのは、ジェンドリンのいう
「カラダは状況を生きるものである」、すなわち「世界–内–存在」なのだとい
う点ばかりではない。それに加えて、「志向性（intentionality）」をもったカラ
ダを示す意図があったと読める。
　志向性は、現象学的方法を創始した哲学者エトムント・フッサールの概念
だ。意識とは何々「についての」意識で、意識は常に生活世界を「志向」し
ており、「についての」がない意識は意識として存在し得ない。私は意識があ
るということは、「私の前には画面が見えている」「インターネット・ラジオ
のジャズが聞こえている」というように、意識は生活世界「について」のも
ので、「生活世界を志向」している。
　夢も見ていない深い睡眠に入ったときは何も見えていないし、聞こえても
いない。意識の志向性が落ちている。そういうときは「意識がない」という
ことになる。意識の特徴は、必ず世界と「志向性」によって繋がっているこ
とだ。ここでジェンドリンが強調しているのは、志向性をもった意識は、じ

つは志向性をもったカラダなのだ、という主張だ。

　前に引用したように、ジェンドリンがいうカラダは「皮膚という封筒の内側だけではない」。そのカラダは状況を「志向して」いるカラダ、「世界–内–存在」として状況と関わっているカラダ、状況を生き進もうと「実存」しているカラダだ。このような「生きられたカラダ」を表現するためには、「身体の感じ」や「体の感じ」という表現は適切ではないため、本書ではカラダと表現している。

　ジェンドリンのカラダを「身体の感じ」や「体の感じ」と表現するには無理がある理由はほかにもある。英語には、日本語の「こころ」を言い表す言葉が存在しない。ボディ（Body）の反対語はマインド（mind）だが、mindは「頭脳」「考える部分」というニュアンスが強いため、日本語の「こころ」とはニュアンスが異なる。ボディの反対語としてハート（heart）を用いることも可能だが、ハートはあまりにも情熱的で、♥（絵文字ハート）を連想させるため、学術論文などでは用いられない。

　では「心理学」の「心」は英語でどう表現されているのか。心理学は psychologyで、この語の接頭辞psych- はじつは英語ではなく、ギリシャ語の「プシケ」（ψυχη）だ。英語には「こころ」にあたる表現がないので、ギリシャ語からもってきている。

　このことを思うと、ジェンドリンや彼に続くフォーカシング実践家が使用する「ボディ」という語を、頑なにカラダと訳すよりも、「こころ」と訳した方が適切と思われる場合もある。「カラダが答えを知っている」よりも「こころが答えを知っている」のほうが日本語として馴染みやすい。もちろん、これはジェンドリンがいうカラダは「皮膚という封筒の内側だけではない」という理解の上に成り立つことだ。カラダが「皮膚という封筒の内側」すなわち「肉体」ではないとしたら、その内実を「こころ」と表現してもいい場合があると解釈することができる。

　ジェンドリンが着目したフェルトセンスは、「身体の感じ」や「体の感じ」といった身体内部の感覚、あるいは身体生理学的現象ではないことを見てきた。そしてフェルトセンスは「カラダの知」だとしたが、ここでいうカラダは、まだ概念や言葉にはなっていないが、状況を生き進もうとしている「実存」──前概念的な生の感覚──そのものなのだとジェンドリンは主張している。つぎの節では、カラダがいかにして「生き進む（live further）」のかについて検討してみよう。

6 体験はいかにして生の可能性を指し示しているのか

ヒューマニスティック心理学と「自己実現」

私の叔父、池見酉次郎（故人、九州大学名誉教授）は内科医で、日本に心療内科という診療・研究領域を確立した。叔父の執務室を訪ねると、彼は読んでいた本から顔を上げ、「アキラくん、この本には面白いことが書いてあるよ。こころと関わるのは工業ではなくて、農業だって。そのとおりだと思うよ」と言った。なるほど、と私もそのときに思った。残念ながら、そのとき叔父が読んでいた本のタイトルは思い出せない。

叔父が、心療内科の実践のどういう点が農業的だと考えていたのかもはっきり覚えていないが、おそらく、こころは工業製品ではないため「修理する」といった性質のものではなく、「育てる」あるいは「育つ」性質のものであると考えていたのだと思う。当時もいまも、私はその考えにはまったく賛成だ。というのも、この考え方は、私が当時もいまも研究・実践している人間性心理学の考え方と合致するからだ。

ところで、ヒューマニスティック・サイコロジー（Humanistic Psychology）は日本語で「人間性心理学」と訳され、その訳が定着している。ただ、私は必ずしもこの訳語には満足していない。原語の「ヒューマニスティック」はおおよそ「ヒューマン（人間）らしい」といった意味があるから、本来は「人間らしい心理学」を意味している。それは具体的に経験され、生きられた心理学だ。

一方、「〜性」という字を入れると、本質論が連想されるから、それは「あなたとわたし」といった人々（現存在）が実際に経験し、生きていることを表すものではなく、人類なら誰にも備わっている本性を明らかにする心理学になってしまう。

ヒューマニスティック・サイコロジーは特定の心理学の学派というより、アメリカ合衆国で1950年代後半に始まり、1968年ごろピークに達し、1970年代後半まで勢いを伸ばしていた運動体と考えるほうがいいだろう。

先に「あなたとわたしの心理学」と言い換えてみたが、「あなたという人」「わたしという人」が注目されたのは、1950年代後半から全米で公民権運動が盛り上がったからだ。「あなた」は「黒人」や「白人」や「アジア人」の一例

ではなく、「あなたはあなた」「わたしはわたし」という目線に立つことによって「人間らしさ」の回復に取り組んだ。このあと、1960年代にはベトナム戦争のために徴兵制が敷かれ、「あなた」と「わたし」ではない、「ベトコン」と「米軍兵」のような構図が出来上がった。アメリカ政府はベトナム人を人間として尊重するどころか、化学兵器を用いて殺戮しようとしていた。

反戦運動は1968年にピークを迎えた。戦争に反対していた多くの若者は、徴兵を逃れるために行方をくらませてヒッピーとなり、「愛と平和」のスローガンのもと、人種や国籍を超えて「人と人」が尊重し合えるコミュニティの構築をめざした。ヒューマニスティック心理学は1970年代後半に勢いを失っていくが、それは1975年にベトナム戦争が終わったことと無関係ではない。

このような歴史的背景から、ヒューマニスティック心理学に基づくセラピー（心理療法・カウンセリング）のゴールとして、ほかの心理療法の学派にあった「社会適応」が疑問視されるようになった。すなわち、人種差別を肯定している社会に適応したり、戦争を支持している政府の考え方に適応したりすることは、「人間らしさ」に背く可能性があるからだ。そのために、ヒューマニスティック心理学には異なったゴールが設けられた。それが「自己実現」だ。

ヒューマニスティック心理学は運動体なので、一人の創始者がいたわけではない。パーソン・センタード・アプローチを創始したカール・ロジャーズやゲシュタルト・セラピーを創始したフリッツ・パールズ（Fritz Perls：1893-1979）がとくに著名だが、ほかにも同じような発想を共有する心理学者や心理療法家が多数おり、ともにヒューマニスティック・ムーヴメントを先導した。

この時代には、心理学を含め、アメリカ社会全体が東洋の影響を強く受けるようになった。1960年代には、サンフランシスコ禅センターなど多くの仏教寺院が設立された。ヨーガの定着もみられ、当時の若者は東洋に熱い視線をおくるようになった（池見, 2012）。この時代から論理的思考を超えるカラダの知恵、坐禅、ヨーガの瞑想への関心も高まっていったといえよう。またヒッピーたちのあいだでは、麻薬による意識変容や自己超越が注目されていた[*5]。

ヒューマニスティック心理学の考え方を理解するには、このような時代背景を知っておく必要があろう。アメリカの当時の若者は、瞑想などの実践に乏しい宗教教義や論理的思考様式から離れていく傾向があった。

同時に、科学万能主義も疑われるようになった。科学こそが人間のすべて

の問題を解決し、人類の苦しみを救うものだとする考え方に限界が見えはじめた時期だった。1995年にリリースされた映画「アポロ13号」（トム・ハンクス主演）は、アポロ13号が打ち上げられた1970年当時に起こっていた発想様式の変化を如実に描いた作品のように思える。13という数字に不吉なジンクスを抱くのは迷信で科学的ではないため、NASAは強気で13号を打ち上げるのだが、その13号は故障してしまい、危うく地球に戻れなくなるところだった。

　カール・ロジャーズのカウンセリング理論（第2章参照）にある「自己実現」についても、この時代の精神と無関係ではない。彼は人の心をメカニズムとして捉えるのではなく、本来の自己を実現するために成長し続けるものとして捉えていた。

　古典的精神分析において、人の無意識には反社会的な性的欲動や攻撃性が潜んでいるとされたのとは対照的に、ロジャーズは人には「本当の自己」が薄々と感じられているとした。そして、この「自己」なるものはメカニズムではないと考えた。その意味では「心は工業ではなく農業だ」という発想とおおよそ合致している。人にとって大きな課題は「"真にそうである自己"になる（Rogers, 1961 : To Be that Self Which One Truly Is）」ことだ。「真の自己」への道標は気持ちとして感じられているもので、本当の気持ちが表現されていくようになると、人は一歩一歩「真の自己」になっていくのだと考えていた（Rogers, 1961 : What it Means to Become a Person）。

　これはアメリカ人の研究仲間たちとも共有している印象なのだが、当時の面接記録などを読んでいると、気持ちの表現が上手にできない人が多かったような印象を受ける。ロジャーズの時代から半世紀以上が経過し、現在の人たちのほうがフェルトセンスに触れ、それを言葉にして言い表すのがうまくなっているように感じる。

　もちろん、当時は「フェルトセンス」という言葉さえも知られていなかった。また、ロジャーズが自己について考察していた時代から半世紀が過ぎて、いまとなっては、「真の自己」なるものは本当に存在するのか、といった疑問

＊5　1970年に出版された鈴木俊隆老師の著作 Zen Mind Beginners Mind がアメリカ合衆国の禅ブームに火をつけた。1975年には Thich Nhat Hanh 師の The Miracle of Mindfulness が発行され、マインドフルネスがアメリカに紹介された。

＊6　この時代のヒッピーを描いた小説として、池見陽、エディ・ダスワニ共著『バンヤンの木の下で』（木立の文庫）がある。

も提示されるようになった。

　ロジャーズは、アメリカ中西部の厳しい冬に、地下室に貯蔵されている芋から芽が出ていることに感銘を受けた。わずかに差す光のほうに向かって芽を伸ばしていく芋に生成（becoming）の力を感じたとされる（Rogers, 1981, pp. 118-119）。ロジャーズは「真の自己」を芋という生物の本来の姿に喩えた。たとえ悪条件のなかでも、本来の姿に育っていこうとする力を「自己実現傾向（self-actualizing tendency）」ととらえた。これは素敵な例で、叔父が言っていた「心育ては農業」の考え方にも合致している。

　しかし、じつはここには理論的な問題が内包されているように私には思える。それは「芋は芋にしかなれない」といった一種の決定論だ。「真の私なるもの」が私にすでに内蔵されていて、私は真の私に向かって成長していくという理論モデルだから、私が成長を経て最終的に行き着いた姿は、じつはあらかじめ設定されたものだった、ということになる。

　ヒューマニスティック心理学は、「人の性格は無意識的な本能的欲動や幼児期の両親との関わりによって決定されている」とする古典的精神分析の決定論に反旗を翻し、人は自由であり、過去に縛られていない、自由に成長したい方向に向かって成長するのだと主張した。しかし芋の喩えにみられるように、自己実現論には隠れた落とし穴、隠れた決定論があるように私には思える。

　本当の自己は存在するのか否か、そして自己実現傾向とは生き進むことに先立って形成されている「真の自己」に向かう決定論なのか、といった二つの問題を解決したのは、ジェンドリンだったと私には思える。

　彼は現象学的実存主義の観点に立ち、「真の自己」や「自我」、「本能の貯水地」といった従来の心理療法理論で想定されるコンテンツをすべて括弧にくくった。つまり「真の自己なるモノ」があるという思い込みはいったん手放し、「これが真に自分らしい」と人が感じるときの体験を記述する方略を用いた。それによって、「自己」といった抽象的な概念から具体的な「体験」へと舵を切ったのだ。

　これが「私らしい」と感じるのはフェルトセンス、その「私らしいと感じるフェルトセンス」が指し示す方向に向かって人は生きる。人は「私」（自己像）をキャンバスに描くように、フェルトセンスに立ち戻りながら、一語一語を確かめ、己にそして他者に向かって、その都度新鮮に自己像を描いていく。私はその考え方を踏襲してIkemi（2019）ではつぎのように記している。

人は常に新しい自己の理解を創造し、そのような理解を他者とともに共同創出している。私の観点では、面接室で私たちが対面しているのはそのような体験の過程にある人で、ヒューマニスティック・カウンセリングの面接のなかで、私たちは共に私たちの生の理解を共同創出しているのだ。(Ikemi, 2019. 筆者意訳)

フェルトセンスは「心のメッセージ」のインプライング

　ジェンドリンの文献にはimplying（インプライング）という表現が散見される。英語の動詞implyは「含意する」あるいは「暗在する」と訳され、implicitは「暗在的」と訳されてきた。Implyingはimply（含意する）の進行形なので「含意している」と訳せるが、その語は含意されたものを「指し示している」とも読める。以下の例で考えてみよう。

　「ジンベイザメの歯は目に見えないほど細かくて小さい。数えてみると、上下合わせて8000本から1万本にもなるという説もある。さて、このジンベイザメの歯の形がimplying（インプライング）している、すなわち含意している・指し示しているのは、ジンベイザメは肉食ではなく、海藻やプランクトンを食べていることだ」(池見, 2018)。

　この文にあるように、implyは本来は含意する・暗在するという意味だが、implyingの場合、それを「指し示している」と入れ替えたほうが日本語として理解しやすい。「ジンベイザメの歯の形は、ジンベイザメが海藻やプランクトンを食べていることを指し示している」。以降本書では、implyingの訳として「指し示している」を用いる。

　空腹感という体験について検討してみよう。空腹感にはフェルトセンスがある。つまり、同じ「空腹感」と表現されていても、昨夜の空腹感といまの空腹感は質的に異なる。これらの「空腹感の質」がフェルトセンスだ。

　いま感じている空腹感のフェルトセンスはデリケートな感覚で、空腹ではあってもカレーライスは食べたくない、ラーメンも違う、もっと「サラッとした」ものが食べたいと感じられている。「サラッとした」食事を思い浮かべてみる。サンドイッチ、う〜ん、ちょっと違う。ざるそば、ああ、それもいいなとフェルトセンスが反応する。でも温かいほうがいいか。「あ、きつねそばが食べたい！」というようにフェルトセンスが進展する。この進展にともなって、何が食べたいのかと悩むことはなくなり、一直線に蕎麦屋に向かっ

て歩きはじめることができる。

　この例では、この空腹のフェルトセンスは「きつねそば」を「指し示していた」ということができる。そして、指し示されたものが明らかになったときには迷いがなくなり、体験過程的一歩が得られ、すっきりした開放感が感じられている。

　食べものの例を挙げたが、フェルトセンスが指し示しているという事実は、おおよそいかなる場合にも該当する。自分が書いた原稿の一段落を読んで、「なんだかスッキリしないな」と感じるフェルトセンスは「書き直し」を求めており、その書き直しはどこでもいいのでなく、ある特定の表現や言い回しの推敲を求めている。友人に連絡することになっているが、何か「気が進まない」フェルトセンスは、その友人との関係のあり方について何かを伝えてきている。

　平たい言い方をするならば、人がフェルトセンスとして感じるものは、「どうなればいいのかを知っている」ということができる。空腹のフェルトセンスが「きつねそば」が最適なことを「知っていた」、原稿を読んだときのスッキリしない引っかかりも、どこをどのように書き直したらいいのかを「知っていた」あるいは「教えてくれていた」のだ。

　私の最初の著作のタイトルは『心のメッセージを聴く』（講談社現代新書）とした。このタイトルによって、インプライング――つまり、人が感じるフェルトセンスは「心のメッセージ」であることを示したつもりだ。フェルトセンスは生の可能性を指し示しているのだ。

┃澱みなく進んでいく生

「自己実現」という表現は抽象的なうえ、「自己」なるモノが人の心の内に、生きることに先立って存在していると仮定している。この抽象的な「自己」の概念を具体的な一瞬一瞬の「いま・ここ」に置き換えてみる。すると、一瞬一瞬に感じられるフェルトセンスに注意を向け、それが指し示している方向に導かれて生き進んでいくありさまが現れてくる。生を川の流れに喩えてみると、生の澱みや停滞は流れ出すことを指し示している。

　フェルトセンス革命の観点からみると、従来の心理学理論は人の生をメカニズムとして理解しようとしたことに無理があった。

　意識がないメカが故障した場合、「故障の原因は」と過去の要因を調べる傾

向がある。マイクロフォンが故障した場合は、故障の原因を専門家が考える。過去にマイクを落としてはいないか、過去に水没させていないか、あるいは製造工程での問題はあったのか、といったことを調べるだろう。これと同じモデルで、意識を有する存在である人間について考えることに無理がある。

　不安感が発生している原因が過去にあると考えて、過去にトラウマを経験していないか、人格形成上の問題が生育歴に見られないか、などと原因探しをすることになる。

　しかし、そのような原因探しは空腹を感じている人に「空腹の原因は？」と聞くのと同じく無意味だ。空腹を感じている人に聞いてみたいのは「何が食べたい？」だ。

　同様に、不安を訴える人に聞いてみたいのは「何があればいいのか」で、「不安の原因は？」ではない。友人と喧嘩したことから不安を感じはじめたという場合、「不安の原因」が「友人との喧嘩」だと解明したとしても、何も変わらない。「その友人との関係がどうであればいいのか」、それこそが問題だ。友人との関係改善の複雑巧妙（intricate）なあり方が「不安」のなかに感じられているはずだ。[7] その友人にメールを送ってみるか、と考えてみたらどうだろう。「いや〜メールはちょっと気が重いな」とフェルトセンスが反応して、メール以外の方法が「指し示されている」ことがわかる。

　「フェルトセンス革命」の観点からみると、人をメカと同じように理解することに無理がある。メカとは違い、人には意識がある。そのため、従来のメカニズム還元主義（mechanistic reductionism）とは異なる心理学が必要なのだ。命あるものは、過去の原因に生かされているのではなく、未来に向かって生きているのだ。

┃ フェルトセンスは「実存」である

　人はどう生きているのか、生きようとしているか、といったことを哲学の用語で「実存」という。「実存は本質に先立つ」といわれるが、私たちの生は想定されている本質の現れではない。反対に私たちがどう生きるかが、私たちの本質が何であるかを決定する。

　ユダヤ教、キリスト教では、アダムとイブが神に背いて禁断の木の実を食

───────────────

＊7　Intricacy, intricate は Gendlin の文献に散見される表現だ。「複雑巧妙」と訳しておく。

べてしまった。人類最初の罪である「原罪」を犯したと信じられている。つまり、人は本質的に「罪深い」存在とみなされている。この本質がいろいろなところで露呈してくる。アダムとイブが神に背いたのと同じように、私たちも神の教えに背いて生きることになる。実存主義哲学はこの見解に反対する。人は善良に生きることもできるし、そのような場合、人間の本質は「善」であるとなる。人が本来罪深いのか善良なのかは、人の生き方が決めることだ。すなわち、実際にどう生きるか——実存——が本質に先立つのだ。

　ジェンドリン（2021）によると、私が生きている——実存——は体験として生き抜かれている。つまり、「私がいま、生きている」ことを具体的に言うとするならば、それは私の「いま・ここ」の体験にほかならない。それはいま、この場を生きて、感じているフェルトセンスだ。

　また、哲学者たちは、実存は「前概念的」であるとか「前反省的」、「前主題的」などと表現している。こうした表現は、「実存」は人が考えたこと、といった概念ではなく、具体的な生なのだ、ということを指している。それは概念形成される前の「生の感覚」で、その状況を生きる生の感覚は「いま・ここ」のフェルトセンスなのだ。

7　フォーカシング指向心理療法とフェルトセンス革命

ボーデンゼーのほとりにて

　ドイツ語で「ボーデンゼー」（境界の海・湖）と呼ばれるコンスタンス湖は、ドイツ・スイス・オーストリアが出会う場所に位置する。コンスタンス湖のほとりの街、リンダウから山の方に車で20分ほど走ったところに小さな村があり、その村に「フンボルト・ハウス」というワークショップ・センターがある。

　ここは、人間学的な研修のためにしか施設を提供しない。ドイツ・フォーカシング研究所の主催でフォーカシング夏期講習が毎年ここで開催されていた時期があり、私も夏の数週間をここで過ごしたことがある。日本に比べると随分涼しくて過ごしやすかった。

　芝生やリンゴの木が多い広い敷地にはプールもあり、敷地のいたるところでたくさんの花が咲き誇り、小さなハチたちが忙しく蜜を集めていた。外に

置かれたパラソルの下のテーブルについて、室内から運んできた食事や飲み物を囲んで人々が楽しく会話していた。外には卓球台もおかれ、そこで子供たちが笑い声をあげていた。芝生でサッカーをしている子供たちもいた。敷地内にはテントもいくつか見られた。フンボルト・ハウスの客室が満室の場合、もってきたテントで家族は寝泊まりし、食事やシャワーはフンボルト・ハウス館内を利用していた。要するに、寝るのが客室かテントか、それだけの違いだった。この素敵な環境での夏期講習はヴァカンスの雰囲気に包まれていた。

　室内のラウンジで、ジェンドリン先生を囲んで私たちは座っていた。ドイツ人の男性ばかりだったから会話はドイツ語混じりだったが、私に気を遣ってくれたのか、わりと多くの部分が英語だった。

　ハイオーが訊いていた。「今度出る本の題名は何になりましたか？」

　「フォーカシング指向心理療法だ」とジーン（ジェンドリンのニックネーム）が答えた。

　「以前"体験過程療法"だったものですね」と私が言った。

　「そう、"experiential"（体験的・体験過程的）と言ったら、どんな心理療法も体験的だから特徴が表現できていなかったんだ。名前を変える必要があったんだ」とジーンが答えてくれた。

　「フォーカシング指向（オリエンテッド）ですか？」ハイオーがこだわっている様子だった。彼は続けた。「ズバリ、"フォーカシング療法"はダメなんですか？　"フォーカシングというオリエンテーションをもつ心理療法"ではいろいろな療法が含まれてきます。"フォーカシング指向認知行動療法"だったら、それは"認知行動療法"とみなされて、"フォーカシング"では保険請求が通らなくなりますよ」。

　なるほど、保険と関係があるから、名称の問題はデリケートだし、政治的でもある。しかしジーンの考え方からして、"フォーカシング療法"はあり得ないと私には思えた。

　「フォーカシングは心理療法じゃない。それは知ってのとおりだ。いま、みなさんがすでにやっている心理療法にフォーカシングを取り入れてくれたら、フォーカシングはいろんな心理療法にとって必要だということがわかってもらえるだろう」。こんな内容のことをジーンが言っていた。以前にもそのようなことを書いていた記憶がよみがえった。フォーカシングを自動車に喩えると、フォーカシングは自動車を走らせるエンジンそのものではない。ガソリ

ンだったか、エンジンオイルだったか、エンジンに必要な地味なものに喩えられていた。

「ええ、しかし、それでは困るんですよ」とクラウスが言い出した。「僕たちよりも上の世代の人たちはすでに何らかの心理療法をやっていて、そこにフォーカシングを取り入れたらいいけれど、僕たちの世代はどうなるんです？僕たちはフォーカシングからスタートしているから、"すでにやっている心理療法"なんて、ないんですよ」。そうだ、と僕も思った。

『フォーカシング指向心理療法』にみる「フォーカシング」

ジェンドリンがこれにどう答えたかは記憶に残っていない。しかし、この会話でジェンドリンのスタンスが変わったわけではなかった。事実、著作 *Focusing-Oriented Psychotherapy*（Gendlin, 1996. 邦訳『フォーカシング指向心理療法』）の執筆はこの時点で終わっていた。心理臨床場面でフォーカシングを実践するうえで貴重なリソースとなるこの著作の構成や内容を、池見（2023）に沿ってみていこう。

著作 *Focusing-Oriented Psychotherapy*（『フォーカシング指向心理療法』）は24章、第1部（第1章から第10章）と第2部（第11章から第24章）の2部構成となっている。

冒頭でフォーカシングは「（体験の）内側に注意を向ける様式」と定義されている[*8]。どこまで正確かわからないが、この様式は日本ではしばしば「体験過程に触れる」と表現されている。続いて、このような様式を人に教えることもまた「フォーカシング」や「フォーカシングのインストラクション（教示）」と表現されている。冒頭から「フォーカシング」はこれら二重の意味を帯びている。「フォーカシング」は人が内側に感じられる体験に注意を向けること、そしてもうひとつの意味は、内側に注意を向けるコツを人に教えるためのインストラクション（教示法）といった二重の意味だ。

このことは本書の第23章から終章にかけて重要な意味をもってくるから、留意しておきたい。なお、Ikemi（2023）では、人が自然にフェルトセンスに触れ、そこから言葉や意味を見出すフォーカシングを「フォーカシングα」とし、人に教えるためのインストラクションとしてのフォーカシングを「フォーカシングβ」として二つを区別してみた[*9]。

「フォーカシングβ」は多くの人に「教えられてきた」ことが本書でも紹介

され、フォーカシングは「教えるもの」と位置づけられる。「人の生きられた
プロセスは（フォーカシングの）六つのステップに分解できるわけがない。こ
れら六つのステップは、教えるためだけに役立つものだ（"No living human pro-
cess breaks down into six steps. The six steps are useful only for teaching."）」（Gendlin 1996, p.
70）。

　つまりフォーカシング β は、人が生きる過程と取り組む心理療法そのもの
ではないことが明確に示されている。一方、フォーカシング α は、人が自身
の体験とかかわる様式で、それは新しい理解を生み出す過程だ。それに不慣
れな人にはその過程を教える（フォーカシング β）ことが心理療法に役立つ、と
いう主張が本書の骨子だ。

　第１部の最後（第10章）には、ジェンドリンとあるクライエントの心理療法
の実際が逐語記録で示されている。これは貴重な資料だ。この面接記録では
ジェンドリンがクライエントにフォーカシングを教えている β の場面はほと
んど見られない。フォーカシングのインストラクションは臨床場面で用いる
ものではないことが暗黙のうちに示されている。

　第２部では、「体験過程に触れること」すなわちクライエントが沈黙のうち
に行っている「フォーカシング α」に注目することによって、従来の心理療
法が深まっていくことが提示されている。また、「カラダのワーク」（第12章）、
「ロール・プレイ」（第13章）、「夢解釈」（第14章）、「イメージ」（第15章）、「カ
タルシス」（第16章）、「アクション・ステップ」（第17章）、「認知療法」（第18章）
など心理療法の「道筋（avenues）」別に解説が施されている。

　これらの「道筋」は必ずしも心理療法の「オリエンテーション」と同一で
はない。たとえばユング派の分析心理学、壺イメージ療法、サイモントン療
法など主として「イメージ」という媒体を扱うものは、「イメージの道筋」に
まとめる、といった分け方だ。心理療法のオリエンテーションを問わず、主
に使用される体験的なメソッド（手法）別にまとめる仕方にはジェンドリンら
しさが感じられる。すなわち、理論、概念やオリエンテーションではなく、

＊8　どこまで正確かわからないのは、「体験過程に触れる」という場合の「触れる」、すなわち「手
　　でさわる」というメタファーが適切なのだろうか。触診するわけではないので、ほかの表現
　　のほうが適切かもしれないが、ここではよく用いられている表現を使う。
＊9　日本人間性心理学会第42回大会（池見2023）の発表では、Focusing-A, Focusing-B としていた
　　が、その１週間後に開催された国際シンポジウムでの発表では、Focusing α と Focusing β に
　　改名した（Ikemi, 2023）。

「どのように体験されているか」といった道筋にジェンドリンは着目している。

　これら多くの心理療法のなかで「フェルトセンス」や「体験過程」というものが注目されるようになれば、これらの心理療法は変容していく、というジェンドリンの主張はまさに心理療法における「フェルトセンス革命」のマニフェストだといえるだろう。

『フォーカシング指向心理療法』にみる「関係」あるいは「相互作用」

　池見（2023）によると、本書の内容は二つのキーワードを軸にして検討してみることができる。ひとつのキーワードは上記でみた「フォーカシング」で、もうひとつは「関係（relationship）」あるいは「相互作用」だ。この両者は終章（第23章、第24章）で絡みあってくる。「フォーカシング」については本章で解説してきた。ここでは「関係」についてみていくことにしたい。

　ジェンドリンの文献では、「関係」あるいは「相互作用（interaction）」が「精神内界（intrapsychic）」と引き合いに出されることがわりと多い。

> Focusing is sometimes, quite wrongly, thought to be an exclusively "intrapsychic" therapy. There is no such thing. Interaction is always a vital dimension of therapy, and as I have already said, focusing goes on within the wider context of the ongoing interaction. (Gendlin, 1996, p. 108)
> フォーカシングはときどき、誤って完全に「精神内界」のセラピーだと思われている。そのようなものは存在しない。相互作用はいつもセラピーに不可欠な次元で、私がすでに指摘しているように、フォーカシングはより広い進行中の相互作用の文脈のなかで展開するのである。（筆者意訳）

　フォーカシングは、「精神内界」のいわば「閉鎖回路」で起こる過程ではない。ジェンドリンは、フォーカシングはいつも対人関係の相互作用のなかで展開するとしている。この主張は本章の第6節ですでにみてきたが、ここでは「精神内界」と「相互作用」について例を示して解説してみよう。

　まず「精神内界」の立場で考えてみよう。人の内には社会には受け入れられない衝動と、そのような衝動が表に出ないようにしている抑圧の力があって、人はその衝動をそれとして体験できずに、歪曲された形、たとえば、そ

れは「漠然とした不安」として経験される。この見方は、人が実際に体験している「漠然とした不安」の要因は、精神内界に生じている葛藤によるととらえている。

　一方、対人関係の相互作用の観点でこの例を検討すると、「漠然とした不安」は無意識的な葛藤の現れとは考えない。この人（男性と仮定しておこう）はどんなときに「漠然とした不安」を感じるのだろうか。それは、彼がひそかに興味をいだいている女性と会う場面で感じられているとしよう。対人関係・相互作用の観点を大切にするカウンセラーならば、彼が興味をもっている女性とどのような関係を築いていきたいのか、具体的にどのように振る舞ったらいいのか、一緒に検討していこうと提案するだろう。精神内界の「内側」の葛藤と考えるのではなく、カラダを有する「世界−内−存在」として、どのようにしてこの状況を生き進んでいくのか、ここがポイントになるだろう。

　また、このような内容をカウンセラーと語り合える、といった関係が存在することが重要だ。つまり、仮にこの男性がカウンセラーを恐れていたら、この話題を話したいとは思わないだろう。その場合は、この話題は体験の内に暗にあったとしても、それは明在的になることはなく、面接ではほかの話題が前景を占めてしまうだろう。彼が感じている「漠然とした不安」は、女性とどのように生き進むかといったことであると同時に、カウンセラーとどのようにこのことを話し合うか、といった他者と共に生きるありようだ。

　この架空例にあるように、フォーカシングの立場は精神内界（内側）ではなく、対人関係や状況とのかかわりといった精神の「外側」とのかかわりを重要視している。

　しかし、厳密に言うならば、それは精神の内側や外側といった区別に先立った体験だ。たしかに、「漠然とした不安」はクライエントの内側に感じられ、気になる女性は「外側」に存在し、話を聴いてくれるカウンセラーも「外側」にいるわけだが、これらは「内側」や「外側」と区別された状態で存在しているわけではない。「内側」も「外側」も未分化なのが、人の体験の実際のありようだ。ジェンドリンはそれをつぎのように論じている。

Americans might say that "Befindlichkeit" is an "interactional" concept rather than an "intrapsychic" one. But it is both and exists before the distinction is made. "Interaction" is also inaccurate for another reason. It assumes that first there are two, and only then is there a relation between them. For Heidegger, humans are their living in the world with others. Humans are living-in and livings-with. (Gendlin, 1978-1979/2018)

アメリカ人は Befindlichkeit（情状性・情態性）について、それが「精神内界的」というよりも「相互作用的」概念だとするだろう。しかし、それはその両者であり、区別に先立って存在している。「相互作用」もまた別の理由で不正確である。それは、まず二人の人間が存在し、しかるのちに両者のあいだに関係が存在すると仮定している。ハイデガーにとっては、人は他者とともに世界で生きる存在である。（筆者意訳）

　ここでジェンドリンが取り上げているのは、ハイデガーの著作『存在と時間』にある Befindlichkeit の記述だ。ジェンドリンはシカゴ大学大学院では「ハイデガー」の授業科目を担当していた（ほかに「フッサール」と「カント」も担当していた）。私がジェンドリンの授業「ハイデガー」を履修したのは、ちょうどジェンドリンが Befindlichkeit の論説を発表したころだった。そのころは授業時間の多くを Befindlichkeit の論説に割いていた。

　Befindlichkeit はハイデガーの不器用な造語で、日本語では「情状性」「情態性」などと訳されている。英語では state of mind（精神の状態）とも呼ばれている。しかし、訳語だとわかりにくい部分があり、ドイツ語で理解してみよう。Befindlichkeit の真ん中には find という語が入っている。それは英語と同じ「見つける」という意味で、ドイツ語会話の Wie befinden sie sich? は「あなたはどのように自分を見つけていますか」つまり「どのようにお過ごしですか？」と問うものだ。「私は哲学を読むことの充実感のうちに自分を見つけています」と答えられるだろう。この語が指すのは、己をどのように「見つけるか（befinden）」なのだ。

　例文では「哲学を読む充実感のうちに自分を見つけている」となっていたが、Befindlichkeit には別の言い方があり、それは「気分（Stimmung：Mood）」だ。ハイデガーはその人（現存在）にとっての実際のあり方を言う用語（ontic）、この場合は「気分」と、存在論を言う場合の用語（ontological）を使い分けた。この場合、情状性（Befindlichkeit）は存在論的な用語、その実際のあり方は「気

＊10　ジェンドリンがハイデガーの英訳者 Joan Stambaugh から聞いた話として、ハイデガーは Befindlichkeit をのちの作品では Wohnen（dwelling）と称していた（Gendlin, 1978-1979/2018, p. 224）。

分（Stimmung）」として使い分けた。つまり、哲学を読むことに充実感を感じているという私の「気分」は、私の実際の体験だ。しかし、同時にその気分を存在論的な観点でいうと、人は気分によって自らの本来的な可能性を見出す存在だといえる。

Gendlin（1978-1979/2018, pp. 195-196）はBefindlichkeitを表現するには心理学用語の「感情（feeling）」や「情動（emotion）」は不十分だとした。それはBefindlichkeitの以下の四つの特徴が表現できないからだった。

⑴　Befindlichkeit は人がどのように自分を状況のうちに見つけるかを意味している。
⑵　Befindlichkeit はそれ自体の了解を有している。
⑶　その了解は暗在的である。
⑷　いかなる気分にも言語が介在している。

　このため、「私たちには、情動と私が"フェルト・センス"と呼ぶ——感じられた複雑さ——を区別するための新しい用語が必要である」（Ibid, p. 205）としている。すなわち、フェルトセンスはBefindlichkeitを指していると考えることができる。
　上記の引用に戻って、その後半部分をみてみよう。
　「相互作用」もまた別の理由で不正確だ。それは、最初から二者が存在して、そのあとになってそれらの間に関係があることを仮定している。
　例に戻って考えてみよう。男性は関心がある女性とどのような関係になっていくのだろうか。その人はその相手に対して優しいかかわりをすることになるかもしれない。そのとき、彼は「やさしい人」になる。あるいは、思いのほか積極的でときには強引なかかわりをするかもしれない。その場合、彼は「強引な人」になる。一方の女性も、この関係のなかでどのような自分になっていくかわからない。二人が関係をどう生きるかは最初から決まっているわけではない。「やさしい」男性と「やさしい」女性がかかわって、「やさしい関係」になるとは限らない。関係が二人を変容させていくのだ。関係に先立って二者が存在するのではなく、関係を生きるなかにそれぞれが「何者であるか」が形になってくる。
　上記でみたように、哲学者ジェンドリンにとって「関係」と言えば、まずはハイデガーの世界−内−存在が浮かんでいたのだろう。しかし、大方の心

理臨床家が「関係」と聞くと、まず連想するのはカール・ロジャーズ（Carl Rogers）だ。ロジャーズと彼のカウンセリング論については、次章で詳しく取り上げることにする。ここでは、『フォーカシング指向心理療法』のなかで著者ジェンドリンが、関係をめぐって、ロジャーズについてどのように論及しているのかをみておきたい。第23章ではロジャーズの「関係」への言及は2点に及び、ひとつは全般的に肯定的な見解で、2点目は細部において批判的な指摘だ。

But Rogers was completely right that the relational conditions are primary in therapy.（Gendlin, 1996, p. 297）
しかし、関係をめぐる条件がセラピーにおいて第一義としたロジャーズは全面的に正しかった。（筆者意訳）

　関係が最も重要である、ということについては、ロジャーズに全面的に賛成であると表明している。そのうえで、つぎのように論じる。

Carl Rogers was quite right to posit "genuineness" as one his three conditions of therapy（along with "empathy" and "unconditional positive regard"）. He was not quite right when he added that the client must "perceive" these three attitudes in the therapist. What I think he should have said is that these attitudes ought not to remain private; they need to be manifested so that they can have an impact, a concrete efffect. Human bodies experience their situations immediately and directly, and not only through the interpretive screen of what they perceive or think is happening.（Gendlin, 1996, pp. 296-267）
カール・ロジャーズが「本物であること*11」をセラピーの条件の三つのうちに含めたことは正しかった（ほかは「共感」と「無条件の肯定的関心」である）。しかし、クライアントがこれらを「知覚」しなければならないとしたところは正しくなかった。私が思うところ、彼が言うべきだったのは、これらを心の内に留めないようにすること；それらはインパクトがある、具体的な効果があるように顕在化させねばならない。人のカラダは状況を即時的にそして直接的に体験しており、それは「知覚」や「思考」といった解釈的スクリーンに映ったものを通してのみではないのである。
（筆者意訳）

本章第4節でも論じたように、ジェンドリンの論文「カラダの優位、知覚の優位ではない～カラダがいかにして状況や哲学を知り得るのか」(Gendlin, 1992) と同じ内容の「知覚優位批判」が展開されている。例示すると、つぎのような内容だ。

私はスピーカーから流れてきているスムーズ・ジャズの音楽を聴覚でまず「知覚」し、それを「ノリのいい曲」と判断（「思考」）して、足でリズムをとるのではない。実際には、その曲がスピーカーから流れ出した瞬間から足はビートを刻んでおり、スリッパを履いた足がフロアにバックビートをタップする音に気がついて、私はこの曲が気に入っているのだとわかる。

ビートをタップする足、つまりカラダが先で、それが「この曲が気に入っている」と私の「知覚」や「思考」を変える。知覚の優位ではない、カラダの優位である、これがジェンドリンの主張だ。

ジェンドリンは別の文献（Gendlin 1990）で、彼のカウンセリング経験から同じ点を例示している。カール・ロジャーズに対して、「必要十分条件」のなかの第六条件は不要だと説得しようとして失敗した回想だ。

第六条件とは、「セラピストの共感的理解と無条件の肯定的関心の伝達が最低限達成されていること」だ。ロジャーズはこれをつぎのように説明している。

> 最後の条件はクライエントが最低限、セラピストが（クライエントを）認めていること、共感していることを知覚することである。このような態度のコミュニケーションが達成されていなければ、クライエントにしてみれば、このような態度は関係のなかで存在することがなく、われわれが仮定しているプロセスは起動しないのである。(Rogers, 1957. 筆者意訳)

ところがジェンドリン (Gendlin 1990, p. 213; ジェンドリン 2021, pp. 46-47) は、自分がカウンセリングを受けていたときのことを回想している。それはつぎのようなことだ。

私がカール・ロジャーズとともに仕事をしていたとき、

---

*11　次章でも取り上げるように、私はgenuinenessを「本物であること」と訳している。日本で定着している訳語「純粋さ」は、わかりにくいうえに原文の意味が伝わらない。

彼は私の理論的なものを取り入れ
私は彼のそれを取り入れました。
もちろん私が取り入れた方が多いのですが。
しかし、彼に売り込もうとしてうまくいった覚えがない
ある考え方の一端は、
すなわち三条件はクライエントがそれらを知覚しなければならない
という条件なしでも十分なのだということです。
彼は言います。
純粋さ[12]、共感、肯定的関心
それとクライエントがそれらを知覚すること。
私はそれが必要だとは思いません。
私はその知覚が必要でないことを知っています。
なぜなら多くのクライエントは
1年も2年もの間、確信してきたからです。
彼らを好きになったり、理解してくれる人はいるわけがないと。
そして、それにもかかわらずそのプロセスははたらき
結果的に彼らの知覚を変えるのです。
セラピストが実際に理解していることを
どのように彼らは知覚するのでしょうか。
それは変化なのです。
私にはわかります。
自分がそんなクライエントだったから。
私はいつも知っていました。
このやさしいおじさんは絶対に私のことは理解できないと。
ずいぶん長くかかってから、
部屋に入ったときに
私はすでに違っていることに気づきました。
それについて考えられるずっと以前から
相互作用は影響を及ぼすのです。(ジェンドリン 1999, pp. 46-47)

　カウンセラーの共感や無条件の肯定的関心を知覚していなくても、カウン

---

*12　脚注(11)で言及したように、私は現在これを「本物であること」と訳している。

セラーの面接室に入っただけで、カラダがほっとしていたり、楽になっていたりすることに気づく。そうなってから、「このカウンセラーは、私のことを理解していたのだ」と認知が変わる。人は知覚して認知を変えるのではなく、カラダの変化が先で、その変化が認知を変える。知覚の優位ではない、カラダの優位だとジェンドリンは主張しているのだ。

┃「関係が第一、フォーカシングは三番目でしかない」が意味するところ

『フォーカシング指向心理療法』では、つぎの一文が注目され、頻繁に引用されている。

> In therapy the relationship (the person in there) is of first importance, listening is second, and focusing instructions come only third. (Gendlin, 1996, p. 297)
> 心理療法においては、関係（瞳の奥のその人との）が第一に重要で、リスニング（傾聴）が第二、フォーカシングの教示は三番目でしかない。（筆者意訳）

「瞳の奥のその人」は意訳で、原文では the person in there（なかにいる人）だが、別の文献では the person behind the gaze（瞳の後ろにいるその人）となっている。それを考慮して「瞳の奥のその人」と意訳した。

寡黙で、無愛想で、何も言わない人がいると想像してみよう。寡黙ではあっても、無愛想ではあっても、その瞳の奥には繋がりを求めている人がいる、困っている人がいる。ジェンドリンが駆け出しのセラピストのころ、そのことをスーパーバイザーに教わり、役に立ったそうだ。ジェンドリンの文献のなかでは "the person in there" や "the person behind the gaze" として散見される。ジェンドリンのクライエントだった Neil Friedman（ニール・フリードマン：1940〜2008）の回想によれば、ジェンドリンのセラピーでは関係が強く印象に残った。よい父親を演じてくれたり、ひどい父親を演じてくれたりしたそうだ。

ジェンドリンのセラピーでは、たしかに関係が第一だった。なのに、ジェンドリンはなぜ彼のセラピーのブランドネームに三番目でしかない「フォーカシング」を選んだのか納得がいかない、といった内容を Friedman（2007）は書いている。

Friedman（2007）の書評を書いた Ikemi（2008）は、Friedman の著作の内容には賛成する点ばかりだが、どうしても納得がいかない一点は、ジェンドリンの関係的セラピーに注目して、ジェンドリンが三番目でしかない「フォーカシング」をブランドネームにしたことを批判している Friedman 自身の著作の題目が、*Focusing-Oriented Therapy* となっていることだ。

ジェンドリンもフリードマンも、最も大切なのは「関係」だと主張したが、ともに三番目でしかない「フォーカシング」を全面に打ち出した。ジェンドリンの著作をよく読むと、「関係か、フォーカシングか」といった問題はそう単純ではない。

> ...what I mean is that focusing instructions come third.（Gendlin, 1996, pp. 297-298）
> 私が言っているのは、フォーカシングのインストラクションが三番目だということだ。（筆者意訳）

つまり、フォーカシングを教えること（フォーカシングβ）は三番目でしかない。

> "Focusing-oriented therapy" is not therapy that includes brief bits of focusing instructions. Rather it means letting that which arises from the focusing depths within a person define the therapist's activity, the relationship, and the process in the client.（Gendlin, 1996, pp. 304）
> 「フォーカシング指向心理療法」はフォーカシングのインストラクションの短い断片を含むセラピーではない。むしろそれは、人のフォーカシングの深みから現れるものがセラピストの活動、関係、そしてクライエントのプロセスを定義づけるものなのである。（筆者意訳）

最も大切なのは関係だとしたジェンドリンだが、その関係について「フォーカシングの深みから現れるものがセラピストの活動、関係…を定義づける」となっている。そうだとすると、最も大切なのはフォーカシングだ、ということになる。

本節では「フォーカシング」という言葉には二つの意味があることに注目してきた。人に教えるフォーカシング、すなわちフォーカシングのインスト

ラクション（フォーカシングβ）は三番目でしかない。

　しかし、まだ姿も形もはっきりしない未形成の「瞳の奥にいる人」、すなわちフェルトセンスとの関係は最も大切なものだ。それはクライエント本人が「内側に注意を向ける様式」だから、「精神内界的」で、また、セラピストが瞳の奥の人との関係を作ろうとしているから「対人的・相互作用的」でもある。

　クライエントとセラピストがともに、クライエントに感じられる未形成の意味や未知なる「その人」にかかわること、これが最も大事なことで、この「フォーカシングの深みから現れるもの」をずばり「フォーカシング（α）」と呼ぶとしたら、「セラピーではフォーカシングα（瞳の奥のその人との関係）が第一に重要、リスニングが二番目、そしてフォーカシングを教えること（フォーカシングβ）は三番目でしかない」となるのだ。

▍「そろそろウィーンに行くよ」

　「ええ、しかし、それでは困るんですよ」とクラウスが言い出した。「僕たちよりも上の世代の人たちはすでに何らかの心理療法をやっていて、そこにフォーカシングを取り入れたらいいけれど、僕たちの世代はどうなるんです？　僕たちはフォーカシングからスタートしているから、"すでにやっている心理療法"なんて、ないんですよ」。そうだ、と僕も思った。

　インディジナスな、あるいはネイティブで本格的な「フォーカシング療法」はこれからだ。それはジェンドリン先生のつぎの世代が作っていかないといけない。僕にはそう思えた。

　「ジーン（ジェンドリンのニックネーム）、あなたの心理療法のオリエンテーションはなんですか？」と僕は訊いてみた。

　「僕はクライエント中心療法だよ」とジーンが答えた。そうやって、これこれと答えられるのは羨ましいなと僕は一瞬思った。きっとクラウスもそう思っただろう。

　「今度、フォーカシング指向心理療法の本が世に出ますが、そのあとでもそうなんですか？」と確認してみた。

　「そうだ、そしてフォーカシングはクライエント中心なんだよ、それは瞳の奥の人との関係だから」

　「10年ほど前に出された"クライエントのなかのクライエント"（Gendlin,

1984)のような発想ですね」と僕が尋ねた。

　「そのとおりだ」そう言ってジーンは急に話題をかえた。

　「あそこに咲いている花は生きているよね」

　「はい、生きています」と僕が答えた。

　「君はなぜ、花が生きているとわかるのかね？」

　あ、言葉に詰まった。あっちの岩は生物じゃない。花が生物だと僕が知っているのはなぜか？　きっと知覚や思考の前にカラダが知っているということなのか、うん？　と僕は一瞬沈黙して自分の体験を吟味していた。

　「僕はそろそろウィーンに行くよ。ウィーンに行くのは少し怖い気もするんだ」そういってジーンは立ち上がった。ディーターが駅までおくると言って一緒に立ち上がった。11歳のころ、ナチスに追われてウィーンを離れて以来、ジーンははじめて故郷ウィーンに向かうのだった（エピローグ参照）。

第2章
カール・ロジャーズのカウンセリング論 再発見

1 カール・ロジャーズとフェルトセンス

　カール・ロジャーズ（Carl Rogers：1902-1987）は、言うまでもなくカウンセリングの基礎を築いたパイオニアだ。カウンセリングを少しでも勉強したことがある人ならば、「ロジャーズ」という名は必ず目にしているはずだ。

　カール・ロジャーズはアメリカ合衆国の心理学者で、アメリカ心理学会会長なども歴任している。ニューヨーク州ロチェスターの児童相談所を経てオハイオ州立大学教授、シカゴ大学教授、ウィスコンシン大学教授を務め、その後カリフォルニアに研究所を設立した。

　ロジャーズがシカゴ大学に勤務していたころ、ユージン・ジェンドリンはロジャーズの門を叩き、そこでカウンセリングを学び、ロジャーズと共同してクライエント中心療法を築き上げていく多くの研究に携わった。

　本書が注目している「フェルトセンス」はジェンドリンによる術語だが、ジェンドリンとロジャーズが出会う以前から、ロジャーズはよく似た現象に注目していた。彼はその現象を"sensory and visceral experiences"と呼んでいた。それは"sensory"つまり「感覚的」で、"visceral"つまり「内臓的」なもので、この語は「内臓のごときに感じる」ことを意味している。平たく言うならば、それは「カラダで感じる体験」だ。

　日本ではこの語は「官感的内臓的経験」と訳され、その日本語の意味がわかりにくいためか、日本のカウンセリング実践家にはあまり注目されてこなかった。ロジャーズは「カラダで感じる」ことを言い表そうとしてほかの術

語も用いた。頻繁に文献に登場するのは"organic"で、それは「生命体的」といった意味をもち、論理的・頭脳的思考ではない、生命体としての感覚を言うものだった。日本語では「有機体的」と訳されてきた。そのほかに"gut-level feelings"も散見される。これは「腹のレベルの気持ち」だから、やはり「カラダで感じる」ことを指している。

　ロジャーズはこのように、カウンセリング中にクライエントが経験する〈カラダに感じられる意味の感覚〉にジェンドリンよりも先に注目していた可能性があり、それを記述していたのだ。

■ ロジャーズは「フェルト・ミーニング」に注目した

　ジェンドリンのフェルトセンスの源流は、ロジャーズの「カラダの感じ」ではないかと推測してみることは不可能ではないが、Ikemi（2005）が指摘したように、二人の「カラダの感じ」の捉え方は根本的に異なっている。

　ロジャーズにとっては、「カラダの感じ」は「意識に正確に象徴化されていない」ものだった。それは意識には受け入れ難い衝動などが否認され、歪曲された結果、「カラダの感じ」として現れていると考えられていた。そのため、「カラダの感じ」の存在それ自体が不適応のサインと考えられていた（Rogers, 1951）[1]。一方、ジェンドリンにとってのフェルトセンスは、本書でみてきたように、本来の人の体験のあり方で、体験は「カラダの感じ」として直接参照され、それはまだ言葉になっていないものだ。

　また、二人の大きな違いは、ロジャーズにとって「カラダの感じ」はすでに形成済みの葛藤を表すと考えられていた。一方、ジェンドリンにとっての「カラダの感じ」すなわちフェルトセンスは、未形成の意味の感覚だった。

　このような理論的な差異を考慮すると、ジェンドリンはフェルトセンスの概念をロジャーズの「官感的内臓的経験」から受け継いだとはいえないだろう。

　しかしじつは、どちらがどちらを受け継いだのかといった点をめぐって、のちに「ドンデン返し」がある。上記の解説は1950年代のロジャーズ理論をみたものだが、1975年以降のロジャーズは考え方を大きく変えている。彼はジェンドリンの体験過程理論に依拠するようになり、ジェンドリンの理論を解

＊1　Rogers, C. R.（1951）pp. 510-512に論じられている命題XIV参照。

説するようになった。「人の生命体にはいつも体験過程の流れがあって、それを利用して人は意味を見出すのだ」としている（Rogers, 1980, p. 141 より意訳）。「カラダの感じ」はもはや不適応のサインではなく、未形成の意味の感覚と理解されるようになった。フェルトセンスとほぼ同義のジェンドリンの術語「フェルト・ミーニング」（第1章参照）をロジャーズが使うようになった。あとで詳しく解説するが、ロジャーズはつぎのように記述している。

> 共感的なセラピストは、クライエントがたったいま体験している"フェルト・ミーニング"を敏感に指し示し、それによってその意味に（クライエントが）フォーカシングすることを援助し、それによって（フェルト・ミーニングは）完全で抑制のない体験過程へと推進するのだ。（Rogers, 1980, p. 141より意訳）

　ここでの「ドンデン返し」とは、ジェンドリンが24歳上のロジャーズから「フェルトセンス」の概念を引き受けたのでなく、逆にロジャーズがジェンドリンからフェルトセンス（フェルト・ミーニング）の概念を受け継いだことだ。
　「フェルトセンス」「フェルト・ミーニング」はどちらもジェンドリンの術語だが（第1章参照）、ロジャーズはフェルト・ミーニングのほうを用いている。これは、ロジャーズがジェンドリンの初期の哲学書『体験過程と意味の創造』（Gendlin, 1962/1997）を引用していたためだ。同書ではフェルトセンスよりも、フェルト・ミーニングのほうが頻繁に用いられている。「フェルトセンス」が多用されるジェンドリンの著作『フォーカシング』は1978年に出版されており、ロジャーズがジェンドリンの影響を受けはじめた1974年ごろに出版されていたジェンドリンの唯一の著作は『体験過程と意味の創造』だった。

ロジャーズの「三つの時代」

　ロジャーズがフェルトセンスやフォーカシングに取り組んでいたことは、日本ではよく知られていない。ロジャーズのカウンセリング論は、時期によってかなり大きく理論見解が動いている。ロジャーズ研究者たちが指摘するように、彼のカウンセリング論には三つの時代（時期・フェーズとも呼ばれる）があった。1940年代が「非指示的心理療法（Non-Directive Psychotherapy）」の時代、1950年代が「クライエント中心療法（Client-Centered Therapy）」の時代、そして

1963年に彼がカリフォルニアに引っ越してから1987年に亡くなるまでが「パーソン・センタード・セラピー（アプローチ）(Person-Centered Therapy [Approach])」の時代と分類されている。

ロジャーズの思考は、これらの各時期で変化している。とくに、最初の「非指示的心理療法」と二番目の「クライエント中心療法」のあいだにははっきりした断絶がある。「断絶」と書いたのは、「クライエント中心療法」は「非指示的心理療法」を否定したところから成立しているからだ。

日本のロジャーズ理解では、最初の二つの時代がブレンドされる傾向がある。また、非指示的心理療法がロジャーズ自身によって否定されていることはあまりよく知られていない。そのため、非指示的心理療法の時代の「リスニング（傾聴）」とクライエント中心療法時代の「中核3条件」（本物であること、無条件の肯定的なまなざし、共感的理解といったカウンセラーの態度）がブレンドされてしまい、中核3条件が傾聴の理論であるかのように誤解される傾向がある。

三番目のパーソン・センタード・セラピーの時期については、この時期の主著 *A Way of Being* (Rogers, 1980) は訳されているものの（ロジャーズ, 1984）、日本では広く知られていない。そのため、ロジャーズがフェルトセンス（フェルト・ミーニング）、体験過程やフォーカシングを重要視したことは十分に伝わっておらず、「クライエント中心療法はロジャーズ、フォーカシングはジェンドリン」といった具合に区別され、二人の交わりがしばしば見落とされている。

2 非指示的心理療法の時期
——「傾聴」が否定されることになった経緯

■ ロジャーズの傷心——「傾聴」から「人間関係」へ

ロジャーズ論文の日本語の訳語は必ずしも正確ではなく、ロジャーズが意図していたことが十分に伝わっていなかったようにも思われる。とくに、手のひらを返したように、ロジャーズが自身で築き上げてきた非指示的心理療法を否定することになるロジャーズの傷つきは十分に伝わっていないのではないか。

「非指示的心理療法」が形になってきたのは、ロジャーズがオハイオ州立大

学教授のころだった。彼はそこで精力的にカウンセリングの応答を研究していた。世界で初めてカウンセリング面接をレコーディング・スタジオでレコード盤に収録し、心理療法の具体的な応答がどのようにクライエントに影響したのかを調べる画期的な研究を行っていた（Rogers, 1942/1989）。ロジャーズは1974年の講演で、「いまでも私は、自分の面接の録音を聴くことがセラピストとしての成長に繋がると信じている[*2]」と述べている（Rogers, 1975; 1989, p. 138）。

しかし、ロジャーズ自身の回想によると（Rogers, 1975/1980）、このような研究は「恐ろしい結末を招いた」のだった。それは「非指示的心理療法はクライエントの気持ちを伝え返すテクニックだ」とか「非指示的心理療法ではクライエントが言った最後の言葉を伝え返すだけだ」と“馬鹿にされた（caricatured）”とロジャーズが受けとめたことだった。

YouTube に公開されている1974年収録の講演では、このことを話すロジャーズの声がかすかに震えており、「私たちのアプローチの完全な歪曲で、あまりにもショックだった」と述べている。これを受け「これ以降、数年のあいだ、共感的リスニングについて話すことはなかった。話すときは態度について話し、それらを関係のなかで具体的に導入することについてはコメントしなかった」とも述べている。

要するに「オウム返し」だと馬鹿にされたことがショックで、このあとはリスニングには触れることはなく、態度のみを強調することになった。ここでテクニック中心（日本では「傾聴技法」といわれる）だった非指示的心理療法は否定され、技法を捨てて「態度」を強調する「クライエント中心療法」が始まった。

その背景には、人を変えるのはリスニング（傾聴）などのテクニックではなく、人間関係（治療関係）だとする観点があった。もうひとつには、人が苦悩を乗り越え成長する方向性はクライエントが潜在的に知っているから、専門知識や専門技能をもつエキスパートはカウンセラーではなく、クライエント自身だという視点だ。

これらの視点は「クライエント中心療法」のつぎの「パーソン・センタード・セラピー」の時代にもそのまま受け継がれている。すなわち、ロジャーズの心理療法で異色なのは「非指示的心理療法の時代」で、そのあとの「ク

---

*2　この講演は Carl Rogers on Empathy（1974）として YouTube にも公開されている。講演原稿は1975年に学術論文として投稿され、同じ原稿が1980年の著作に収録されている。

ライエント・センタード・セラピー（クライエント中心療法）」と「パーソン・センタード・セラピー」の時代ではこういった視点は共通していた。

　ロジャーズのまわりの研究者たちは、ロジャーズがリスニング（傾聴）を捨てたのは、あまりにも惜しいと突き上げた。ハーヴァード大学のシュラインは、そのようなことを書いたロジャーズ宛の書簡をしたためているし、ジェンドリンは自分のほうがロジャーズよりもリスニングを大切にしているとし、著作『フォーカシング』（Gendlin, 1981/2007）に「リスニングの手引き」を執筆している。彼らはロジャーズが捨てたリスニング（傾聴）を救おうとしていたのだ。

　しかし、ロジャーズは頑固に傾聴ではなく態度に舵を切っていた。ジェンドリンの「リスニングの手引き」については、それは「共感の実例だ」と評し、具体的な聴き方や応答についてはコメントをしていない（Rogers, 1980, pp. 145-146）。いや、「リスニング」という語さえも避けているようにも読める。この一文からは、「オウム返し」だと馬鹿にされたロジャーズの傷つきがいかに深かったかが、私には感じられる。

ロジャーズの「中核3条件」に対する誤解

　ジェンドリンの「リスニングの手引き（*The Listening Manual*）」は著作『フォーカシング』（Gendlin, 1981/2007）の第11章として掲載されている。ロジャーズはそれを「共感の実例だ」と評したが、この手引きには「共感」といった言葉は一度も登場しない。中核3条件にはまったく触れられていないのだ。

　これは不思議に思われるかもしれないが、YouTubeに公開されているジェンドリンの講演にこの謎を解くヒントがある。この講演ではステージ中央にロジャーズが座っており、ロジャーズの隣の席が空いている。おそらくジェンドリンがそこに座っていたと考えられる。ジェンドリンはステージ袖の演台に立って、そこで話している。彼がその講演で強調しているのは、一般の人に話すときは具体的でなければならないという点だ。一般向けの著作『フォーカシング』を執筆しているジェンドリンだからこそ語れることだ。ロジ

＊3　John Shlien からの手紙の一部は Rogers, C. R.（1986/1989）に公開されている。
＊4　Gene Gendlin—The Politics of Rogers, Focusing and The Future of Listening. YouTube にアップロードされている（閲覧には制限がかけられている）。

ャーズが執筆していたカウンセラー向けの著作では「共感」といった表現と
その表現についての若干の説明があれば読者は理解できるかもしれないが、一
般向けとなると、そうはいかない。

　私はこの講演を聴いていて、あることに気がついた。これは現象学でいう
「エポケ（判断停止）」ではないだろうか。すなわち、意識においてはっきりし
ていない概念などは「カッコに括り」、体験されている実在を記述するといっ
た戦略ではないだろうか。ジェンドリンの「リスニングの手引き」の最初に
紹介される「絶対傾聴」の二つめの段落はつぎのように書かれている。

> 　もしもあなたが、"はい"とか"わかったよ"とか"ああ、そうですね、
> あなたが感じていること、よくわかりますよ"とか"あなたが言ってい
> ることがわからなくなりました、もう一度お願いできますか"といった
> 表現だけを使ったとしても、深いプロセスが開いてくることがわかるで
> しょう。(Gendlin, 1981/2007, p. 135. 筆者意訳)

　ここに記述されているのは「共感の実例」ではないだろうか。すなわち、
「一般の人に伝えるためには具体的に」と話すジェンドリンは、「共感」とい
った概念を「カッコに括り」、その実在である応答の仕方を記述しているよう
に読める。また、ロジャーズがこの「リスニングの手引き」は「共感の実例
だ」といった内容のコメントをしていたことも腑に落ちる。

　日本では、ロジャーズが非指示的心理療法時代のリスニング（傾聴）を捨て
てクライエント中心療法に移行した経緯は必ずしも理解されているとはいえ
ない。このため、いまも「ロジャーズの傾聴技法」が教えられ、リスニング
にとって代わった中核３条件が「傾聴技法」の理論と理解される傾向がある。
態度であるはずのものが、受容的応答や共感的応答といった応答技法と誤解
されているのだ。

　私は、これをつぎのよう喩えることがある。柔道の技を一般の人に真似さ
れて怪我をされてはいけないから、具体的な技は見せないことにして、「根性
がいりますよ」といった態度だけを話したつもりが、そのうち「根性しまし
ょう」といった具合に、態度だったはずのものが技法だと理解されてしまっ
た。本当は「無条件の肯定的関心をもって話を聴きましょう」「共感的な態度
で話を聴きましょう」だったものが、「受容しましょう」「共感しましょう」
と理解されてしまった。

このようにして、「ロジャーズの心理療法は非指示的で支持的（supportive）な心理療法だ」とか、「ロジャーズの心理療法では受容して、共感して、話を聞くだけ」といった誤解や「ロジャーズの心理療法の中核条件は受容と共感と傾聴だ」といった日本的誤解が生じてしまった可能性がある。

3　クライエント中心療法の時期——中核3条件が意味するところ

訳語の問題

　人に変容をもたらすのは人だ。これがロジャーズ・クライエント中心療法以降の主張であることはすでに紹介した。人に変容をもたらすのはリスニング（傾聴）のテクニックなど、いかなる技法でもない。それは人と人の出会い（エンカウンター）のインパクトだ。

　ジェンドリンが回想するところでは、ロジャーズはその「出会いのインパクト」を表現しようと苦労していた。クライエント・センタード・セラピー、そしてパーソン・センタード・セラピーの時代にロジャーズは、その「出会いのインパクト」を「治療関係」と表現していた。つまり、カウンセラーがいかに在るかを取り上げた表現だ。人を変えるのは人間関係だが、それはどんな人間関係なのか。その答えが「中核3条件」と呼ばれるカウンセラーの態度で（クライエント・センタード・セラピーの時代）、それは同時にカウンセラーの「存在のあり方（a way of being）」（パーソン・センタード・セラピーの時代）なのだ。

　ロジャーズ文献の邦訳に問題が多いことは日本の研究者のあいだで囁かれているが、どんな心理臨床学の教科書にも紹介されている中核3条件についても例外ではない。中核3条件が記述されている著名な論文（Rogers, 1957）では、これらはつぎのように記述されている（日本で定着している訳語を並べて表記する）。

- congruence or genuineness：自己一致または純粋性
- unconditional positive regard or acceptance：無条件の肯定的関心または受容
- empathic understanding：共感的理解

これらの訳語には三つの問題点がある。

1 訳語「または」について

　最初に指摘しておきたいのは、orにあてられた訳語「または」に関することだ。ロジャーズの原文をみるとorの手前に彼が造った専門用語があり、orを挟んで平易な表現が用いられている。会話英語では、このような場合の"or"（"or in other words"の略）は「または」ではなく「というか」、すなわち「平易な表現に言い換えると」を意味する。これによってつぎのような理論的差異が生じる。

　「AまたはB」の場合は「りんごまたはバナナ」のように、AとBは同じものではない。しかし、「AというかB」ならば、AとBは同じものを指す。「上気道感染症（A）というか風邪（B）」の場合のように、AとBは同じで、Aが平易な表現Bに言い換えられている。つまり、最初の中核条件「自己一致または純粋性」では、自己一致と純粋性は別のものではなく、自己一致を平易に言い換えたのが「純粋性」だ。ところが「純粋性」とはいったい何か、この訳語の妥当性について疑問を呈することができよう。

2 訳語「純粋性」について

　そこで二番目に指摘しておきたいのは、genuinenessの訳語「純粋性」の問題だ。Genuinenessが「純粋性」と訳され、その意味がわかりにくいことも一因となって、この中核条件が日本では定着せず、「受容と共感」の二つだけが偏重されてきた可能性もある。ロジャーズの3条件は「受容と共感と傾聴だ」といった誤解さえも生じるありさまだ。Genuinenessが見落とされる傾向は、その訳語「純粋性」が不明瞭だったことによると考えることもできるだろう。

　Genuinenessはgenuineにness＝そうであるさま（genuineであるさま）を加えた一般的な表現だ。たとえば本革製品についているGenuine Leather（本革）の表示にあるように、genuineには「本物」「偽りではない」といった意味がある。それにnessを加えて、「本物であるさま」と訳すことができる。第一条件は「自己一致というか、本物であること」と訳すのが素直な訳だろう。「本物であること」の内実について、ロジャーズは多くの文献で解説しているが、そのうちのひとつを引用しておこう。

　　　It would mean that the therapist is genuine, hiding behind no defensive façade, but meeting the client with the feelings which organically he is experiencing. (Rogers, 1961, p. 185)

　「本物であること」は防衛的な仮面をかぶっているのではなく、彼がカラダで体験している気持ちとともにクライエントに会っていることを意味している。（筆者意訳）

　つまり、「臨床心理士」といった仮面をかぶったあり方ではなく、一人の人間としてクライエントに対面している。そのときに立ち現れてくる恐れや不安や退屈といった気持ちを、言うか言わないかは別として、それらに気づいている（認識できている）ことが「本物であること」の意味するところだ。
　「臨床心理士はクライエントを恐れてはいけない」と思っているとき、私は私を「私」として認識していない。私は私を「臨床心理士」として認識している、すなわち仮面をかぶっているのだ。仮面をはずしたときに、目の前にいるクライエントに対していろいろな感じ方が立ち現れては消えていく。
　こうした感じ方は「気持ち」や「感情」というほどはっきりとしたものではない。ロジャーズはそれを「カラダで体験している気持ち」と表現しているが、その表現はいまで言う「フェルトセンス」だと理解して間違いないだろう。つまり、本物であることはカウンセラーが「自身のフェルトセンスを感じながらクライエントに会っている」ということになる。
　ロジャーズの中核3条件では、「本物であること」によって、カウンセラーは常に自分のフェルトセンスに目を向けると同時に、相手の感じ方を肯定的に認めて共感的に理解している。「受容と共感の傾聴」といった日本的な誤解によって見失われるのは、カウンセラーが「自分のフェルトセンスに気づいている」といった側面で、それが見落とされると、カウンセリングは「相手に合わせる」傾向に陥ってしまい、ロジャーズが意図していた「二人の出会い（encounter）」から遠ざかってしまう。

③　訳語「受容」について

　三番目に指摘しておきたいのは、acceptance の訳語「受容」のとらえ方だ。辞書では「受容」はつぎのように定義されている（『広辞苑 第七版』）。①受けいれて取りこむこと。「ヨーロッパ文明を——する」、②（芸術などの）鑑賞・享受。
　この訳語は、①の意味で採択されているものと思われる。しかし、例文に

あるように、ヨーロッパ文明を受容した日本は変わっていく。すなわち、「受容」は変容可能性を含意した言葉だ。しかし、そのように理解するとセラピストはクライエントの気持ちを「受容」して自らが変容することになる。ならば、変容する前のセラピストの自己は本物ではなかったのか、自己の概念と体験が一致していなかったのか、といった疑問が生じてしまう。つまり、「受容」は「カウンセラーが自己一致している、というか本物であること」と矛盾してしまうことになる。

　カウンセラーは自己一致（本物である）を維持したままクライエントのクライエントらしさを……のだ。この文のスロット……に入るのは、「受容」ではなく「認める」だ。受容ならば、セラピストは「自己一致」を維持できないが、自分は本物でありながら、自分と違った感じ方をしているクライエントを「認める」ことはできる。

　セラピストが感じていることは、クライエントの在り方によって刻々と変化していくために、セラピストが本物であることは絶えずクライエントとの相互主観的な営みの上に立ち現れるといった、たとえばCooper & Ikemi（2012）のような視点もあるが、それはあとになって登場する観点だ。Ikemi（2005）が指摘したように、当時のロジャーズは、体験はすでに形成されているといった固定的な見解を示していた。事実、中核3条件が抽出される元となる6条件の第一条件には"two persons are in psychological contact"（「二人の人間のあいだに心理的接触があること」）と記述されており、個別の実体としてすでに形成されている二人の人間が心理的に接触しているといった人間観が示されている。そこでは、それぞれの人間がある意味、出来上がった箱のようなもので、二つの箱が接触しているといったイメージだ。

　他方、近年の相互主観的な見方では、二人の主観世界は絵の具が混ざり合うように溶け合って、二人の独特の主観世界の色になっていくといったような考え方（第3章参照）をするが、このようなパラダイムは当時のロジャーズとは明らかに異なっている。

｜「中核3条件」を見直す

　これまで本節では訳語の問題点を指摘し、代わりの訳語を提示したが、それらを利用して「中核3条件」を言い表してみると、つぎのようになる。

(1) カウンセラーはクライエントとかかわっているとき、自身に生起している体験を誤魔化そうとせずに、それらに気づいている。その意味でカウンセラーは「本物」で、「私らしく」そこにいる。

(2) 同時に、カウンセラーはクライエントに対して無条件の肯定的なまなざしを向け、クライエントのその人らしさを「認めて」いる。

(3) カウンセラーはクライエントを社会一般の価値基準で判断するのではなく、クライエントの内側にある準拠枠の視点に立って理解しようとしている。これを「共感的理解」という。

　共感的理解の邦訳については、私はとくに問題を感じていない。この概念について例を挙げて、少し説明を加えておくことにする。

　私ならばスニーカーは15,000円までが妥当な値段だといった「準拠枠(frame of reference)」がある。あなたが18,000円のスニーカーを購入しようとしているのを見て、私はそれを批判するのではなく、スニーカーの値段に関するあなたの準拠枠は18,000円以上だということを理解し、その視点に立ってみる。「なるほど、この人はスニーカーに18,000円は高くないと認識しているのか。それなら、この商品は魅力的にみえて当然だろう」。

　この視点が共感の意味するところだ。世間一般の基準として18,000円のスニーカーが高いか安いかは関係ない。その人の考えを尊重することを「共感的理解」と呼ぶ。

　ところで、この例文は「無条件の肯定的関心」の例にもなるだろう。前項で、この術語の訳語は「受容」よりも「認める」のほうが適切であることを示した。私があなたの準拠枠を理解したら、あなたがこのスニーカー買おうとしている行為が「わかる」、すなわち共感できる。同時に、私はそれが私の準拠枠とは違っていても、それを「認める」ことができる。

　つまり私は「スニーカーの値段は15,000円以内」といった私の準拠枠を維持したまま、あなたの準拠枠を「認めている」。「私ならばちょっと高いと感じるけれども、あなたがそのスニーカーがほしいと感じていることはわかりますよ」といった具合に、私は「本物」であり続け、かつあなたの考え方を尊重して「認めている」。

　あなたの考えを私が「受容」したならば、私はスニーカーの値段に関する準拠枠を変容させることになり、結果的にあなたに「あわせる」ことになる。「あわせること」はこの条件の意味するところではない。私とは違った考え方

をするあなたがいるからこそ、私はそんなあなたに興味があり、関心がある
のだから。

　また、前項の訳語批判では言及しなかったが、無条件の肯定的関心の原語
unconditional positive regard の 'regard' も訳者たちを困らせた単語で、「配慮」
あるいは「関心」と訳されてきた。無条件の肯定的「配慮」あるいは無条件
の肯定的「関心」といった訳だ。

　中田（2013）がすでに紹介しているように、この regard はフランス語の regard
（regarder：見る）と同じ語源で、regardez! はフランス語では「見て！」を意味
する。それを考慮すると、unconditional positive regard は「無条件の肯定的
な "まなざし"」と訳すのが適切なように思われる。

　さらに、これもさきの訳語批判には含まれていないが、listening の訳語「傾
聴」にも注意したい。listen は「聴く」を意味し、音楽を聴く、話を聴く、外
国語の発音を聴くなど、よく使われる平易な表現だ。

　「共感的な態度で話を聴いてください」と言われたら、「共感的」とはどう
いう意味ですが、と問われるかもしれないが、「聴く」とはどういう意味です
か、とは問われないだろう。しかし、「共感的な態度で傾聴してください」と
言われたら、まず「傾聴ってなんですか」といった問いが発生するだろう。
「傾聴」という訳語によって、それには特別な作法が必要なものだといった、
原語にはないイメージがともなっていることも指摘しておきたい。

4　パーソン・センタード・セラピーの時期
──フェルトセンス革命はロジャーズを変えていた

▐ パーソン・センタード・セラピーは「体験過程の時代」

　クライエント・センタード・セラピー（クライエント中心療法）時代の中核
3条件の考え方は、パーソン・センタード・セラピーの時代においても踏襲
されたから、この二つの時期の違いは「クライエント（来談者）」が「パーソ
ン（人）」に入れ替わっただけだと思われるかもしれない。事実、カリフォル
ニアに転居したロジャーズは病院臨床やカウンセリングセンターでの臨床を
引退し、いわゆる「患者さん」と関わることはなくなっていた。ワークショ
ップへの参加者など、研究所に訪れた人たちを対象にカウンセリングをする
ようになった。そのために、彼のカウンセリングの対象者が「クライエント」

から「パーソン」に代わったのは事実だ。

　しかし、これは表面的なことで、パーソン・センタード・セラピーの時代になると、ロジャーズの理論の大きな部分に変化がみられた。それは、ジェンドリンが記述したフェルトセンスや体験過程の現象、体験の過程性を促すフォーカシングといったように、カウンセリングで生じているクライエントの体験に彼は目を向けるようになった。フェルトセンス革命がロジャーズにも及んでいたのだ（ところで、第1節でも示したが、ロジャーズはジェンドリンの用語フェルトセンス/フェルト・ミーニング〔感じられた意味〕のうち、フェルト・ミーニングのほうを使用している）。

　この時期は、ロジャーズがジェンドリンの体験過程理論に傾倒したために、パーソン・センタード・セラピーの時代は「体験過程の時代（Experiential phase）」とも呼ばれている。

　これまで「セラピストの態度」といった中核条件を強調していたロジャーズは、この時期になって、ジェンドリンが研究していた「クライエントの体験過程」に注目するようになった。それによって、この時期にはロジャーズとジェンドリンの視座が相互補完的に交わるようになった。主な展開を時系列で追ってみよう。

　1974年の講演で、ロジャーズは共感の再定義を発表している[*5]。その講演ビデオでは、ロジャーズは時折原稿に目をやって読んでいる様子がみられる。この原稿は翌1975年には「共感——理解されない存在のあり方」という学会誌論文として発表された。また、その原稿は1980年の著作にも収録された（Rogers, 1975/1980）。

　この公演の冒頭で、ロジャーズが駆け出しの心理療法家だった頃、どう応答していいかわからないときには、「ただひたすら聴いた」ことが語られている。そのころ、ランク派（精神分析）のソーシャル・ワーカーに「クライエントの言葉の奥にある気持ちに応答するのだ」と教わり、そこから「感情の反射（reflection of feeling）」と呼ばれる応答をするようになった。それが世に広まったのは自分の責任だと回想している。

　じつは、ロジャーズは「今では"感情の反射"という表現を聞くと虫酸（むしず）が走る（cringe）」としている。あとで触れるが、彼は世を去る直前に「感情の反

＊5　この講演は Carl Rogers on Empathy (1974) として YouTube に公開されているが、のちにその原稿は Rogers (1975/1980) に掲載されている。

射」を「理解の試み」に改名している（日本の多くの教科書では改名される以前の表現がそのまま現在も使われている）。

続いて、最近（パーソン・センタード・セラピーの時代）では、共感の再定式化を行っていることが紹介される。それはジェンドリンの「体験過程」概念に依拠しているとしている。ロジャーズはジェンドリンの体験過程理論を精密に理解していたわけではないようだが、彼なりに大まかに理解しているようだ。ロジャーズはつぎのようにジェンドリンの体験過程を説明している。「いつ、何時も人の生命体のなかには体験過程の流れがあって、人はそれに何度も、何度も参照対象として触れ、それらの体験の意味を発見しようとするのだ」（Rogers, 1980, p. 141. 筆者意訳）。

体験過程は血液ではないため、「いつ、何時も人の生命体のなかで流れている」わけではない。少し正確さに欠けている部分はあるが、示していることは「人はフェルトセンスを参照することによって、自分が何を体験しているのか、その意味を発見しようとする」ということで、この趣旨の理解は正確だ。

続いて、「共感的なセラピストは、クライエントがこの瞬間に体験しているフェルトセンス（「フェルト・ミーニング」）を敏感に指し示す。それによってクライエントがその意味にフォーカスして（フォーカシングして）、その体験を完全で抑制のない体験過程として進展するのだ」（Ibid p. 141 筆者意訳）としている*6。

ここには、ロジャーズのもともとの精神分析的なパラダイム、すなわち言葉になっていないものは不完全で抑圧されているという認識が顔をのぞかせているが、人が薄々カラダで感じているフェルトセンスに触れることによって「体験の意味を発見する」といったジェンドリンの主張の骨子は正しく理解している。

重要なのは「共感的なセラピストはフェルトセンスを指し示し、その意味についてクライエントがフォーカシングする」のを援助するという考え方だ。すなわち、共感はフェルトセンスを指し示してフォーカシングを援助する過程であると再定式化した。ロジャーズはそれを「共感の過程 (process of empathy)」

---

*6　ジェンドリンの専門用語 carry forward は「進展」あるいは「推進」と訳されているが、ここでロジャーズは carry forward ではなく carry (it) further と話しており、不正確な表現を用いている。しかし、一般英語での意味は近いため、ロジャーズは carry forward を意図して carry further と発言したものと推測される。

とし、従来の「状態としての共感（state of empathy）」を改めた。

ロジャーズは「共感の過程」をつぎのように記述している。

　　人と共感的な存在のあり方で共にいることにはいくつかの側面がある。そ
　れは他者の個人的な知覚世界に入り込み、そこでとても居心地よくなる
　（becoming thoroughly at home）ことだ。それは、この他者のなかに流れ、刻々
　と変化するフェルト・ミーニングに敏感になることだ。恐怖でも、怒り
　でも、優しさでも混乱でも、その人が体験しているなんであっても。そ
　れは一時的にその人の生を生きることだ、そのなかで動きまわり、デリ
　ケートに、判断などをせずに、その人がほとんど気づいていない意味を
　感じとって。しかし、その人が完全に気づいていない気持ちを露わにし
　ようとするのではない、それはあまりにも脅威になるから。それは、そ
　の人が恐ろしいと感じるものに対して新鮮で恐れのない眼差しを向け、そ
　の人の世界について感じられること（sensings）を伝えようとすることを
　含んでいる。それは感じていること（sensings）の正確さを［クライエン
　トと］頻繁に確認し、それに対する相手［クライエント］の応答によって
　導かれることになる。そうやって、この人の内的世界の自信をもった同
　行者（companion）になるのだ。相手の体験過程の流れにある可能な意味
　を指し示すことによって、また、この有用な参照対象［フェルト・ミー
　ニング］について、人がフォーカスする［フォーカシングする］のを援
　助することによって、その人は意味をもっとはっきり体験できるように
　なり、体験過程が前進するのだ。（Rogers, 1980, p. 142. 筆者意訳）

　ロジャーズが更新した「共感の過程」は、セラピストは相手の世界を追体
験し（第3章参照）、追体験されたものを伝えて確かめ、クライエントのフェ
ルトセンスを指し示し、クライエントがフォーカシングするのを援助する過
程だ。ロジャーズは、彼がやっていることがテクニックやマニュアルとして
理解されることを極端に嫌った。講演にあったように、彼はむしろ態度ある
いは「存在のあり方」としてこの過程を語ったために、これが「共感の過程」
となったように私には思える。

　他方、一般の人に伝えるためには具体的に伝えなければならないことを信
念にしていたジェンドリンならば、もっと具体的に「どのようにフェルトセ
ンスを指し示すのか」などを補強し、「共感のプロセス」は「人のフォーカシ

ングを援助する聴き方」となっていただろう。

　共感を「フェルトセンスを指し示す過程」、「人がフォーカシングすること を援助する過程」だと捉えたロジャーズのカウンセリングとジェンドリンの カウンセリングがきわめて接近してきたのが「パーソン・センタード・セラ ピーの時代」だ。もちろん、ロジャーズとジェンドリンの具体的な応答が同 じだったわけではない。しかし、ロジャーズのカウンセリング論の主要な柱 のひとつにクライエントのフェルトセンスが取り入れられたことは、まさに 「フェルトセンス革命」がロジャーズにも及んでいた証といえよう。

▌「理解の試み」にはいかなる作用があるのか

　これまで見てきたように、ロジャーズは彼が初期に研究していた「非指示 的心理療法」が「クライエントの話を伝え返すテクニックだ」とバカにされ たことから、一切リスニング（傾聴）を解説しなくなった。また、「感情の反 射」という応答の名称を極端に嫌っていた。前項でも触れたように、その言 葉を聞くだけでcringeする（恥・嫌悪感で身がすくむ。筆者意訳では"虫酸が走る"） と彼は述べていた。「感情の反射」は「オウム返し」だと揶揄され、また人と 人の出会いというよりもメカのような非人間的な印象を与える名称だったこ とを恥じた。事実、ロジャーズの似顔絵が立ち上がる「感情の反射パソコン・ ソフトフェア」を私は使ってみたことがある。入力した文字から感情や主観 的な思いをソフトウェアが検知して拾いだし、疑問符を付けて聞き返してく るようなものだった。いささかも人間味がない。

　晩年に、彼はとうとう「感情の反射」を「理解の試み（Testing Understandings）」 と改名し、1986年11月に学会誌論文としてそれを発表した（Rogers, 1986/1989）。

　　……（「感情の反射」と呼ばれる応答について）考えた末、私は二重の考察 　　（double insight）に至った。セラピストの観点では、私は"感情の反射"を 　　しようとはしていない。私はクライエントの内的世界に対する私の理解 　　が正しいかを見極めようとしているのだ。［中略］そのため、このような 　　応答は"感情の反射"と呼ぶべきではなく、"理解の試み"というか、"知 　　覚の確認"と呼ぶべきである。（Rogers, C. 1986/1989, p. 128. 筆者意訳。原文で 　　は下線部はイタリック体）

ロジャーズは機械的に相手が言ったことを伝え返しているのではないことを強調している。むしろ、相手の体験を自分がどのように理解しているかを表現することによって、相手と確かめてみている。次章でも触れることになるが、私の理論（第4章）では、これはすなわち、ロジャーズが相手の体験を追体験して、その追体験と相手の体験を交差（crossing. 次章参照）させているのにほかならない。つまり、ロジャーズは「感情を反射」をしているのではなく、「私はあなたの体験をこのように理解しています。これでいいですか？」と問いかけてみているのだ。これが「二重の考察」の一重目だ。それは「カウンセラーの観点」だ。二重目の考察は「クライエントの観点」だ。

カウンセラーの理解を確認されたクライエントは、「私が言いたかったのは、これでいいのかな？」と再び自身の体験を振り返って観ることになる。

他方、クライエントの観点からみると、私たちは彼らの体験過程を鏡に映しだしている。気持ちや個人的意味は他者の目から見たとき、すなわち反射されたときに、より鮮明に映るのだ（Ibid, p. 128. 筆者意訳）。

ロジャーズは「カウンセラーは鏡になりなさい」とは言っていない。そのようなことは操作的で演技的でもある。そうではなく、「私はこう理解している、これでいい？」と理解を確認されると、人は自分の体験があたかも鏡に映しだされた姿であるかのように体験し、それを確かめようと自身の体験を追体験するのだ（次章参照）。この論文でロジャーズは、ワークショップ・クライエントだったシルビア・スラックの感想を引用している。

> ドクター・ロジャーズ（ロジャーズ博士）は魔法の鏡のようでした。私が鏡に光を当てているようなプロセスでした。私は鏡を覗き込み、私であるという現実を垣間見ることができました。［中略］私は光を当てていることには気づいていましたが、反射されて明確化されるまで、［私が当てている光］の性質を見極めることはできませんでした。（Ibid, p. 128. 筆者意訳）

シルビアが話したこと（光を当てたこと）をロジャーズ（鏡）が「こういう意味ですか？」と問いかけてくる。その問いを聴いて（鏡に映し出された姿を見て）ようやく、あ、私はこんなことを体験しているのだと「私であるという現実」が見えてくる。このことは体験過程の性質として第2章ですでにみてきた。第1章3節にあった会話例Bを思い出してみよう。

Ａ：私は彼に対して腹が立っています。

Ｂ：そう？　どんなふうに腹が立っているの？

Ａ：腹が立つ、というか（３秒ほど話すのを停止して言葉を探している）なんか、彼の優しさが感じられないのかな？（３秒ほど話すのを停止して言葉を探している）私が責められているように感じてしまうんです。

　Ｂの応答は「理解の試み」の形式にはなっていない。しかし、「腹が立っている」という言葉が含まれていることで、Ａは自身の体験が、鏡の作用をしているＢの応答に映し出されているように体験している。そして、“私は腹が立つと言っているよね。その表現が正確なのかな”と「３秒ほど話すのを停止して言葉を探している」。

　すなわちロジャーズの「理解の試み」をめぐる「二重の考察」とは、カウンセラーの視点では、カウンセラー応答は理解を確かめるためのもので、同時にそれはクライエントの体験過程を推進するものだ。私には、この「二重の考察」こそが「パーソン・センタード・セラピーの時代」のロジャーズの考え方を代表しているように思える。ロジャーズは、これまではカウンセラー側の性質を研究していたが、この時期になると、カウンセラーの側の性質とクライエント側の性質の両方を捉えるようになっていた。それが“double insight”（二重の考察）という言葉で表現されているように思われる。

　ロジャーズの生涯にわたる応答傾向を研究したLietaer & Gundrum（2018）によると、「理解の試み」はクライエント中心療法を確立してからのロジャーズの全応答の７割近くを占めており、特徴的な応答様式だと論じている。また、「理解の試み」は「感情の反射」よりも幅広い概念で、「感情の反射」以外の応答形式をも含んでいるとしている。一例として、その論文に引用されているワークショップ・クライエントVivianに対するロジャーズの応答を示しておきたい。

Vivian：... It's like I would like you to take over now and ask me lots of questions ... In fact, the fantasy was ... I would rather have volunteered for a hypnotist（laugh）than for you ...

Carl：It really does say something about the, the deep fear you have of initiating something entirely on your own.

ヴィヴィアン（Vivian）は「ロジャーズが主導権を握っていろいろ質問してほしい、誘導してくれる催眠術師のほうがよかったわ」と発言している。これに対するロジャーズ（Carl）の応答は「その発言は、あなた自身が何かを始めることへの、深い恐怖心を物語っているのですね」と、彼の理解を試したものだ。ヴィヴィアンの発言を「伝え返した」（感情の反射）わけでもなく、また彼女の語られていない不安ないし恐怖を「認めた」わけでもない。そのような技術的なことではなく、ひとりの人としてロジャーズが相手の発言から理解できたことを確かめているのだ。

　Lietaer & Gundrum（2018）は、「理解の試み」がロジャーズの特徴的な応答で、彼のカウンセリングを特徴づけるとしている。また時期を経てロジャーズの応答傾向は変化してきたことを示し、それはロジャーズの個人的成長によるものと考察した。

　同論文に対してコメント論文を寄稿したIkemi（2018）は、ロジャーズの生涯にわたる応答様式の研究を長年続けてきたGermain Lietaer氏に敬意を表した。しかし、ロジャーズの応答形式の変化はロジャーズの個人的成長を反映したものとは考えにくいと論じた。むしろ、ロジャーズが会っていたクライエントの特徴を反映したものではないかと考えた。すなわち、クライエント中心療法時代のロジャーズは、統合失調症のクライエントなどを面接しているが、パーソン・センタード・セラピー時代のロジャーズは、そのような臨床例を面接していない。こういったことが具体的な応答傾向に変化をもたらしていると考えた。カウンセラーの応答はいつもクライエントの体験過程様式に影響されているからだ。

カール・ロジャーズのカウンセリング論

　本章ではカール・ロジャーズのカウンセリング論の変遷を追ってきた。彼は初期にはリスニング（傾聴）など、カウンセリングのテクニックを細かく研究していた。しかし、それが「オウム返し」と揶揄されたことを気にしたロジャーズは、リスニング（傾聴）を捨て、人を変えるのはテクニックではなく、人と人のかかわりだと主張するようになった。カウンセラーがどのような態度でクライエントとかかわるかが焦点となった。

　パーソン・センタード・セラピーの時期に入ると、彼はカウンセラーのかかわり方に加えてクライエントのフェルトセンスを指し示し、クライエント

がそれにフォーカシングして体験が過程として動いていくことを援助するようになった。つまり、カウンセラー側のかかわり方のみならず、クライエント側に感じられているフェルトセンスやそこから意味が見出されることに注目した。つまり、この時期になって、彼はカウンセラーとクライエントの両者のあり方に注目するようになった。それがリスニングの「二重の考察」に代表されているといえよう。

　私には、ここでロジャーズのカウンセリング論は完結したように思える。学会誌にそれが掲載された3ヵ月後にカール・ロジャーズは85年の生涯を終えたのだった。

第3章
［理論］カウンセリングでは何が起こっているのか
——体験課程モデルが描く人間観

1　心理学諸理論における人間観

人間観への関心

　私が大学生のころ、一般教養科目に The Psychological Views of the Person という授業科目があった。「心理学諸理論における人間観」と訳せるだろうか。残念なことに、この科目は心理学専攻の学生には履修不可だった。心理学専攻の学生たちはこのような内容については専門科目で学ぶため、より広い視野を得るために心理学領域以外の一般教養科目を選択することになっていた。

　そんな理由でこの授業に出席することはなかったが、この授業を履修していた友人に時折、授業内容について教えてもらっていた。人の性格や行動は「無意識」に決定されているという人間観がある。いや、無意識などは存在しない。人の行動は学習の結果であるという人間観がある。無意識などではなく、心理学は測定可能な人間存在の側面を追求すべきであるという見解もある。さらにまた、人は自分らしさを発見しようとして自己実現や本来的な可能性に向かって生きているという人間観もある。

　「心理学諸理論における人間観」といったテーマが私にとって魅力的に感じられるのは、いまもいささかも変わりない。心理学だけではなく、哲学や宗教学の観点も、いつのまにか、おぼろげながら身についてきたから、さらに深みが感じられるテーマとなってきた。人は過去生でやり残したカルマを今世でやり遂げようとしているのではないか、といった視点がその一例となる

だろう。

　このようなテーマに惹かれていることからすると、私はカウンセリングについて二つの次元を追求しているように思える。そのひとつは「それをどうやってするのか」といったdoing（すること）、つまり技術的側面だ。それを「職人的」に追求していると言っても過言ではないだろう。私がリスニングやフォーカシングの指導をするときは、一つひとつの応答をリアルタイムで確認している。まるで職人のまなざしのようなものだ。

　そしてもうひとつが「人間観」だ。——すなわち、カウンセリングの実践を通じて、人間はどのような存在（being）なのかといった暗黙の問いに刺激されている。そして人間存在の性質に合致したカウンセリングの方法を求めている。つまり、カウンセリングの実践を通して人間観について思い描き、その人間観に合致するようなカウンセリング実践を考えているから、人間観とカウンセリング実践は相互にフィードバックしているように私には思える。

　時折、私の人間観への興味が原稿に露わになることがある。たとえば2019年にアメリカ・カウンセリング協会（American Counseling Association）の専門誌 *Journal of Humanistic Counseling* に掲載された論文 "A Portrait of the Person Seen Through the Four Dimensions of Focusing" (Ikemi, 2019) がそうだ。A Portrait of the Person は、直訳すれば「人のポートレート、人物像」だが、英語では「人間観」を意味する。この論文の題目を意訳すると「フォーカシングの四つの次元からみた人間観」となるだろう。本誌で私は、Living Luminary（「存命の輝ける大家」）に指名されたのだった。

　これに先立つこと２年、私は心理療法論に根本的なインパクトを与えるものとしての体験過程概念、とくに「２種の交差」についての論文を発表している (Ikemi, 2017)。この論文を執筆する経緯は、さらにそこから10年遡る。当時、私はマンハッタンのジェンドリン先生のアパートメントを訪ねていた。そこでつぎのような会話を先生と交わしたのを覚えている。

　「ジーン（ユージン・ジェンドリンのあだ名）、あなたの哲学は難しいからセラピストや心理学者には難解です。心理学者向けに理論を書いていただくことは可能ですか？」

　「ウーン（しばらく考え込んだのち）無理だな」

　「そうですか。じゃあ、私がジーンをインタビューするというのはどうですか？」

「ウーン（しばらく考え込んだのち）それも無理だな」

「無理ですか。なんとかならないものですか。心理学者はジーンの哲学がわかっていないから、ジーンの理論の素晴らしさがわからないのだと思いますよ」

「難しいな。そんなに言うのなら、君が書いてみろ」

「それは無理ですよ。間違いだらけになるじゃないですか」

「いや、それでいいんだよ。君が間違っているということを指摘したい人たちは僕の哲学を直接読むことになるからね」

「いや、それはちょっと！」

「体験過程モデル」の構築

こんなかたちでジェンドリン先生は私を励ましてくれたの"だった"といまになって気づくありさまだ。この会話は2007年の夏のことだったが、ジェンドリン哲学の一部を心理療法家向けに論説する論文を専門誌上で公表することができたのは、そこから10年も先の2017年5月だった（くしくもジェンドリン先生が逝去されたその月に発行された）。

この論文では、ジェンドリン先生が頻繁に「新しく言い換えてみたときに、本当に言いたかったのは"これだった"ことに気づく」といったような特徴的な時制を用いていることに注目した。つまり、現在形で新しい表現が登場しているのに、それが言いたいこと"だった"（過去形）と感じられることに carried forward was（「推進された"だった"」）という術語をあてた。

また、ジェンドリン先生の論文で交差（crossing）といった表現で言及されることがある「追体験」の意義について考察した。「追体験」は日本の学者がドイツ語Nacherlebenに当てた訳語だが、英語には適切な訳語がないため、英語圏ではカウンセリングにおける追体験について論じている文献は私がみるかぎりでは存在しない。いまのところ、パーソン・センタード・セラピーやフォーカシングの領域で追体験を英語の専門誌上で論じているのは、どうやら私だけのようだ（Ikemi, 2017; 2019; 2021; Ikemi, Okamura & Tanaka, 2023）。あとで詳しくみていくが、2017年の論文はジェンドリン哲学を援用して心理療法・カウンセリングについて論じたばかりでなく、ジェンドリンのカウンセリング論を一歩進めている部分が"あった"ことに、あとになって気づかされた。

そこから4年後、オンライン・ワークショップで興味深い出会いがあった。

よく知っている仲間が話し手、私が聴き手をつとめた面接事例だった。この面接を「職人的な目」で細かく観ていくことによって、私はある人間観を描くことができた。それは「カウンセリングではいったい何が起こっているのか」といった問いに応えるものだった。また、人はそこで言い表される事象が起こるような存在だといった人間観が描かれる。私はこの論考を「体験過程モデル」と名付けた。

「体験過程モデル」（池見2022）は、日本人間性心理学会の専門誌に掲載された。この論文では、この事例からの観察を四つの命題に整理していた。また、このモデルを、2022年夏にコペンハーゲンで開催された国際会議の基調講演で発表した（Ikemi, 2022）。そこでは命題をひとつ加え、体験過程モデルの柱を五つの命題とした。さらに、米国シアトル大学で開催されたジェンドリン哲学のオンライン国際シンポジウムでもこのモデルを発表した。

このシンポジウムの主だった発表は、のちに1冊の本にまとめられることになる（Severson & Krycka, 2023）。この原稿を執筆するにあたり、体験過程モデルの内容を岡村心平氏と田中秀男氏とともにさらに検討していった。

彼らの指摘により、どうやら私の見解にはジェンドリンとは異なった部分があることに気づかされた。彼らに助けられ、哲学的な考察を補強して「体験過程モデル（The Experiencing Model）」（Ikemi, Okamura & Tanaka, 2023）が完成した。さらにまた、本書執筆のために見直しているうちに、命題1を補強することになった。「体験過程モデル」という理論モデルは、まるで生き物のように成長を続けている。

本章では「体験過程モデル」を取り上げる。この理論によって「カウンセリングでは何が起こっているのか」、「カウンセリング実践にみる人間観」といったことを言い表したい。

この理論モデルは抽象的なものだが、それは実際の人の体験を言い表すものだ。実際の人の体験と理論モデルの関連を明らかにするため、本章では事例を提示し、「事例にみる体験過程モデル」を描いてみる。「事例」といっても、66分間の単発面接だ。

この面接を始めたときは、フォーカシング・ショート・フォーム（第5章4節）の形式を意識していたが、すぐにその枠組みから自由になった。ジェンドリンが『フォーカシング指向心理療法』で書いていたように、

フォーカシング指向心理療法は、フォーカシングのインストラクション
を断片的に含む心理療法ではない。むしろ、それは人（クライエント）の
フォーカシングの深さから立ち現れるものが、セラピストがすることや
（セラピストとの）関係性やクライエントのプロセスを定義づけることを許
容するものである。(Gendlin, 1996, p. 301. 筆者意訳、第 1 章参照)

　引用のとおりで、この面接はクライエントから立ち現れた体験に導かれて
進んだ。それはフォーカシングの手順に従ったものではない。そのため、こ
の面接は「カウンセリング」だと表現してもいいし、「フォーカシング指向心
理療法」だとしてもいいだろう。
　フォーカシング・ショート・フォームの手順から離れたことが幸いして、こ
の面接に関する考察である「体験過程モデル」は、フォーカシングの手順に
従った面接から考察したものではなくなった。このため、体験過程モデルは
「フォーカシングの理論」ではない。それは「カウンセリング」から考察され
たものだから、カウンセリングや心理療法一般に広く応用することができる
論考となっている。

2　面接事例の提示

▌面接記録より

　以下で解説する記録は、フォーカシングのベテラン同士が行ったものだ。私
がカウンセラー（CO）で、セッション・クライエント（CL）はフォーカシン
グ歴30年以上のベテラン（女性）だ。このセッションは少人数のオンライン
勉強会で行った。セッションの 4 日後の CL からのメールの一部も、本人の
許可を得て追記した。
　記号を解説しておくと、「　」内は CL の発言で、〈　〉内は私（CO）の応
答、（　）は状況の説明。... は短い沈黙、……は中略、RF/TUN は「理解の試
み (Testing Understandings)」と改名されたリフレクション（伝え返し）の応答（第
2 章）を表す。
　また、一部では RF/TUN ＝として、RF/TUN の具体的な応答内容を示した。
（ 5 秒）などの表示は沈黙の長さを表している。

CLは私とのセッションは滅多にない機会なので、母親のことを取り上げたいと表明した。母親のことはあまり考えようとしないし、実家の近くまで行っても立ち寄らない。「避けている」ようでもあるが、「なんで、そんなふうに思ってしまうのかは、わからないですけど、なんか、いっぱい、いっぱいな感じになりそうな予感」がする。そのため、この話題は何十年も扱ってこなかったのだと言う。

　この話題には罪悪感が伴っていることが感じられた。それは父親が亡くなったときのことと関係していた。父親は癌が発症し、医師から余命１ヵ月と最初は言われたが、その後２年間生きていた。母親が取り乱して父親の前でも泣き、姉たちの手に負えず、遠方に住むCLが「帰ってきて」と呼ばれて病院に駆けつけた。医療関係者のCLは主治医と相談した結果、癌の告知は行わず、別の病名で通すことになった。主治医は「医師として嘘は言えない」ため、CLから家族に説明することになった。

CL：うちの母親はその説明を鵜呑みにしたんですよ。だから父親は癌じゃないと思って安心して…でもずっと思っていて…母には本当のことを言わないといけないと思ってたんですけど、姉たちは言うと取り乱してしまうので様子をみてにしよう、ということになって"言わなきゃ、いつか言わなきゃ"と思って過ごしていて、言う前に（父親が）死んじゃった…そういうことを思うと、すごく申し訳ない（５秒）そういうことが浮かんでしまって…先延ばししている間に、そのへんのことを誰も触れないし、それから何年か普通に連絡を取りながら、それに触れないようにしてたんですけど、根底には罪悪感があって、もう何十年も前のことで…。

CO：今、そのことを思うと、どんな感じがあるの？

CL：（５秒）いや〜もう本当に話しながら感じているのは、このへん（胸から喉）がガリって感じ。

CO：ひっかかれるような感じ？

CL：…だから、たどたどしくしか話せない…。

CO：ここにひっかくみたいな、なんと言ったらいいですか？

CL：（４秒）なんだろう、（５秒）いやなんか、出そうで出ない……別のことが浮かんじゃったんですけど…自分も傷ついているな。

CO：それにも気づいておきましょう（10秒）どんなふうに傷ついているのかな？

CL：…ああ、自分の傷つきは、ひっかかれているというよりか、ばっさり、斬られた感じ。〈RF/TUN〉

CL：刀で斬られたことはないですけど、刃物でバサっとみたいな。

CO：なんだろう、この感じは？　誰に斬られているんだろう、何によって斬られているんだろう？

CL：（60秒）そうですね、う～ん、なんて言われましたっけ？　誰によって、何に斬られているか？

CO：とかね、これってすごくバッサリ斬られているけど。

CL：頭で考えているかもしれないですけど、このことをなしにしようと思って、自分でバッサリ斬った、ちょっと違いますね。〈RF/TUN〉

CL：そうですね、なかったようにしたい自分がいますね。〈RF/TUN〉

CO：…そう言うと、ここの傷はどんな反応をしますか？

CL：（15秒）圧力が弱くなる、というか、でもなくなってはいない…（10秒）なんかフォーカシングじゃないけど、邪魔なのか、なんかが入ってくるんですよ。傷ってなくなるのかな、傷がない人生なんてないし…悟りきったようなこと…。

CO：で、傷自体が言っているのはなんだろう、頭では傷がない人生なんかないよって言っているんだけど、その傷自体はなんと言っているんだろう？

CL：（5秒）これ、ちょっとやり方がわからなくなっているので…傷が同じところに二つあるんですよ。同じ方向に、ひっかき傷みたいなものと、斬られたような傷。

CO：じゃあ、それに気づいておきましょう。傷が二つあるんだ…2本あることの意味はなんだろう？

CL：もう一度言ってください（120秒）（CLは何かを感じているような表情だったので私は応答しなかった）…質の違う、同じところに2本ある、というのは…これは、ああ、本当にそうだな、と実感していることで、で、この意味はなんなんだろうって、聞こうとすると、なんか、なんか邪魔が入る、というか、早く知りたいみたいな。

CO：でも、2本あるのは確かで、なんで2本あるのかわからない。謎かけにしてもいいですよ、胸の2本の傷とカケて、母親のこととトク、そのころは？

CL：胸の2本とカケて…うん（60秒）あれ（20秒）ですね、なんか、放り投げたくなります。

CO：じゃあ、ちょっと休憩しましょう。

　この時点で開始から38分が経過していた。数分の休憩をとったのち、再開したものの、話の途中で「（20秒）…自分でもよくわかっていないんですよね（20秒）そうですね（30秒）うん（35秒）わかりません、すみません」といった展開になったため、2度目の休憩に入った。休憩は2分程度で、開始から45分が経過したところで再開した。

CL：……不思議なんですよね、虐待にあっていたわけでもなく、四人姉妹の一番下なので、わりと大事に、可愛がってもらっていたし、子供のころは着る服も作ってもらっていたし、デパートとかにも行ったし、あと、私が働きはじめてから、家を留守にしているときに、まだ父が元気なときは、手伝いにきてくれていたりして、そういうふうにしてたんですけど、父がなくなって、しばらくたって、家の中のゴタゴタが表面化して、離婚して、みたいなことから、もういっぱいいっぱいで、もうお母さんの話まで聞いておれない、みたいになって、ほっといてくれって、電話を叩き切ってから、もうそのまんまという。

CO：僕のなかに浮かんでいることを言ってもいい？

CL：うん。

CO：まあ、そうやって電話を叩き切ったとか、その、なんというのかな、お母さんがムンテラみたいなものを信じてしまったから、本当は謝らないといけないのに、だけど謝れない、何かひっかかる、なにかがある、というふうに僕は聴いている。

CL：なんか、まじめな話ができない、あらたまって。〈RF/TUN〉

CL：（笑い）そうそう、あれですね、だから、あの、私が家のことで、まあ離婚する前のことも、毎日のように電話してきて、もう、泣きながら、"あんたの身体が心配"とか電話してきて、私は仕事のことと、（聞き取れない）いっぱい、いっぱいで、身体のことを心配するなら、電話してこなければいいのに、と思うけど。こっちがたいへんだ、ということだったり、泣いたりとか、母にちゃんとしていたら、離婚のこともちゃんと話せたら、もしかして、向こうもあれこれ心配して電話してこなかったかもしれないんですけど、なんか母親との関係のなかで、こんなことをすごく苦労していて、たいへんだ、みたいな話を、ほとんど記憶のなかではしてきていなく

て、ちゃかしたり、ごまかしたり、しながら、してきた。

CO：ちゃんと話せない。

CL：そうですね、ちゃんと話、できない。

CO：もう1本の傷って、わかったような気がしてきた。

CL：え！　なんですか？（身を乗り出す）

CO：いや、父親のことと離婚のことと、1本ずつあるのかな？

CL：ああ、ああ、ううん、そうですね、そうですね、うん、そうかもしれないですね、うん、うん、そうか。

CO：そして、これはちょっとかしこまって話さないといけないけれど、そういうことが性に合わないというか、できないというか。

CL：まあ、苦手ですね。家族会議とかしている家は、えっ！と思いますね。〈RF/TUN〉

CL：うん、（12秒）本当は父のこととかも、あのときは、言えなくてごめんね、みたいなことを言えたらいいんだけどな、と思ってきたんだけど、実は、なんだろうな、（10秒）謝らなくてもいいのか、というのはへんなんだけど、（10秒）むしろ、そういう出来事で不自然な状態、過度に避けていたりとか、取り組まなきゃ、と思ったら、しっかり、しっかり取り組まないといけないと思ってたりとか。

CO：すごく思いっきりしっかりとか、もともとの母親との関係の気楽な部分というか、そういう本来の性質じゃないみたいね。

CL：そう、昔、子供が小さくて、こんなんだから、お母さん助けて、みたいに頼んだこと1回もなくて、"お母さん、ここからここまで空いてる？"と聞いて、空いてるなら"手伝いに来て"みたいな、そんな感じだったよな、と思って。

CO：もっと気軽だったのにね。

CL：そうですね、もっと気軽でしたね。

CO：で、どうなったらいいんやろう？

CL：うん（15秒）いや、それこそ、溶ける感じがほしいですよね…。

CO：いま、何が浮かんでいますか？

CL：いや、年に1回、姉二人と母親とで温泉に行っているんですよ。昨年は、1日ずれているくらいで温泉にいったんですよね。で、毎年誘ってくるから、そういうのに、顔だしてみるかなとか。

CO：いま、ふっと、そんな発想が浮かんだのね、温泉に行こうかな。

CL：毎年やっていて、いつも"来ないと思うけど、来れたら来てね"と一番上の姉が連絡くれるんだけど、"いや忙しいから"とか言って行かない。けど、なんかわからないけど、スタートしたときよりは行けそうな気がする。

CO：今は、なんか温泉に一緒に行ってもいいな、という発想が浮かんでいることに気づいておきましょうか。

CL：はい（20秒）うん。なんか、そうすると、このへんに"バランス崩れたらどうなるの？"というのがある。

CO：あ、それがあるのね。で、バランス崩れたらどうなるの？

CL：いや、やっぱり消耗する感じがありますよね……ああ（10秒）いや、まだこれはあまり自信がないんですけど、すごく大きなものとして構えていたのは、自分だったしな、さっきの流れで気づいて、自然に接することができなかったのは、自分だったし、そうだったんだなと思ってみると、母親自身はそんなにパワーをもってワーとくる怪物みたいなものじゃないかもしれない、って思って〈RF/TUN〉うん、自分のなかに抱いていた傷みたいなものが膨らませていた。母親に直面すると、そこの傷の部分が膨らんで、心のキャパをいっぱい占めていたのかなって。〈RF/TUN＝母親と接していると、自分の傷が生々しくなってくるんじゃないか、みたいなのがバランスを崩す恐れ、でも、思うと母親が怪物なのじゃない〉

CL：なんか避けたわけじゃないんですよね…そうですね…いや、なんか、優しかったよな、とふと思ったり。〈RF/TUN＝いま、母親の優しさを思い出している〉

CL：そうですね…うん、そうですね（涙）うん。優しかったですね、ずっと（65秒）今日は扱えてよかったです。ずっと逃げてたんで…いや、本当に優しかったよなと思って。〈RF/TUN＝いま、母親の優しさに心打たれているんですね〉

CL：（涙）はい（60秒）もうそろそろ時間だから…私はここで満足です…（笑い）」（録画時間66分48秒）

CLから来た4日後のメールより

［中略］私はなかなか実家に帰ろうとしない、後ろめたさからか「何故帰らないの？」と友人などに聞かれるたびに、「過干渉の母親で相性が悪いから」

と何年も説明してきました。そうしているうちに自分の中で過干渉な母親像が出来上がってしまっていたのではないかと思います。今回のフォーカシングで改めて体験に触れてみると、過干渉で鬱陶しいと感じたのは離婚の出来事の時の1回だけであって、本当はずっと優しかったことを思い出すことができました。過干渉で怪物みたいな母親像を自分で作り上げて現実が見えなくなっていたのでしょうね。まさに「凍結された全体」が、ほどけていく体験でした。

[中略]長文になってしまい恐縮ですが、昨日、何故か姉からメールが来ていつもなら、なんと返信しようかと重たい気持ちでしばらく放置するのですが、憂鬱な気分は全くなく普通に返信をし、コロナが終息したら一緒に温泉に行く約束をしました。体験だけでなく、状況も動き出しました。本当にありがとうございました‼

---

3 カウンセリングでは何が起こっているのか
──体験過程モデルの人間観

　数十年という長い間、母親を「避けている」とも思えるようなかかわりをしてきたクライエントは、約1時間の面接でガラっと変わった。彼女は躊躇なく母親と温泉に行くことを決めることもできた。

　しかし、ここで「よかったね」とか「カウンセリング面接って凄いね」といった感想に研究者は留まるわけにはいかない。この面接ではいったい何が起こっていたのかを明らかな形で言い表していく必要がある。そうすることで、ほかのカウンセラーが面接するときの道案内（オリエンテーション）となることができるだろう。また、「何が起こっているのか」を言い表すことは、同時に、人は「そういった現象が起こるような存在なのだ」と主張することにもなるから、それはある人間観あるいは存在論を描くことにもなる。

　最初に従来の理論的なパラダイム（発想様式）を用いて「何が起こっているのか」を検討してみよう。たしかに、この事例にはある種の認知の変容がみられる。母親が「過干渉で鬱陶しい」といった認知が変容し、母親は「本当に優しい」人だと認知されるようになった。それにともない、彼女は母親と温泉に行くことを躊躇なく約束することができた。

　しかし、認知の変容をもたらしたのは何か。「認知の変容があった」と言っただけでは、説明にはならない。また別の視点でみると、彼女の心の葛藤が

解消されたともいえるだろう。母親に会いたいという願いと、避けたいという思いが葛藤していたとみることもできる。しかし、どのようにして心の葛藤は解消されたのだろうか。心の葛藤が解消されたと言うだけでは説明にならない。

さらにまた、彼女の無意識に抑圧されていた欲動が無意識から解放されたといった考え方もできなくもない。しかし、この面接記録のどこに抑圧された情動からの解放がみられたのだろうか。それは彼女が面接の最後に体験した「母親の優しさ」だとすることもできようが、それならば「母親の優しさ」がなぜ抑圧され、無意識に閉じ込められねばならなかったのだろうか。

そしてまた、面接の何が抑圧の解除をもたらしたのかと問うてみると、この観点の不十分さが明らかになる。ここにみてきたような従来の人間観・心理支援の理論では、この事例におけるクライエントの変容過程を十分に説明することができない。

そこで以下では、新鮮な視点で「この面接では何が起こっていたのか」を論じていくことにしよう。なお、これを論じるにあたってはIkemi（2022）およびIkemi, Okamura & Tanaka（2023）において提示された五つの命題を中心とするが、本書ではそれらの命題をさらにアップデートしている。

命題1

人には「無意識」や「本当の自己」、「真の性格」といったコンテンツがあるわけではない。まだ言葉になっていない未知の体験を前に、人はその意味を理解しようとする。カウンセリングでは、クライエントとカウンセラーは体験を丁寧に言葉にしていき、意味を見出していく作業に取り組んでいる。その過程において、「無意識」や「自己」「性格」といったコンテンツが言い表され、発生していく。

クライエント（CL）からの問題提示を受け、母親をどのように感じているのかをカウンセラー（CO）とともに探っていった過程が面接の前半、すなわち二つめの休憩までの要点だ。

しかし、この作業は難行していた。CLはベテランのフォーカシング実践者だから、ある状況や関係のあり方をフェルトセンスとして感じて言葉にしていくことには慣れているが、この話題については苦戦していたことが記録か

らはっきりみてとれる。そこに何らかの感じられる素材（felt datum）あるいはフェルトセンス（感じられた意味感覚）はあるものの、それはなかなか言葉になっていかない。

　二つめの休憩の前に、「…（20秒）自分でもよくわかっていないんですよね（20秒）そうですね（30秒）うん（35秒）わかりません、すみません」との発言がある。これは古典的精神分析でいう「抵抗」を連想させるものだ。

　「抵抗」とは、無意識が暴露されるのを恐れて面接に抵抗するといった概念だ。現象としては、葛藤を内包していると思われるある特定の話題について、クライエントは「わからない」あるいは「何も感じない」「何も浮かばない」というふうに体験する。

　この場面では何かが体験されているけれど、それが何かはわからないといった特徴をもって、この現象が「抵抗」の概念に合致しているとみることもできるだろう。

　また、休憩前に、CLは「傷がない人生なんてないし…悟りきったようなこと…」と発言し、体験を直視することを妨げようとする「邪魔」が入ってきたと言っていた。こういった現象は古典的精神分析でいう「防衛」だと考えることもできる。ここでも無意識が露わになることを恐れて防衛しているとみる。

　しかし、よく観察すると、この場面でのCLの発言は防衛の概念と合致しない面がある。それはCLがこのような発想は「邪魔」だとはっきり認識していたところに現れている。つまり、「防衛」だとするならば、「傷がない人生なんてないし」という発想で納得してしまい、それ以上傷について触れていこうとはしないはずだ。「だって、傷がない人生なんてないのよ」という観念が傷に触れていくことを止めさせ、それによって傷の正体は暴露されることから守られる、すなわち「防衛される」のだ。

　しかしここでは、そのような「防衛の働き」は観察されていない。むしろ、彼女は自身が直視しようとしている体験とそれを妨げようとする認知をちゃんと識別できていた。そして体験に触れることを妨げようとしている「傷がない人生なんてない」という観念は「邪魔」だと認識していたのだ。彼女はこのような「邪魔」な観念に妨害されることなく、そこにある体験を直視しようと試み続けていたのだ。

　ここで観察された現象は、古典的精神分析で「防衛」や「抵抗」と表現されているもの、あるいはそれに似たものだといえるだろう。しかし、よく観

察すると、これらは防衛でも抵抗でもないことがわかる。抵抗でも防衛でもないのならば、「無意識が暴露されることを恐れている」といった暗黙の主張は論理的に崩れていく。なぜならば、防衛や抵抗は無意識が露わにならないために存在するからだ。

また、そもそも「無意識が恐れている」という現象はあり得るのかと問うてみることもできる。「恐れ」はある特定の感情で、それは必ず意識されているから「無意識が恐れている」というのは、感じることもない恐れが存在するということになり、実際にはあり得ない。「喩えて言うとしたら無意識が恐れているようなもの」といったメタファー（隠喩）表現として理解する必要がある。

そもそもCLが直視しようとしていた体験は「無意識」だと理解してもいいのだろうか。たしかに、そこには何かがあるのだが、それが何かはわからない。ジェンドリンの理論で考えてみると、それは「（抑圧された）無意識」とはいえない。彼は「抑圧」という発想様式（「抑圧パラダイム」）を批判している（Gendlin, 1964, p. 104）からだ。

無意識が無意識である所以は、それが意識されることを禁じられており、無意識に閉じ込められている──「抑圧」されている──という発想が根底にある。「抑圧」という閉じ込める作用、つまり意識に入ることを禁止する作用が存在しなければ、無意識内容はいつでも意識に浮かんでくることになるから、それでは「無意識」は成立しない。無意識概念の成立のためには抑圧概念が必須なのだ。ジェンドリンはこのような発想様式を「抑圧パラダイム」と呼び、それを批判している。

ジェンドリンは「無意識」という概念の代わりに、人のあらゆる体験はそもそも前概念的（pre-conceptual）で、あらかじめ言葉や概念で構成されていないとしている（Gendlin, 1973, p. 323）。

第1章ですでにみてきたが、好きな音楽の楽曲について「どんな曲ですか？」と人に聞かれて、言葉で答えるのが難しいのと同じだ。その曲を思い起こして心のなかで再生してみることはできるだろう。

しかし、かなり詳細に体験することができたとしても、どんな感じの曲なのかを言葉で答えるとなると、それは簡単なことではない。「明るい曲だ」などと言葉に置き換えた途端に多くがこぼれ落ちてしまうことに気づくだろう。言葉で適切に表現するのが難しいからといって、その楽曲にまつわる体験は「無意識に抑圧されている」とはいえない。

何が体験されているのかすぐに言葉にできない、といった体験の性質を「前概念性」といい、ジェンドリンにおいては、これは基本的な体験のあり方の一局面だと考えられている。

体験の前概念性という性質を主張したジェンドリンとは対照的に、クライエント中心療法時代のロジャーズ（Rogers, 1951, p. 510）は「意識に正確に象徴化されない体験（experiences not accurately symbolized in awareness）は意識から否認されている（denied to awareness）」と考えていた。この文にある「正確に象徴化されない」とは「言葉にできない」という意味だ。

CLの発言「（20秒）自分でもよくわかっていないんですよね（20秒）そうですね（30秒）うん（35秒）わかりません、すみません」では、体験が「意識に正確に象徴化されていない」、つまり意識で理解できる言葉（言語象徴）になっていないとロジャーズはみるだろう。それは「意識から否認されている」からだと、当時、彼は考えていた。ロジャーズは精神分析的な発想様式からこのような理論考察を行っていたのだが、現象学や実存主義哲学の観点からみると、ここには問題がある。「意識から否認しているのは誰なのか」といった問題が生じるからだ。

私のなかに「私が知らない私」が存在していて、その「私が知らない私」が、私が知ると困るだろう内容をすでに知っていて、それらの内容が私の意識に上らないように「意識から否認している」となるわけだが、そのようなことはあり得るだろうか。一人しか存在しない私から二人の私をつくってしまうことになる。「私が知らない私の意識」つまり「無意識という意識」の存在の不可能性について指摘しておきたい。

「無意識という意識」が存在しないのと同じように、無意識は物理的に存在するわけでもない。その証拠に、全身をCTスキャンしても「無意識」というものは映らない。私は「無意識」は比喩表現として存在すると考えている。何かが感じられているが、それがなんだかわからないのは「喩えて言うならば、それは無意識のようなものだ」という言い方は成立するだろう。

あるいはそれは説明概念として用いられることもあるだろう。「彼女の名前が思い出せないのは、きっと彼女との複雑な関係があったからで、それで彼女の名前は無意識に閉じ込められているのだろう」といった不在を説明するための概念として「無意識」という言葉が用いられることがある。

「無意識」には別の問題もつきまとっている。私は私の無意識を意識して体験することができない。ならば、それが「存在する」となぜ言えるのだろう

か。

ここで明らかになることは、「無意識が存在している」ことを知ることができるのは自身ではなく他者で、「無意識」とは他者の視点から見たときにのみ観察し得るものだ。その意味で、無意識とは他者のための存在（être pour l'autre）なのだ（Sartre, J.-P., 1943, p. 631）。精神分析家のまなざしの先に見えている他者の「無意識」は、その精神分析家のために存在していると言ってもいいだろう。

これまで無意識概念を批判してきたが、いったん「無意識」を括弧に括り、実際の現象を観察してみることにしよう。この面接でクライエントが取り上げたのは「なんで、そんなふうに思ってしまうのかは、わからないですけど、なんか、いっぱい、いっぱいな感じになりそうな予感」だった。そこには「予感」はあるけれど、「なんで、そんなふうに思ってしまうのかはわからない」、つまり本人もわからない「予感」が体験されている。そして、この面接の主要な部分は、その「予感」の意味を理解するためのプロセスだった。人は自分にもわからない体験に直面したとき、「未知の開けに立っている（"standing in the openness of not-knowing"）」（Ikemi, 2017）のだ。

言葉になっていない体験をめぐって、クライエントとカウンセラーはそれを丁寧に言葉にしていく共同作業に出発する。そして体験が言葉になっていくとは意味が発生するということで、その意味の発生を受けて体験が一歩進む。そしてまた未知の体験に遭遇する。それをまた言葉にしながらカウンセリングの過程は一歩一歩前進していく。

世に現れたものは、より「深い」ところに潜む「本質」の表象（representation）だとする哲学の伝統的な考え方は、心理臨床や医学の世界では広く定着しているが、本書はその考え方を用いていない。「咳」という「症状」は世に現れた状態だが、それは「病気の本質」ではない。

病気の本質は病理概念で、専門的な教育を受けた者にしかわからない。世に現れた「咳」は、目には見えない「病気の本質」のひとつの現れに過ぎない。これが従来の考え方だ。

精神分析はこの考え方を採択しているから、このクライエントが母親との関係で感じることは、より本質的な「無意識の現れ」だと考えるだろう。そして、より本質的な問題に目を付ける。本書はそのような考え方を採用しない。クライエント本人がカウンセラーとの関係のなかで自身の体験を言い表していき、その過程で意味が創出されると考える。

医学や心理臨床の分野では、表面的に「現れたもの」は隠れた「本質」の現れだとする考え方が根強い。「無意識」だけでなく、「自己」や「真の性格」も本質的なものだと考えられる。人が生きて生活しているのは、隠れた「本当の自己」や「性格傾向」の現れだと考えられる。

すでに本書第1章6節において、「自己実現」という考え方を批判した。私が生きることに先立って「本来の」「自己なるコンテンツ」が存在していて、私が生きて成長するのは、もともと本質として隠れていた姿を実現（actualize）するためだ、といった考え方には決定論が潜んでいると批判した。同様に、本章のクライエントが母親の優しさに出会って、それに心打たれるのはこのクライエントの「本来の自己」の現れだ、という考え方を本書は採用しない。それは「現れ」ではなく、「いま・ここ」の実存だと考える。同様に、母親の優しさに出会うのはこのクライエントの性格傾向の現れだとも考えていない。

人は「何かの現れ」として生きているのではなく、何かを体験して、その意味を言い表し、選択をして、状況を生き進んでいく——実存しているのだ。

「実存は本質に先立つ」という実存主義のスローガンのとおり、私たちの生は本質の現れではない。むしろその反対で、生きていくことから本質を言い表していく。このセッションを通してクライエントは「母親の優しさ」に出会い、母親の優しさに心打たれる、そんな「本当の自分」がいたことを発見する。面接の場でカウンセラーとともに過ごしたひとときの生から母親の優しさに感動する「本当の自分」、さらに、優しさに満ちた「本当の母親」を発見したのだ。生きて、言い表すことによって本質が発生する。その反対、すなわち私たちは「本質の現れ」として生きているわけではない。

命題2

人はメカニズムではない。人には意識があるから、人は自らの生を振り返って観ることができる。体験は過去の産物ではなく、さらなる生の一歩をインプライ（指し示）している。

工学的な文明に暮らす私たちは、いろいろな物事がメカニズム（メカ・機械）であるかのような発想様式を用いて考える習慣がある。時計が止まってしまったら、何らかの原因があって時計のメカニズムが故障したと考えるのは妥当なことだ。時計はそもそもメカだから理にかなっている。

しかし、ときどき目にする「こころのメカニズム」という表現はどうだろう。そもそも機械ではない「こころ」を機械であるかのように喩えてみることに無理がないか。

　"心理療法のメカニズム"という表現も人に合わない。人間はメカニカル（機械的）ではないため、そこにはメカニズムはない（Gendlin, 1973, p. 341; ジェンドリン・池見, 2021 p. 125）。

　たしかに、人間の身体にはメカニズムとして理解することができるプロセスがある。食べ物を消化するためには消化のメカニズムがある。食べ物がうまく消化できないときには、何らかの原因で消化のメカニズムに障害が発生していると考えることができる。

　しかし、生きている「人」を全体として理解しようとしたときには「メカニズム」という発想様式には無理がある。私はロボットではないので、メカニズムとして生きているわけではない。そして、私が私がロボットではないとわかるのは、私には意識があるからだ。私には意識があるから、私は自分の生を体験していて、私は選択をして生きている。そういう存在なのだ。

　人の生や体験はメカニズムではないのに、それをメカニズムに喩えて理解したとき、何が見落とされてしまうのだろうか。それは人の体験あるいは意識の性質だ。時計が動かなくなったときには、時計が自ら動かなくなった原因を考えるわけではない。時計についてある程度の知識がある人がみて、電池交換が必要だと判断したら、時計自身がその判断を疑ったり、その判断は間違っているなどと反論したりはしない。物理的な原因があり、原因となる障害を取り除けば、時計はちゃんと機能する。

　人間の場合は「原因」を他者が考えるのではなく、自らが生を振り返って観るという特徴がある。そして、自らの生を省みることは物理的な「原因」よりも重要だと体験している。

　たとえば、疲労を感じたときに、人は自ら「何に疲れたのだろうか」と自らの生を振り返って観る。そして、このように振り返って観ることのほうが、直接の「疲労の原因」——活性酸素の量が抗酸化酵素の働きを上回っているといった物理的原因——よりも重要視される。そうして「今日は太郎くんのペースに合わせ過ぎたのかな、長い距離を歩いてしまったな」といったように自らの生を振り返る。メカは自らの生を振り返ることはないが、人は常に己の生を省みている。

　ここには重要な側面がもうひとつある。「今日は太郎くんのペースに合わせ

過ぎたのかな、長い距離を歩いてしまったな」という反省は、「つぎはこんな
に長い距離は歩かないぞ」といった決意や、「つぎは太郎くんのペースに合わ
せられないことを伝えてみよう」といったコミュニケーションの可能性など
「さらなる生の過程（further living process）」が暗に示されている。これは、第1
章6節で論じたインプライング（implying）の概念だ

> からだの生きる過程（bodily living）はどの瞬間においても、さらに進んだ
> 生きる過程に傾いており、それを「暗に示し」（implies）ている［後略］
> （Gendlin, 1973, p. 325／ジェンドリン・池見, 2021, p. 92）

　"疲労"といったカラダの生きる過程が暗に指し示している（imply している）
のは、さらなる生だ。それは太郎くんに身体の疲労を伝えることや、バスに
乗りたいといった思いを正直に伝えるといった生のつぎなる一歩なのだ。
　もう一度、上記の引用文を終わりまで引用してみよう。

> からだの生きる過程（bodily living）はどの瞬間においても、さらに進んだ
> 生きる過程に傾いており、それを「暗に示し（implies）」ているが、それ
> はどのようなものでもいいわけではなく、［一見］違ったように見える特
> 定の一歩だけが 必要なのである。（Ibid.）

　私が感じている「空腹」はさらに進んだ生を暗に示している。それは何か
を「食べなさい」と暗に指し示している。「それはどのようなものでもいいわ
けではなく」とあるのは、食べ物ならばなんでもいいというわけではない、と
いう意味だ。
　私のいまの空腹は何かを指し示しており、それは焼きそばでもないし、焼
き鳥でもないし、カツ丼でもないし、そういうのではなくて、なんだろう……
暗に指し示されたものに触れてみる。「あ、わかった！　シフォンケーキが食
べたい！」とわかったが、別の発想が割り込んでくる。「いや〜夕方5時にケ
ーキを食べたら晩御飯が入らないだろう」という発想だ。
　しかし、「［一見］違ったように見える特定の一歩だけが必要なのである」
と引用にあるように、夕方5時にケーキは違っているように見えたとしても、
それが特定的に指し示されている。「一見違ったように見える」かもしれない
が、いまの私の空腹はたしかにシフォンケーキをアール・グレイの紅茶と一

緒に、あのパティシェリーで、窓側のテーブルに座って君と一緒に楽しい話をしながら食べたいといった、「特定の一歩」を指し示している。この例にみるように、人のあらゆる体験は複雑巧妙（intricate）な状況のなかから、生のさらなる一歩を精密に指し示している。

この例はまた、人の体験は社会秩序によって型に嵌められているのではないことを物語っている。夕方5時という夕食前に、ケーキといった間食はしてはいけないという社会秩序がお仕着せられているように思われるかもしれない。しかし、カラダは社会秩序がプログラムされたロボットではない。カラダはそれ自体が秩序を生み出す（cf. Gendlin, 1990）。たとえば、5時にシフォンケーキを食べて、夜は軽く食べて早寝するといった行動は、カラダが今日1日の過ごし方や身体の状態など複雑巧妙なあり方を把握したうえで生み出した秩序だと理解することができる。カラダ、いやもっと広く ―― 人間存在 ―― は受動的に社会秩序に従って生きているのではなく、自らの生をクリエイト（創造）しながら生きている存在なのだ。

人は体験を通して自らを省みて、自らの秩序を生み出して生きているといった考え方とは対照的に、人の体験をメカニズムと捉えるモデルでは、体験が過去にインプットされた要因で形成されたかのように理解してしまう傾向がある。この見解では、現在の体験は新しく創造されたものではなく、過去体験の「現れ」とみなされる。そのため、本章のクライエントが語る現在の体験「なんか、いっぱい、いっぱいな感じになりそうな予感がする」は、過去体験の表象であるかのように見立てられてしまう。「そんな、いっぱい、いっぱいの感じって、過去に感じたことはありませんか？」と、そのような発想様式を用いるカウンセラーは問うだろう。

しかし私は、人の体験は過去体験の再現だとは考えていない。このクライエントの場合、面接を始めたその場で、複雑巧妙な母親との関係がフェルトセンスとして感じられ、それを「なんか、いっぱい、いっぱいな感じになりそうな予感がする」と表現していた。フェルトセンスは「いっぱい、いっぱい」という言葉と交差していた。また、それはある容量のなかで何かが限界まで満ちているという視覚イメージなどとも交差していた可能性がある。しかし、それははっきりと感じられているわけではなかったため、「いっぱい、いっぱいになりそうな予感」とフェルトセンス（感じられた意味感覚）として表現されたものと思われる。

しかしながらここで注目すべきは、この「いっぱい、いっぱいな感じにな

りそうな予感がする」といったフェルトセンスは、「いま・ここで」立ち現れた新しい体験だ、という点だ。そして、それは過去ではなく未来を指し示している。それは「いっぱい、いっぱいな感じにならなくてもいい」母親との関係のあり方を指し示しているように私には思える。すなわち、このフェルトセンスは、母親とのよりよい関係のあり方へのヒント、あるいは『こころのメッセージ』（池見, 1995）なのだ。面接はそれを丁寧に言葉にしていく試みであり、過去の原因を探り当てようとするものではない。

> **命題３Ａ**
> 人は他者の体験を追体験しているから、他者が話していることが「わかる」。カウンセリングでは、クライエントが語る体験とそれを聴くカウンセラーの追体験のあり方が一致しない場合に、カウンセラー自身の追体験内容を相手に伝えて確かめる場合がある。

　２度目の休憩のあと、止まってしまったプロセスが動き出した要因のひとつとして、私の応答、〈僕の中に浮かんでいることを言ってもいい？〉があったように思う。この応答はカール・ロジャーズが「理解の試み（Testing Understandings）」（Rogers, 1986/1989, p. 128）と名づけた応答だ（第2章4節）。つまり、これまで私が聴いていて理解したことがクライエントの体験と合致しているかどうか、試しに表現してみたものだ。私は、「理解の試み」は実践上重要な応答だと認識しているが、その作用についてはロジャーズとは異なった見解に至っている。

　ロジャーズは「理解の試み」について、「私はクライエントの内的世界についての私の理解が正しいかどうかを確かめようとしているのである」（Rogers, 1986/1989, p. 127-128. 筆者意訳）としている。ここでは「クライエントの」世界に対する「私の」理解を確認するといった具合に、自他の区別がはっきりしている。このような発想様式は、「中核3条件」と呼ばれるようになった「人格変化の必要十分条件」が解説されたロジャーズの著名な論文（Rogers, 1957）でも明らかだ。

　前章でも解説したように、ロジャーズの「必要十分条件」は六つあり、そのなかの三つが「中核3条件」として研究されるようになった。「中核3条件」には含まれていない第一条件は「二人の人間の間に心理的接触があるこ

と」となっている。この一文も自他の区別が明確な発想様式を表している。すなわち、すでに形になっている「私」と「あなた」といった個別の実体があり、それらが接触しているというものだ。それは主客分離、つまり見る主体と見られる客体が別であるという発想様式を表したものだ。しかし、私たちの体験の実態はそのように分離しているだろうか。

　私は、ロジャーズの「理解の試み」の実態は、セラピストの「追体験」の表明だと考えている（Ikemi, 2017）。「追体験」はドイツ語Nacherlebenに当てた訳語で、日本の学者が考案したものらしい。それは「他人の体験をあとからなぞり、自分の体験のようにとらえること」（『広辞苑第 七版』）だ。大雑把に言ってしまえば、他者の話を聞きながら他者の体験が「目に浮かぶ」とき、追体験しているといえる。この語は中国語でも韓国語でも使用されていると聞く。

　ただし、Nacherleben の定着した訳語は英語には存在しない。したがって、心理療法における追体験の意義を英語で論じた文献は Ikemi（2017; 2019）を除けば、少なくともパーソン・センタード・アプローチやフォーカシングの文脈では見当たらない。その語が英語に存在しないため、ロジャーズは追体験という概念を明示的に使ったことはなかった。

　しかし私には、ロジャーズが「共感のプロセス」として記述している過程は、共感というよりも追体験と表現するほうが適切だと思われる。前章でみたように、ロジャーズは彼が1950年代に提出していた「共感」の概念を1970年代半ばに再定式化し、「共感の過程」とした。その過程の記述の冒頭部分にはつぎの記述がある。

　　　それは他者の個人的な知覚世界に入り込み、そこでアット・ホームになることだ。それは、この他者のなかに流れ、刻々と変化するフェルト・ミーニングに敏感になることだ、恐怖でも、怒りでも、優しさでも混乱でも、その人が体験しているなんであっても。それは一時的にその人の生を生きることだ……。（Rogers, 1975/1980, p. 142. 筆者意訳）。

ドイツ語Nacherlebenのnach-とは「後」という意味で、erlebenは「生きられた体験」という意味だ。「それは一時的にその人の生を生きることだ」はまさに追体験だといえる。しかし、英語では追体験の定着した訳語が存在しないため、ロジャーズはこれを「共感」と認識して、そう表現していたものと

思われる。これを「共感」ではなく「追体験」と解釈した場合に何が変わるのだろうか。

　まず、追体験の理解を深めるためにひとつ例示しておこう。

　私が飼っていたゴールデン・リトリーバーは、いつも私の右側に座り、私の脚にもたれてきた。彼女は左前足をときどき私の右足の甲に乗せていたから、私には靴下の上に乗っている犬の肉球が感じられていた。私といるとき、彼女の口はいつも開いていた。そして、ときどき首を上げ私の顔を覗き込むようにしていた。開いた口から唾液が私のジーンズの上にこぼれ落ちることもあった。

　この文を読んだ「あなた」は、犬と一緒にいる私の体験が「目に浮かんでいた」だろう。それは単に視覚イメージが浮かんだだけではなく、脚に感じられる犬の温もりや、唾液がジーンズに染み込む感覚をも感じられただろう。

　また、私が明示的に語っていないことも浮かんでいただろう。それは、犬が私の顔を覗き込むときに尻尾を振っていたとか、私の服に犬の毛がくっついているといった視覚イメージや、この一幕に感じられる私と犬のほっこりした絆かもしれない。

　そうした「あなた」の体験は、私が語った言葉よりも豊かなものになっている。そしてそれは「あなた」の体験だが、私の体験でもある。それは「相互主観的（intersubjective）」（間主観的とも訳される）な体験なのだ。それは「あなた」が犬好きな「わたし」を「共感的に理解した」、あるいは「あなた」が少し甘えたな犬に「共感的理解」を示したといった一方的なことではない。この生の一幕があなたに「追体験」されることによって「あなた」と「わたし」は交差し、この体験は相互主観的なものになっているのだ。それはまるで、2色の絵の具が混ざり合って独自の色になるようなもので、私の体験とあなたの追体験は溶け込みあっていくのだ。

　「あなた」が私の体験を豊かに追体験していて、私の服に犬の毛がついている様子が目に浮かび、「服に犬の毛がつきませんか」と私に話すと、「そうだよね、セーターとかフリースとか毛だらけだったよ」と自分が着ていた服に犬の毛や臭いがついていた状況が思い浮かぶだろう。それは私の体験だが、「あなた」の言葉によって立ち現れたもの——すなわち「あなた」の発言を私が「追体験」したものだ。そして同時に「フリースなんか毛だらけだったよ」という私の発言に対して、あなたも「追体験」しているはずだ。つまり、会話は相互の追体験になっていく。相互主観的な営みが始まっているのだ。

ドイツ語のNacherleben（追体験）に当たる語が英語にないために、ロジャーズは追体験について知らなかったが、ジェンドリンがそれを知らないはずはない。ジェンドリンはウィーン（ドイツ語圏）の生まれで、追体験についての論考を進めた哲学者ディルタイ（Wilhelm Dilthey：1833-1911）を修士論文で取り上げている。自身の哲学のルーツについて多くを語ることがなかったジェンドリンだが、ある文献でめずらしく明言している。「私の哲学に根本的なインパクトを与えたのはディルタイだ」（Gendlin 1997, p. 41. 筆者意訳）。ジェンドリンはディルタイの追体験についてつぎのように言及している。

　　　ディルタイは言った。私たちが著者以上に著者を理解したときにのみ著者を理解したといえる。そしてこれは私たちのさらなる理解をもって著者の体験過程を推進したとき、著者の体験過程が私たちの体験過程によって再構成化され——正確に、しかも私たちによって豊かになっており、著者によって私たちの体験が豊かになっているように。あるいは、私が言うとしたら、これらは交差（cross）して、互いが互いのなかに暗在されるのだ（each becomes implicit in the other）。（Gendlin, 1997, p. 41. 筆者意訳）

　この引用を細かく検討してみよう。冒頭部分に「著者以上に著者を理解したとき」とあるのは、ドイツの解釈学のなかで論じられてきたもので、ディルタイの追体験に対する観点を示すものだ。引用の最初と二番目のセンテンスをより正確に書き直してみると、つぎのようになる。「ディルタイは追体験について、つぎのように言った。それは、私たちが著者以上に著者を理解したときにのみ著者を追体験したといえる」。ここまではディルタイの追体験についてだ。この先に、ジェンドリンがディルタイをどのように解釈したかが記されている。
　読者が著者の体験を、読者自身の体験過程をもって再構成化する。その読者の追体験は正確で、より豊かだ。そして読者の追体験が著者の体験を豊かにする。このようなモーメントを、ジェンドリンなら「二人は交差した」と表現するだろう。すなわち、ジェンドリンが「交差」という術語に込めているひとつの意味は「追体験」なのだ（Ikemi, 2017）。
　上記の例に戻って検討してみよう。「あなた」が私（著者）の体験をより豊かにしている。それは、私の体験を「あなた自身の体験過程をもって再構成化」しているからこそ可能なことだ。「あなた」の目には、服に犬の毛がつい

ている様子が浮かび、「服に犬の毛がつきませんか」と私に言う。それを聞いた私は「そうだよね、セーターとかフリースとか毛だらけだよ」と自分が着ていた服に犬の毛や臭いがついている状況が思い浮かべ、私の体験過程はより豊かになる。

このとき、「あなた」は私を私以上に知っていたといえる。ゆえに「あなた」は、私の体験を「追体験している」といえる。その瞬間に私が言葉にしていない——すなわち暗在的な——犬を抱きしめたいほど犬好きの私は「あなた」の体験の内に宿り、そして私の体験の内には「あなた」も犬好きだといった、「あなた」が言っていない暗在的な側面が存在している。つまり、この瞬間に「互いが互いのなかに暗在された」のであり、「二人は交差した」とジェンドリンは表現する。

さて、事例に戻ろう。事例のなかでは、私は常時クライエントの体験を追体験していた。クライエントの体験過程が動かなくなったときには、私の追体験を表明した。「僕のなかに浮かんでいることを言ってもいい？」と応答したところから、クライエントは刺激されたかのように話が進み、離婚の状況についてより詳細に語られた。

私はそれを聴いていて、ふと〈もう１本の傷って、わかったような気がしてきた〉のだった。そして、そこで追体験されたことを〈父親のことと離婚のことと１本ずつあるのかな〉と言葉にしてみた。クライエントの反応は劇的だった「ああ、ああ、ううん、そうですね、そうですね、うん、そうかもしれないですね、うん、うん、そうか」とクライエントの体験はここで再び動きはじめた。私の追体験を伝えることによって、クライエントも暗在的に感じていたことが明在的になった。これに続いてクライエントはさらに大きなフェルトシフトを体験した。

CL：ああ（10秒）いや、まだこれはあまり自信がないんですけど、すごく大きなものとして構えていたのは、自分だったしな、さっきの流れで気づいて、自然に接することができなかったのは、自分だったし、そうだったんだなと思ってみると、母親自身はそんなにパワーをもってワーとくる怪物みたいなものじゃないかもしれない、って思って。〈RF/TUN〉うん、自分の中に抱いていた傷みたいなものが膨らませていた。

カウンセリングでは、相互作用によって両者は変容するとされているが、そ

の相互作用の性質のひとつは「相互の追体験」だと考えることができるだろう。クライエントと私の相互追体験によって、クライエントは大きく変容したのだ。

　私が2016年ごろから追体験について語るようになって（池見, 2016）、カウンセリングにおける追体験について二つほどの誤解が生じているように思う。それらについても言及しておきたい。

　そのひとつは、「追体験する」という表現が使用される場合があることだ。追体験は意図的に「する」ことではなく、気がついてみたら「追体験している」あるいは「追体験が生じている」と表現したほうが正確だ。映画を観ているときに、主人公を「追体験しよう」と意図しなくても、台詞にはない主人公の苦しみや喜びのような複雑な心境が「追体験されている」。

　同様に、カウンセリングでも意図して「追体験しよう」とするまでもなく、追体験は生じている。面接場面でクライエントの体験に対する追体験が生じていないときには、カウンセラーは「わからない」と体験するだろう。「お話がいまひとつよくわかっていないので、いま仰ったことをもう一度お願いできますか」などと対応する。

　二つめの誤解は、追体験において生起していることを「伝える」ということをめぐるものだ。クライエントの話を聞きながら、カウンセラーはおおよそ正確にクライエントが語っている体験を理解している。そこで、前章にもあるように、ロジャーズが「理解の試み」と名づけた応答は、カウンセラーの追理解（Nachverstehen）・追体験を伝えるものだ。これによってクライエントは語っていることの背景に流れるフェルト・ミーニング（意味の感覚）が正確に伝わっていることを知り、また自分がいったい何を感じているのかに目が向くことがある。この意味では、カウンセラーは常に追体験を伝えているといえるだろう。

　しかし、カウンセラーの追体験がクライエントの体験と一致していない場合はどうだろうか。私はこのようなケースをわりと頻繁に経験している。たとえば、クライエントがある人に否定的なことを言われて、それに「腹が立っている」と言い、その状況を詳しく語っているような場合だ。クライエントは「腹が立っている」と言っているのだが、私には「傷つき」が追体験されていることがある。この場合でも、私は「理解の試み」の応答を第一選択としている。「そのような状況で、そのようなことを言われて、あなたは腹立ちを感じているのですね」といったものだ。これでクライエントの体験過程

が進むようなら、私は私の追体験にある「傷つき」はいったん停止し、保留しておく。展開によっては、再び「傷つき」のニュアンスが感じられることもあるかもしれないが、いったんは放念しておく。

ところが、第一選択の「理解の試み」によって、クライエントの体験過程が動かない場合がある。「そのような状況で、そのようなことを言われて、あなたは腹立ちを感じているのですね」というカウンセラーの応答を受けたクライエントは「そうなんです、腹が立っています」と言い、その腹立ちが反復的に語られるような場合だ。

これは第1章でみた構造拘束だ。クライエントの体験は「腹立ち」という概念に拘束されているから、それが反復し、進展がみられない。このとき、私は「私には、あなたが傷ついておられるように感じています」と私の追体験の内容を伝えるべきか一瞬の迷いが生じる。そこで、その迷いがあるときに、仮にこの追体験を伝えてみたとしたら大丈夫だろうかと考え、「大丈夫そうなら」伝えようにしている。この「大丈夫そう」も興味深い体験だ。それは伝えたと仮定してみたときに私に感じられる体験だから、それは「仮想的追体験」とでも表現できるようなものだ。もちろん「大丈夫じゃない」と仮想的に追体験される場合もあり、その場合は私の追体験内容は保留して伝えない。要は、カウンセラーの追体験がクライエントの体験と一致していないと思われたときには、慎重に状況判断する必要がある。

原稿を書きながら上記の事例を振り返って観ると、クライエントは二つの傷を感じている場面で体験過程が動かなくなっていた。体験過程の進展は停止していた。そして、私は自分の追体験を伝えても「大丈夫だ」と仮想的に追体験していた。暗黙の内に、これら二つの「基準」は満たされており、私は追体験されている内容を伝えたように思われる。

さらに、聴き手の「追体験」と聴き手の「反応」の区別が重要であることにも注目する必要がある。なかには、クライエントの話を聴いてカウンセラーが「感じたこと」を、伝えること自体を私が推奨していると誤解される場合がある。しかし、「感じたこと」は多くの場合、カウンセラーの個人的な反応にすぎず、それが相手の体験に対する追体験なのか、自身の反応なのかを見極める必要もあるので注意しておきたい。

> **命題３B**
> 人は話しているあいだに自身の体験を追体験している。カウンセリングではこの「自己追体験」作用はリフレクションの応答によって強化されている。

　前章でみてきたように、ロジャーズはある種の応答を「リフレクション」（「感情の反射」、「伝え返し」）と呼ぶことに「アレルギーを感じ」、このような応答を「理解の試み」と改名した。しかし、「理解の試み」のほうが「リフレクション」よりも広い概念で、単純にクライエントの体験を映し返す（「伝え返す」）だけではなく、ロジャーズ自身がクライエントの体験について追体験していたことをクライエントに伝えることも含んでいる。第2章でも引用したロジャーズの「共感のプロセス」の続きにつぎのような一文がある（第2章にはロジャーズが記述した「共感のプロセス」の全文が記載されている）。

　　その人の世界について感じられること（sensings）を伝えようとすることを含んでいる。それは感じていること（sensings）の正確さを［クライエントと］頻繁に確認し、それに対する相手［クライエント］の応答によって導かれることになる。（Rogers, 1975/1980, p. 142. 筆者意訳）

　ここでも明らかなように、ロジャーズがのちに「理解の試み」と呼ぶようになった特徴的な応答は、狭い意味のリフレクション（反射・伝え返し）に限定されておらず、ロジャーズの追体験を伝えることが含まれている。つまり分解してみると、そこにはリフレクション（反射・伝え返し）と追体験を伝えること、といった2種の応答が含まれている（そのため、第2節の事例での私の応答をRF/TUNと略記した）。そして、この2種の応答は違った作用をしているように思われる。
　前章でみたように、ロジャーズはリフレクションの応答はクライエントが感じている気持ちや個人的意味をより鮮明にするとしている。

　The feelings and personal meanings seem sharper when seen through the eyes of another, when they are reflected.（Rogers, 1986/1989, p. 128）

原文をわざわざここで引用しているのは、最後の句にwhen they are reflected
とあり「リフレクトされたときに」となっていることを示したかったからだ。
リフレクト（reflect）という動詞は、「反射する」という意味も「反省・内省す
る」という意味も含む。名詞リフレクション（reflection）は「反映されたもの」
でもあり、「反省・振り返って観る行為」も指すことができる。私は原文の意
味を少しでも残すために、この種の応答を「伝え返し」ではなく「リフレク
ション」と表現している。
　さて、リフレクションという応答では何が起こっているのだろうか。第2
節の事例から具体的に検討してみよう。

　　CL：切られた感じ。〈RF/TUN〉刀で斬られたことはないですけど、刃
　　物でバサっとみたいな。

　ここではリフレクション〈RF〉の応答のあと、「斬られた感じ」は「刃物
でバサっと」という具合により鮮明になっている。つまり、リフレクション
によってクライエントは自身で表現した「斬られた感じ」をあらためて追体
験し、その体験に対してより適切な表現を試みている。
　私たちがリフレクションという応答を用いるのは、「斬られた感じ」のよう
なキーワードを鏡に反射して（リフレクトして）クライエントに示すためだ。そ
れによって、クライエントは自身の体験を追体験し、その追体験に対して、こ
の場合では「斬られた感じ」という表現が適切なのかを吟味し、より適切な
表現を試みる。この場合、「斬られた感じ」は「刃物でバサっとみたいな」に
変容している。
　このように、人は自らが話した言葉を追体験している。ここでは、それを
「自己追体験」と呼んでおくことにする。何かを言いかけて言葉が適切ではな
く、言い換えるといったことは誰しも経験があるだろう。人の体験は本人が
常に追体験している。話したことを常にモニターしている鏡のような作用が
存在する。この作用はジェンドリン哲学の随所に登場する「再帰性（reflexivity）」
だ。そしてこの作用は、リフレクションの応答によって強化される。
　このように、この面接では、リフレクションによってクライエントが自己
追体験している場面が多くみられる。少し例を挙げてみよう。

　　CL：自分でバッサリ斬った、ちょっと違いますね。〈RF/TUN〉そうで

すね、なかったようにしたい自分がいますね。

　ここでは、リフレクションの前後で内容変異（content mutation：Gendlin, 1964, pp. 144-148; Gendlin, 1996, p. 13-15）が見られる。それは「自分でバッサリ切った」といった体験内容が、「なかったようにしたい自分がいますね」に変わるということだ。このような内容変異がいかにして起こったかを検討してみよう。
　「自分でバッサリ斬った」と言った途端にそれは違っているように自らによって追体験され、「ちょっと違いますね」の表現にあるように、自己追体験ではこの表現では不十分なことがわかる。そしてクライエントはより適切な表現を求めている。池見（2019）は「言葉のギィヴス（the gives of words）」という概念を提示しているが、言葉は豊かな意味連関を与えてくれる。この場合の「バッサリ」は、「躊躇なく」や、ある種の残忍さといった意味感覚を与えてくれる。クライエントの体験には、このようなニュアンスがなかったためか、この表現は自らによって却下されたのだ。
　このようなリフレクションによって生じる自己追体験は、この面接の随所に見られていた。面接の終わりにも印象的な「自己追体験」と思われる場面があったので記しておきたい。

　　CL：なんか、優しかったよな、とふと思ったり。〈RF/TUN＝いま、母
　　親の優しさを思い出している〉そうですね…うん、そうですね（涙）う
　　ん。優しかったですね、ずっと……（65秒）

　リフレクションのあと、優しかった母親がより鮮明に追体験されている。65秒の沈黙のうちにもその優しさを彼女は追体験しているように思えた。上記のような場面では、しばしば、母親の優しさを「思い出した」とか「記憶が想起した」などと表現され、私もここでは「思い出している」という表現を使っているが、こうした表現は理論解説としては不十分だと思うようになった。ここでは、母親の優しさが「思い出された」だけではなく、それが「自己追体験されている」のだ。
　カウンセリングにおいてリフレクションの応答は「共感を表明するため」や「共感すること」と誤解されているように私には思える。体験過程モデルでは、リフレクションは「自己追体験」を促進する作用があると考えられる。また、第2章で解説した「体験過程」は、より精密には話し手の体験と聴き

手の追体験の交差によって過程として進むことや、本命題でみてきた「自己追体験」や「仮想追体験」のように、一口に「体験過程」と言っても、そこには複雑な様相があることを提起しておきたい。

> ## 命題4
> 人が体験を語るとき、体験・表現・理解の循環が観られる。体験・表現・理解のサイクルが回るごとに体験は変化していき「体験過程」となる。カウンセリングでは「無意識が意識化される」のではなく、「体験・表現・理解」のサイクルが回って「さらなる体験・さらなる表現・さらなる理解」へと進展していく。

　上記に示したように、ジェンドリンは自身の哲学に根本的なインパクトを与えたのはディルタイだと明言していたが、ディルタイの「解釈学的循環」について興味深い論及を施している。

　解釈学的循環とは「体験・表現・理解」のサイクル（サークル、つまり円環：hermeneutic circle）を指すもので、ジェンドリンはディルタイの解釈学的循環を「虫があなたから逃げていく、あるいは蜘蛛の死んだふり」という一言で、説明を加えずに例示している（Gendlin 1997, p. 41）。そこで、まずはジェンドリンのこの例示をもとに解釈学的循環を解説してみよう。

　私の机の上に蜘蛛が歩いていたとしよう。そして私が机の天板をパンと叩いたとしよう。すると蜘蛛は死んだふりをした。この「蜘蛛の死んだふり」は蜘蛛の「体験」で、「死んだふり」という表現だ。それを見た私は蜘蛛が怯えていると「理解」することができる。これはディルタイの考え方に基づく解釈学的循環の例だ。その特徴は、ここで「蜘蛛が怯えている」と理解しているのは蜘蛛自身ではなく、他者である私自身ということだ。解釈学は書物などのテキストや芸術作品を解釈するもので、「他者の理解」を前提としている。

　ジェンドリンはこの「体験・表現・理解」という発想様式を、このような解釈学的な見地から離れ、「人の意識の基本的な様相」とみなしているように思える。そして、これこそが「体験過程」で「フォーカシング」なのだ（Ikemi, 2021）。哲学者でありながら心理療法に従事していたジェンドリンは「体験・表現・理解」の循環を面接において常に観察していたように思う。

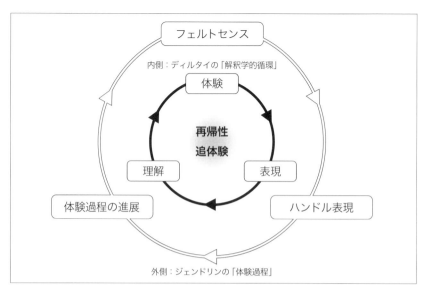

図3-1 ジェンドリンの「体験過程の循環」とディルタイの「解釈学的循環」

　面接場面で頻繁に観察される、クライエントのつぎのような発言を検討してみよう。

　　私は最近、不安なんです、いや、不安というよりもイライラしていて、ちょっとしたことでもイライラする、う〜ん、神経質になっているようなんです

　ここでは、クライエントは、最初は不安を体験している。「不安」という言葉がその表現で、クライエントは「私は不安である」と自己理解している。しかし、「最近、不安なんです」と口にした途端に、自身に感じられているフェルトミーニング（意味感覚）が少し形を変えていることを「自己追体験」し、この言葉では「言えていない」と感じる。そこで、より適切な表現を試みた。

＊1　ドイツ語では体験はErlebnisともErlebenとも表現されるが、ジェンドリンによると、これらの語の使用についてディルタイはErlebnisを「ある体験」を指すときに用い、生き抜かれた体験にはErlebenが使われているため、ジェンドリンは彼が用いる専門用語「体験過程（英：experiencing）」をErlebenを意味するものとして使用するということを彼の修士論文ですでに定式化していた（Gendlin, 1950）。

それが「イライラしていて」だ。今度は「イライラしていて」が体験され、「イライラ」がその表現で、クライエントは自分が「イライラしている」と理解している。しかし、イライラという言葉を話した途端に、フェルト・ミーニングが変化していて、自分が話した言葉が正確ではないと自己追体験され、今度は「神経質」が体験され、そのように表現され、そのように自己理解されるのだ。

> メタファーを工夫して、（発話する）以前のフェルト・ミーニングを表現することを"把握"という。(Gendlin, 1962/1997, p. 117 筆者意訳、カッコ内は筆者による)

架空例では、クライエントは最初、自分が「不安」であると「把握」していた。しかし、言葉にしてみると（言葉とメタファーは同様の作用をするもの——どちらも言語象徴）、その言葉はもはや、いま感じられているフェルト・ミーニングを表しているのではなく、言葉にする以前のフェルト・ミーニングの表現だったことに気づく。

> 私たちが正確に言いたいことを言い表したときには、もはや（言いたかったことは）同じではない。それはより豊かで、もっと明示的で、もっとよく知られているのだ。(Gendlin, 1962/1997, pp. 119-120. 筆者意訳、カッコ内は筆者による)

架空例のクライエントが言いたかった「不安」について言ったときには、もはやそれは不安ではなく、より豊かな感じ方になっている。

このように、人の体験は「ある体験」ではなく、「体験過程」として、体験・表現・理解のサイクルを回っている。本命題の架空クライエントはいったい何を体験していたのか、と問うてみると、それは「不安」であるとも、「イライラ」であるともいえない。クライエントが体験しているのは、「最近は不安なんです」を口にしてから展開する一連の「体験過程」なのだ。このように、「体験・表現・理解の循環」を「体験過程[*1]」と呼ぶ。

このように観てみると、ジェンドリンは「体験・表現・理解の循環」をベースにおいた解釈学を提案したのではない。むしろ「体験・表現・理解の循環」をベースにした自己理解の心理学を考案しているといえよう。

彼は、「ディルタイは、体験・表現・理解はひとつであり」、「そのどれもが互いの実例である」としていた。そして「体験はさらなる体験であり、さらなる表現であり、さらなる理解である」ともしていた。架空クライエントの「神経質」は体験であり、同時に表現であり、同時に理解でもある。その意味では「体験・表現・理解」はひとつだ。さらに「神経質」は、「イライラ」から進展した「さらなる体験であり、さらなる表現であり、さらなる理解」なのだ。

しかしながら、ディルタイ哲学とジェンドリン哲学の両方に詳しい田中秀男氏によると、ジェンドリンがディルタイのどの文献からそれらを読み込んだのかは不明だという（Tanaka, 2023 未公刊）。おそらく、長年のジェンドリン自身の思考とディルタイの影響、さらにほかの哲学者の見解などが相互に交差しているのではないだろうか。

さて、本章の面接事例でも全体に及んで「体験・表現・理解」のサイクルがみられるが、それがはっきり観察できる部分を示しておきたい。

クライエントが「自分も傷ついている」と表現したとき、彼女はそれを体験していて、その表現が「傷ついている」で、自分は「傷ついている」と理解している。それを口にしたあとで、より適斬な表現が思い浮かんでいる。それは「斬られている」で、その瞬間、彼女には「斬られている」というさらなる体験、さらなる表現とさらなる理解が立ち現れている。

さらに、「自分でバッサリ斬った、ちょっと違いますね」という具合に、「自分でバッサリ切った」と表現したものの、その表現が適切でないと感じ「ちょっと違いますね」と自らそれを否定して「なかったことにしたい自分がいる」というように、さらに進んだ体験・表現・理解が立ち現れている。最後に展開していた「本当に優しかった」母親も、さらなる体験・表現・理解なのだ。

心理臨床では「無意識を意識化する」といったモデルが一般的だが、この面接事例にみられる体験の展開を考える際、無意識が意識化されたと考えるのは不自然だ。前にも指摘したように、「防衛が解除された」根拠を示すことができないからだ。むしろ、カウンセリングでは「体験・表現・理解の循環が観察される」と考えるほうが、面接で生起している現象を適切に言い表すことができるのではないだろうか。

> **命題5**
>
> 人が自らの体験を新しく言い表したとき、その新しい局面が過去に遡及適応され、違う過去が立ち上がってくる。過去を変えるそのような気づきを「推進された"だった"（carried forward was）」という。

　命題2にあったように、人は意識がある存在だ。存在のあり方が、意識がないメカニズムとは基本的に違っている。メカニズムにとっての現在は、過去に設計され、組み立てられ、動作するように設定された工程に従って動いているから、「現在は過去に起因する」ことは明らかだ。しかし、「意識ある存在」である人は、現在生起している体験を過去と関連づけて考えてみることができる。もちろん、過去となんら関係がないと思えたら、過去との関連づけなどは行わない。いま、スピーカーから流れているスムーズ・ジャズの曲は初めて聴いたが、それが気に入った。この曲を「気に入る」という体験には過去の要因があるのか、といったことを私は考えない。むしろ、「このミュージシャンのアルバムはほかにもあるのかな」と検索するだろう。つまり、まだ聴いたことがない楽曲と出会う未来にベクトルが向いている。人は過去と関連づけて理解したいときには過去との関連づけを行うが、多くの体験については過去との関連づけを行っていない。

　人はどのような体験について過去と関連づけを行うのだろうか。デンマークの哲学者セーレン・キェルケゴールの格言を参考にしてみよう。

　　"Life can only be understood backwards; but it must be lived forward."
　　人生は後ろ向きにしか理解できないが、前を向いてしか生きられない。

　人は生を理解したいときに後ろを向く。例を挙げて考えてみよう。臨床心理士になりたいと決意し、心理臨床学系の大学院に進学してきたある大学院生は、大学学部時代はフランス文学を専攻していたという。臨床心理士を志し、前を向いて生きている彼女だが、「どうして臨床心理士になりたいの？」と私が問いかけると、彼女は「実は中学生のころから……」と中学生の頃の体験を話し、それから臨床心理士を志すようになったと語ってくれた。キェルケゴールの格言のとおり、臨床心理士になりたいと前を向いて生きているのだが、臨床心理士になりたい動機を理解するためには後ろを向く必要があ

る。

　ここで重要なのは、後ろを振り返る「立ち位置」だ。その「立ち位置」は現在だ。哲学者ジョージ・ハーバート・ミード（George Herbert Mead：1863-1931）[*2]は言う。「現われし現在を立ち位置として過去を観たときには、過去は違った過去になっている」（Mead, 1932/1980, p. 2. 著者による意訳）。

　大学院生の彼女がある日、フランス語の小説を手にとったところ魅了されて夢中になり、その結果、臨床心理士ではなく、フランス語教師になり、フランスの文学作品を味わう日々をおくりたいと、心変わりした場合はどうなるだろうか。「どうしてフランス文学に？」と私が問いかけると、彼女はきっと「実は大学生のころ、心理学の成績よりもフランス語やフランス文学のほうが成績がよく、実際に楽しかった。アルベール・カミュが大好きで、フランスを訪れたときは、地中海を渡り、カミュが育ったアルジェまで旅した……」というふうに、臨床心理士を志していたときとは「違った過去になっている」ではないか。人の現在は「因果論」によって過去に決定されているわけではない。

　ジェンドリンは"was"（だった）という語に独特の時間感覚を込めている。「言いたい要点を言い換えてみると、それは先に進み（推進し）、私たちはそれが何だったかを発見するのである」（Gendlin, 1997, p. 23）。日常生活でもこれは頻繁に体験されている。新しい気づきは、私たちが意味していたことが「これだった」ことを明らかにしてくれるのだ。例を挙げて検討してみよう。

　　私はこの席にお招きいただいたことを光栄に思っています……というか……（"光栄"と言ったみたものの、ちょっと違っているかな）いや、えー太郎くんが私を招待してくれたことを私は嬉しく思っているのです（そうだ、"光栄"じゃなくて、私は"嬉しい"のだ）

　つまり、「要点を言い換えてみる」とは言いたかったことは「光栄」ではないことに気づき、言いたいことのフェルト・ミーニングに触れ、それを言い換えられる別の表現を探す。すると「嬉しい」が浮かび、その体験は「推進」され、その推進にともなって私が言いたかったのは、本当は「嬉しい」"だった"ことを発見する。

＊2　系譜的には、Eugene Gendlin は George Herbert Mead の「孫弟子」にあたる。

ジェンドリンの"だった"は興味深い記述だ。体験が前に進んだことで、後ろが何だったかがわかる、といったものだ。つまり、ミードの観察と同じく、現在の体験過程が前に進んだときに、過去が違うものになっているということだ。体験過程の推進（進展）には、このような「だった」の変容が観察される。「あ、いま、わかった！　びっくり！　俺はずっと寂しかったんだ！」と気づいた人は、「いまわかった」ことなのに、その気づきが過去に遡及適応されて、いままで自分はずっと寂しかったのだったと、いまの気づきが過去を変えているのだ。このような"だった"を、私は「推進された"だった"（the carried forward was）」*3と呼んでいる。

本章で取り上げた面接事例のクライエントは、面接の後半で体験過程が進展していき、母親が「本当に優しい」存在だったことに気づいた。

　　私はなかなか実家に帰ろうとしない、後ろめたさからか「何故帰らないの？」と友人などに聞かれるたびに、「過干渉の母親で相性が悪いから」と何年も説明してきました。そうしているうちに自分のなかで過干渉な母親像が出来上がってしまっていたのではないかと思います。今回のフォーカシングで改めて体験に触れてみると、過干渉で鬱陶しいと感じたのは離婚の出来事の時の1回だけであって、本当はずっと優しかったことを思い出すことができました。

過干渉で鬱陶しい母親が「本当はずっと優しかった」母親へと変容し、これにともなって、クライエントが母親と過ごしてきた過去も変容している。カウンセリングでは、過去に「退行」することによって過去を再生するのではなく、現在の体験が先に進むことによって違う過去が立ち現れてくるのだ。

古典的精神分析では、人の性格は過去の出来事によって形成されていると考えていた。こうした見方では、性格が変化するとしたら、過去に戻って性格形成をやり直さないといけないことになる。このようなことは不可能に思えるが、分析家にとっては可能なことだ。「無意識」が「退行する」（つまり過去に戻る）ことによって、やり直しの作業が行えるとしていた。つまり、無意識が父親イメージを分析家に転移している（分析家が男性だと仮定して）という

＊3　私の村上春樹に関するエッセー（2013/ 2016/ 2023）を中国語に訳した陳藝文は「推進された"だった"」を「前進的過去」と訳しているが、これも適切な表現のように思える。

事態は、その瞬間には無意識は幼い頃に戻っており、無意識にとっては、分析家は分析家ではなく、父親だと認識しているから、この「父親代理」との関わりによって、幼い頃の父親との関係をやり直せる、という理屈になる。私は、この説明を聞いて以来、なんとも苦しい説明だという印象をずっともっている。

　体験過程モデルでは、体験は過去の出来事の産物とは考えていない。現在において開いていく体験の新しい可能性が、人の未来も過去も変容させるのだ。

エイジアン・フォーカシング・メソッヅ

1　マインドフルネスとフォーカシングをめぐる回想と展望

「マインドフルネス」という名の仏教瞑想

　もちろん、それ以前から「マインドフルネス」という言葉は知っていたが、2013年ごろから私はマインドフルネスと向き合うことになった。2013年には在外研究で、まずはネパールに行き、1ヵ月ほど滞在（入院）してアーユルヴェーダ（古代から伝わるインド医療）の「パンチャカルマ」という治療を受けていた。これもとても興味深い体験だったが、本書のテーマとは少し離れてしまうので、興味がある方は池見（2015）または私のウェブサイトにある「アーユルヴェーダを通りし縁の道（改訂版）」を参照されたい。ネパールはブッダ生誕の地で、多くの仏教寺院がある。ヒマラヤ山脈に位置するネパールの隣国チベットは、日本の真言宗とも関係が深いチベット仏教が発展したところだ。

　同じアーユルヴェーダ医院に滞在していたフランス人の元僧侶と仲良くなり、治療の合間に彼が生活していた寺院などを案内してもらった。また、彼は私のつぎの目的地となったタイの仏教寺院を紹介してくれた。このころから私のなかで何かが変わってきていた。いま思い返してみると、その一局面はマインドフルネスとフォーカシングが融合に向かっていく流れだったよう

＊1　http://www.akira-ikemi.net/essays.html

に思う。

「マインドフルネス」という言葉を最初に耳にしたのは、ニューヨークに滞在していたときだ。いつだったかはっきり思い出せないが、2005年から2007年まで、夏はニューヨークでジェンドリン先生と一緒にフォーカシングの夏期講習を担当していた。その時期だったことはたしかだ。ボストンから来ていた参加者と話すうちに瞑想の話になり、彼女が「マインドフルネス」と「瞑想」「坐禅」といった言葉を入れ替え可能であるかのように使うので「マインドフルネスってなに？」と私が訊いたことを覚えている。

私もボストンに住んでいたことがあるのを知っていた彼女は、夏期講習が終わったらボストン郊外のマインドフルネス・センターに一緒に行こうかと誘ってくれた。あいにく予定が合わなかったが、彼女が言っていたことの要点ははっきり覚えている。

マインドフルネスはもともと仏教瞑想なのだが、キリスト教、ユダヤ教、イスラム教などの方々から見れば、それは異教徒の宗教実践だから参加しにくい。そのために宗教色を排して、「仏教瞑想」と言わず「マインドフルネス」と呼ぶのだと。アメリカのような他民族国家で広く普及するためには「仏教」と言わず「マインドフルネス」のほうが多くの人々に馴染みやすいのはたしかだ。事実、「マインドフルネス」はアメリカ合衆国では大ブレイクしていて、いまやiPhoneに標準装備されているHealthアプリのなかにも "Mindful Minutes" といって瞑想をした時間を記録するアプリが標準で組み込まれているほどだ。

一方、仏教に抵抗がない日本では「マインドフルネス」よりも「仏教瞑想」と言ったほうが馴染みやすいのかもしれない。漢訳経典ではマインドフルネスは「念」と表現される。お釈迦さまの八正道のなかの「正念」のことだ。

「念」という字は、まさに「マインドフルネス」を表現した漢字だと思う。「今」の下に「心」——今に心いっぱいの気づきを——それは的確にマインドフルネスを表現している。

しかし日本語では、「念」は必ずしもマインドフルネスという意味で理解されているわけではない。たとえば「念力」のように、それは「心で何かを強く望むこと」と解釈される場合もあり、マインドフルネスとはむしろ反対の「執着」を意味することになるので注意が必要だ。

寺院での生活

ネパールを去ってタイに入った私は、数ヵ所の仏教寺院で瞑想リトリート（修行）に参加した。チェンマイから森の中を70kmほど走ったところにあるWat Tam Doi Tohn（タイ語の名称を訳すと「森の洞窟寺院」となるだろう）では1ヵ月ほど修行させてもらった。ここはフランス人の元僧侶に紹介してもらったところで、彼はこの寺院の僧長にメールを送ってくれていた。この寺院ではいろいろな刺激をうけた（このときの体験記は、池見のHPにあげている〔池見, 2013/2023〕）。

この寺院での大きな収穫は、「僧侶は衣食住のためには働かない」という気づきだ。衣装は法衣を纏っているし、食は托鉢でいただいているし、住居は寺だ。寺からは給与は支払われていないから、まったく金銭に縛られることがない。別の寺に移っていくのも僧侶の自由だ。寺での滞在費も一泊いくらと料金を決めているわけではなく、寺を離れるときに僧侶に聞けば、「寄付（お布施）を置いていくと今世で徳を積むことになるだろう」と教えてくれる。

滞在に期間は設定されておらず、1年いる人、そのまま何年もそこで暮らす人、一生いる人などさまざまだ。仕事に行き詰まったから1年ほどまえに出家して修行僧をしている人もいた。仏教国タイでは寺に入ることは尊いことだから出家したために会社をクビになることはないのだと言っていた。その期間、会社は「休職扱い」ということになるのだろうか。ある種のセーフティネットにもなっていると感じた。

また、週末には多くの女性たちが寺で修行しており、悩みをもつ人は寺で週末を過ごし、すっきりして戻っていくように見えた。寺では、許された時間以外は沈黙業を守っていたため、会話をすることは禁止されていた。「沈黙業」は人に気を遣う私には合っているように思えた。仲間の修行者が辛そうな顔をしていたとしよう。そのとき、普通なら「どうしたの？」と声をかける。注意がその人に、つまり外側に向く。しかし、話すことが禁止されていたらどうなるか。「辛そうな顔をしているな、そして私はその人の表情を気にかけているな」と自分の体験に気づくようになる。つまり沈黙業では内側に注意が向きやすい。

タイの寺院での生活は、普段は考えたこともない発想様式の真只中にあった。たとえば、「働く」とはどういう意味なのかを考える機会になった。また、時間についても新鮮な発想で捉えることができた。通常は長くかかる瞑想の

修得が早くできる人は、前世ですでにその瞑想を修得しているからだといった前世・現世、あるいは来世までも視野に入れた発想は日本では考えたことがなかった。1ヵ月、あるいは1年を寺院で生活するのは「長い」のか「短い」のか、何を物差しに考えたらいいのかさえもわからなくなってしまう。

誰が瞑想をしているのか

　日本に帰国後、すぐに僧籍をもつフォーカシング仲間の土江正司氏と電話で話をした。そのときに、曹洞宗の藤田一照氏とテーラワーダ比丘の山下良道氏が『アップデートする仏教』（藤田・山下2013）という新書本を出したばかりだと知らされた。すぐに書店に出向き、その本を買ってきた。とても大きな刺激を受けたのは、「誰が瞑想しているのか」という点を二人が対談で語り合っている場面だ。悟りを開くために頑張って瞑想しているのでは、本当の瞑想にはならない。頑張りすぎて我が強くなり、それは無我になることとは反対の方向だという。

　藤田一照氏とは面識があった。禅僧になる前は東京大学大学院博士後期課程で心理学を研究していたから、フォーカシングについても詳しかった。私が「フォーカシング国際会議」を淡路島で主催したときには、通訳として手伝ってくれた。その後、藤田一照氏とは対談のほか、ワークショップやビデオでも共演した。

　一方の山下良道氏とはその時点では面識はなかった。ネパールで知り合ったフランス人元僧侶は、本当は私をミャンマーの寺院に紹介したかったのだと言っていた。しかし、そこは最低でも3ヵ月行く必要があるとのこと。私のスケジュールと合わず、代わりにタイの寺院を紹介してくれたのだった。そのとき、「ミャンマーの寺院のナンバー2の僧侶は日本人だぜ」と言っていたのを覚えていた。その人が山下良道氏だったことは『アップデートする仏教』の本を読んで気づき、翌年発行された『青空としてのわたし』（山下,2014）を読んで確信した。その後、私は山下氏のリトリートにも参加するようになり、一緒に朝日カルチャーセンターでワークショップをしたこともあった。

　「誰が瞑想をしているのか」という問いが私にとって大きな刺激になったのは、私はフォーカシングでも同じ疑問を感じることがあるからだ。いや、むしろタイの寺院で瞑想をしていたからこそ、このことが疑問として際立って見えてきたのかもしれない。

たとえば、フォーカシング・ショート・フォームを始めるときの「クリアリング・ア・スペース」（第5章）の導入を考えてみよう。「最近、気になっていること、どんなことがあるかな〜」と気がかりを一つひとつ思い浮かべてみるという動きがある。ここでの作業は「私」という主体が「気がかり」と感じる事柄をわざわざ探しに行く作業をすることになる。つまり「私」はわざわざ「苦」を探しに行っているのだ。

　ただ空気が鼻から入ってきて、鼻から出ていく、空気が入ると胸やお腹が膨らんで、空気が出ていくと胸やお腹がへこんでいく。小鳥の囀りが耳に入っていることに気づいている、光の中の木々の緑がキラキラしているのが目に入ってくる。このような「気づき」に満ちたこの意識に住まうとき、苦悩は存在せず、平安な気持ちに気づいている。なのに、ここでわざわざ「苦」を探しにいく必要はないではないか。

　このことをもう少し考えてみよう。「最近、気になっていること、どんなことがあるかな〜」と考えているのは「誰」なのか。その「私」は、私が「本当の私」だと思い込んでいるもの──「自我（我、我執）」だ。その「我」は「人生には気がかりがいくつもあるに違いない」と決めつけている。その「我」は人生の苦悩を前提としている。大げさに言うならば、それは「苦悩に執着した我」だ。そういう「我」がフォーカシングをして本当に苦しみから解放されるのだろうか。そこで、問題は「誰がフォーカシングしているのか」ということになり、これこそ藤田・山下両氏の「誰が瞑想しているのか」と同じ疑問に行き着く。

マインドフルネスとフォーカシング

　ジェンドリンも指摘しているように、自我を超越した目撃者としての意識（「宇宙的で平安な"からだ"」ジェンドリン, 1998, p. 3）に入ってしまうと、フォーカシングはできない。これまで本書でみてきたように、フォーカシングは生を振り返って観る言語行為でもある。つまり、ある雑念が浮かんでいる、ということに気づいておくだけではなく、その雑念をどのように感じているのかと振り返って観る（反省する）行為だ。また、そこに感じられるものを言葉で表現してみるといった言語行為をともなう。

　瞑想とフォーカシングの大きな違いは、瞑想では言葉を使うことはほとんどないが、フォーカシングでは言葉が不可欠という点だ。このことは、瞑想

とフォーカシングはそれぞれ別々の意識状態の上で展開していることを物語っているといえるだろう。完全に「自我を手放してしまった」ら、フォーカシングという言語行為はできない。それはジェンドリンが指摘しているとおりだ。

そこで感覚的な表現になるが、瞑想的意識に入る「手前」に立ち止まってフォーカシングする必要がある。それは「中間的」な意識のあり方で、自らに生起している感覚や雑念に気づいている状態で、それでいて言葉で表現することができ、自ら発した言葉が体験にどのように作用しているかにも気づくことができる意識だ。ジェンドリンがそれを「中間」（あるいは「中道」Middle way）と表現していたように記憶している。それは軽い変性意識状態（ASC：altered states of consciousness）といえるかもしれないが、何が「変性」で何が「通常」なのか、その区別もじつは曖昧だ。

マインドフルネスとフォーカシングを統合した実践として「マインドフル・フォーカシング」を提唱したデイビッド・ローム（Rome, 2014）は、フォーカシングに入るまえに、GAPすなわち〈地に足がつき（Grounded）、そして気づき（Aware）をもち、自らの存在感（Presence）が感じられる〉マインドフルな意識状態（瞑想状態）に入ることを推奨している。

ロームは長年、チベット仏教を西洋に伝えたチョギャム・トゥルンパ師の秘書として務めており、仏教瞑想には詳しい。私もロームと同じように、フォーカシングに入る前にマインドフルネスの意識状態に入ることを推奨しているので、GAPと特定しないものの、ロームと同じような導入を行うことがある。

ただし私の場合、そこからフォーカシングに入ったときにもマインドフルネス状態をできるだけ維持するように工夫している。ロームのマインドフル・フォーカシングでは、このような工夫は明確ではない。すなわち、私はフォーカシングを意図して"しよう"と努力しないことを勧めている。気がかりを「探しに行く」のではなく、「雑念がやってきたことに気づく」といった姿勢だ。何かを"する"のではなく、何か起こる——雑念がやってくる、言葉が浮かんでくるなど——どちらかと言えば、「無為」のうちにフォーカシングの過程（体験過程）が生じるようにしたい。

この発想は英語では難しいのかもしれない。ロームの著作の原文の副題は *Using your felt sense to solve problems, effect change and liberate creativity*（フェルトセンスを使って問題を解決し、変化をもたらし、創造性を解放する）となっているが、い

ったい誰が問題を解決しようとしているのか、誰が変化をもたらそうとしているのか、誰が創造性を解放しようとしているのか、といったように主語がはっきりしている英語では、自我のはたらきが強くなってしまう。「私」が問題解決をしたい、「私」が変化をもたらしたいなど、このような実践では「私」すなわち自我が強化されている。私は日本語的なスタンスで、「問題が解消する」（主語は問題）、「変化が訪れる」（主語は変化）や創造性に気づくといったスタンスだ。

エイジアン・フォーカシング・メソッヅ

　気がついてみると、私のフォーカシングにはいつのまにか「日本的」なテイストが入り込んでいた。しかし、よく考えてみると、これは「日本的」なのではなく、アジアのテイストだ。そもそも「雑念」も「我」も「執着」も「無為」も中国語だし、私がこのようなことを考えるようになったきっかけはタイの寺院だし、仏教はインド・ネパールで始まったものだ。

　そこで次節では、私が現在取り組んでいる「エイジアン・フォーカシング・メソッヅ」（メソッヅはメソッドの複数形）を解説していく。まだ、なかなか名称が定まらないが、「エイジアン・フォーカシング・メソッヅ」にはつぎの三つの方法がある。観想法[*2]、観我法と青空法だ。最近までこれらは、それぞれ「スペース・プレゼンシング」、「観我フォーカシング」と「青空フォーカシング」と呼ばれていた（池見, 2022）が、本書では少しコンセプトを発展させて名称も改めている。なお、あとで論じるように、「スペース・プレゼンシング」は独立したメソッドとしてではなく、観想法のなかに組み込むことにした。

2　エイジアン・フォーカシング・メソッヅ（iFocusing[*3]）の導入

　エイジアン・フォーカシング・メソッヅには、現在のところ三つの方法があり、どの方法にも共通する導入がある。それはマインドフルに座ることだ。

＊2　「観想法」という表現は真言宗の行法にもあるようだが、本法とは直接の関係はない。
＊3　ジェンドリンが考案した「フォーカシング」と区別するために、池見が考案したフォーカシングのワークはiFocusingと表示する。

深い瞑想に入るわけではなく、5分程度の短い導入だ。この導入によって「考えている自我[*4]」の働きを抑え、立ち現れる雑念などを偏見や思い込みなしに「観ていく」あるいは「気づいていく」ように準備する。ここに解説する導入は、いわゆる「無我」の状態に入っていくことを援助していると言ってもよい。

　私なりの導入を以下で具体的に解説するが、読者が普段から坐禅やヨーガ・サマディ（ヨーガの瞑想）、マインドフルネス瞑想などを実践しているのなら、馴染んでいる方法で静座すればよい。なお、ここで「我」と表現しているものは、おおよそ「我執」を意味する。それは、恒常的な「私」という実体があることを前提として、それに執着することを意味している。

▌ 座り方と呼吸のしかた

　まず椅子に座って上体を右側に傾けてみる。そのとき、右の坐骨に体重が乗ってくるのが感じられる。今度は左に傾いてみる。そのとき、左の坐骨に体重が乗ってくるのが感じられる。ゆっくり左右に身体を傾かせながら坐骨に乗っている重心の移動に気づくようにする。動きを小さくしていって、左右の坐骨に均等に体重が乗る位置を探し、その位置が見つかったら左右への動きを停止する。

　つぎに上体を前後に動かしてみて、気持ちのいい角度を見つける。気持ちがいい位置を見つけたら前後の動きを停止する。

　瞑想や坐禅は「正しい姿勢で行うべき」と思って「正しい姿勢」とはどんな姿勢なのかを考えてしまう場合がある。これは自我の考える働きで、また「正しい姿勢」への執着を表したものでもある。つまり、「正しい姿勢で座ろう」と思った瞬間に、考えに支配されてしまう。我執なく、すなわち「無我」で座るためのコツは考えるのをやめて、代わりに重心のバランスに気づく、背骨が伸びる気持ちのいい感覚などに「気づいている」あるいは、それらを「観

---

*4　これ以降にも「自我」という表現が登場するが、それはジーグムント・フロイト（Freud, S.）の精神力動論における「エゴ（ego）」を表現したものではない。私が使用するこの語は精神力動的概念ではなく、英語 "ego" に翻訳される以前のフロイトの原文（ドイツ語）にある "Ich"〜「私」「我（われ）」〜を意味している。日本語では「我を張る」などという表現があるが、我は「表向きの私」でそれは落ち着いて物事を感じる部分ではなく「アタマで考えている私」をいう。ときには「我（が）」や「我執」といった表現を用いる場合もある。

ている」主体になることだ。

坐禅の基本とされる「調身（調息・調心）」についても同じだ。身を調えようと頑張り過ぎると、自我の働きを強化してしまう。どうしても完全に身が調っていないように感じてこだわってしまい、執着してしまうことになる。「身を調えよう」と考えないようにすればいい。身体が自然と調ってくるのを観ている、あるいはそれに気づいているようにすればいいだろう。

曹洞宗の藤田一照氏は「坐禅は自力自調の行ではない」（2012, p. 62）としていて、調息を例につぎのように解説している。「坐禅においては正身端坐によって自然に息が調っていくのに任せるだけで、意図的に自分ではからって、より長い息にしようとかより深い息にしようとはしない……」。

つぎの呼吸も同じように、「息を吸う」「息を吐く」では、「考えている私」が呼吸を支配してしまう。「息を吸う、吐く、調息：息を整える」といったことは一切考えなくても、空気は鼻から入って、鼻から出ていく。まったく意識が作用していない睡眠時にも空気は鼻から入ってきて、出ていっている。鼻のところに注意を向け、空気が入ってきていることに気づいたときは「入ってくる」、空気が出ていくことに気づいたときは「出ていく」という言葉をかけてみる。言葉は声には出さない。

意図して呼吸しているときは、"私"が呼吸している」ことになり、その場合の主語は「私」すなわち「自我」になっている。これとは違って、ここでは「空気が入ってくる」、「空気が出ていく」すなわち、主語は「空気」だ。このようにすれば「自我に支配された呼吸」ではなくなり、「無我」——すなわち、ただ「気づいている」あるいは「観ている」意識になっていく。

そのまま空気の出入りをずっと観ていることができれば、それは素晴らしい瞑想だ。しかし、大抵は雑念がやってくる。雑念も浮かんでこない場合は素晴らしい瞑想になっているので「フォーカシングをしよう」などと思う必要はない。「フォーカシングをしよう」と思うこと自体が雑念となるため、瞑想をそのまま続ければいいだろう。

▎雑念への対処

しかし、大抵の場合、雑念は浮かんでくる。雑念はやって来てはすぐに消えていく場合がある。たとえば、庭の花はまだ咲いているかなと一瞬気になったが、すぐにその気がかりが消えた、という場合。このような雑念は気づ

いておくだけにして、雑念の後を追っていくことはしない。「あ、庭の花のことが気になる自分がいるんだな」という具合に気づいておくことに留めておく。

　あるいは「気づいておく」という認知的な作用をもって消える雑念もある。たとえば、座っているあいだにＡさんが空想の中に浮かんできて、Ａさんとある仕事について話している場面がいつのまにか立ち上がってきている。そんな空想に入ってしまったことに気づいて、「Ａさんと仕事の話をちゃんと相談したがっている自分がいるんだな」と気づいておくと、その雑念は消えて、再び空気の出入りに注意を向けることができる。

　これらとは対照的に、気がついてみたら、雑念について考え込んでしまっていたり、あるファンタシーに巻き込まれていたりすることがある。それらはなかなか離れてくれそうにない、あるいは、なんだか大事そうな雰囲気をもった雑念だ。エイジアン・フォーカシング・メソッヅでは、こういう雑念を取り上げていく。取り上げ方は観想法、観我法と青空法で多少異なる。これから解説する観想法と観我法では、観想法を基本とする。しかし、「自我」や「自分の性格」「自分の一部」などが話題となっているようなら、観我法が適切だ。観想法の途中で観我法に切り替えることもできる。まずはこの二つの方法について、具体例の逐語記録を示して解説していく。

3　観想法 (The Focusing of Observing Thoughts)

▎観想法の実演

　観想法では、やってくる雑念に気づいて、それを「観る」ことが中心的な過程となっている。フォーカシングの中心的なプロセスは体験過程だが、観想法では「観る」こと、すなわち「気づいている」こと、という中心的プロセスが加わる。しかし「気づきの瞑想」とは違って、観想法では言葉にしていくために体験過程が生じてくる。未形成の意味の感覚であるフェルトセンスを言葉にしていくことで意味が発生するフォーカシングの過程だ。これらの方法を解説するには具体的な実例が必要だ。ここではまず実例を紹介し、そのあとで方法の詳しい解説をすることにする。

　以下に紹介する実演は、オンライン・ワークショップで行ったものだ。私

が「聴き手（リスナー）」をして、ある男性が「観想者（フォーカサー）」（話し手、ワークショップ・クライエントとも呼ばれる）となっている。実際のセッションではこの観想者のことを名前で呼んでいたが、記録では「あなた」と書き換えた。それ以外では逐語記録は無修正だ。観想者はフォーカシングをよく知っている方だったため、私は用語や手順などを説明する必要がなく、「純度が高い」セッションになったように思う。

　上記で紹介した「導入」からセッションに入った（導入部分は記録には含まれていない）。観想者はなんらかの瞑想実践をされる方で、このセッションは気がついてみると、互いに半眼（目を半分閉じている）で行い、話すスピードもゆっくりで、言葉と言葉のあいだに十分な間合いがあった。

　長い沈黙のところはおおよその秒数を記入した。また、観想法を行うときは時間を決めておくことが役に立つ。雑念は無数にでてくるため、時間を決めておくほうが終わりやすい。このセッションの場合は、あらかじめ30分と告げていて、実際には28分30秒ほどで終えた。

＊導入部分は省略
　「長居している雑念が浮かんできたら話してください」（沈黙2分ほどのあと、セッションが始まる）

観想者1：一年半くらい前のある体験が...うーん...なんというの...自分の中で、えっと、消化しきれていないというか...なんだろう...解決、解決とはちょっと違いますけれど何か、そのまま残っているようなことが浮かんできますね。

聴き手1：一年半前の件がそのまま残っているのだなと気づいておきましょう（10秒）その体験に伴うフェルトセンスがあれば、それにも気づいておきます。（15秒）フェルトセンスはありますか？

観想者2：ううん、ええ、また、また、その体験が訪れてほしいといったような（25秒）ええ、なにか、ひっかかっていて（聴き手：ひっかかっていて、はい）ひっかかっていて、なんだろう、こうスポッと、スポッと出たいというような（観想者：笑顔）うん。

聴き手2：何かがひっかかっていて、それがスポッと出たい。（はい）

観想者3：スポッとそうですね。出たがっているような。（聴き手：出たがっているんですね）はい、はい、はい。

聴き手3：では、それに気づいておきましょう。何かがひっかかっていて、ス

ポッと出たがっている（うん）（5秒）そのフェルトセンスに興味をもって見ていて、そこから何か浮かんだら教えてください。

観想者4：うん、う〜ん、自分がこう、ある方向に導かれているようなんだけれど、（うん）ええ、自分がまだ、それに追いついていないというか（うん、うん、うん）う〜ん。

聴き手4：ちょっと僕の理解を確かめるためにきいてみますね。（はい）何かの方向に導かれている（はい）ようにも感じるけれど、何か追いついていない（はい）ようにも感じる。

観想者5：（5秒）その何か導かれている方向が正しい、ではないけれど、なにか、善い、善い方向かな、善い方向だという確信があるんですけど（うん）だけども、自分自身が追いついていない。

聴き手5：うん。善い方向だという確信はあるんですね（はい、はい）。そこには、そこに追いついていない？（はい）それに気づいておきましょうか。それに追いついていない自分がいる。

観想者6：はい。追いついていない、というか、えっと、足りない感じがする？（あ、はあはあ）

聴き手6：何かが足りない（なにかが足りない　頷く）それにも気づいておきます、いま、何かが足りないと感じている。

観想者7：（15秒）うん、うーん足りない、うん、足りないものは何かわからないけれども、えっと、それを早く埋めたい感じがしますね。

聴き手7：うん、うん、うん、足りないものはなんだかよくわからないけれど、でもそこは早く埋めたい。（観想者：頷く）ちょっと、その足りないもののフェルトセンスはどうなのかなと気になったんですけど。足りないってどんなフェルトセンスなんだろう。

観想者8：（40秒）うん、あの、なにかこう、自分が広がっていこうとするんだけども、どこか、形が歪になっているところがあって、その、なんか、歪な、歪な感じですかね。

聴き手8：広がっていこうとはしているんだけど、（はい）広がり方が歪な感じがする。

観想者9：はい。そうそう、えっと、あ、順調に広がっているところの方が多いと感じるんだけども、なんかこう一部、うまく広がっていかない、歪なところがある。

聴き手9：順調に広がっている部分もあるし、（うん）うまく広がっていない

ところもある。（観想者：うん。連続的に頷いている）気がついておきましょう。広がりが順調なところと（はい）そうでないところがある。（はい）

観想者10：（大きく連続的に頷く）そうですね。それはあの、自分が広がろうとしているから気がついた歪な感じだと思うんですよね。

聴き手10：うんうん、自分が広がろうとしているから、歪になる、という意味ですか？

観想者11：はい。あの、もし自分が広がろうとしていなかったら、気がつかなかった。

聴き手11：あ、気がつかなかった。（10秒）あの、ちょっときいてみたかったんだけど、このちょっと歪に広がっている感じがあなたに何か伝えていたら、何を言っているのでしょう。

観想者12：（15秒）うん、一つは、なんだろう、あの、「命には限りがあるんだ」ということ。

聴き手12：一つには。（はい）一つには、「命には限りがある」。（はい）

観想者13：で、もう一つは、それでも広がっていこう、ということ。

聴き手13：（5秒）命には限りがあるけれど、それでも広がっていこう（観想者：そうです（連続的に頷く）とそれが言っている（はい、はい）。（5秒）では、それにも気づいておきましょう。それが言っているのは、命には限りがある、それでも広がっていこうとしている。

観想者14：（5秒）うん、なんかその歪なところが、自分を全面的に受け入れているようにいま、感じます。

聴き手14：歪な感じがあなたを受け入れているのですね、（はいはい）全面的に。（全面的に、はい）

観想者15：受け入れてくれている感じがします。

聴き手15：じゃあ、ちょっと言い方をかえると、「あなたが受け入れられている」のですね（はいはい）歪な感じに（はい）じゃあ、それに気づいておきます。受け入れられているんだな。

観想者16：（30秒）なんか、急にパーと明るくなってきた感じがします。

聴き手16：それにも気づいておきます。（90秒）一段落していたら空気の出入りを観るところに戻りましょうか？（30秒）ゆっくりでいいですよ。（30秒）

観想者17：急に、あの、その一年半前の体験が、こっちを観ている（観想者：笑顔）気がしました。

聴き手17：一年半前のその体験がこっちを観ているのですね。（観想者：はい、

連続的に頷く）（10秒）ちょっとわからないので、お聞きしたいのですが、どんな眼差しで観ているのですか？

観想者18：えっと、「ずーと観ていたぞ」というメッセージに感じられます。

聴き手18：じゃあ、その体験が伝えているのは、「ずーと観ていたぞ」、その先は何か伝えていますか？

観想者19：（15秒）あー、うん、その体験と、さっきの歪なものが何というんだろう、が同じものだということですね。

聴き手19：その体験は歪なものなんですね。（はい）一緒なんですね（一緒、はい）そして、それが「ずっと観ていたぞ」と言っている。

観想者20：（30秒）なんとなく落ち着いてきたので、呼吸のほうに戻りたいと思います。

聴き手20：じゃあ、また空気が鼻から入ってくる、出ていく（1分ほど沈黙）じゃあ、いいところで終わりましょうか。（はい）あなたがいいと感じたところで。

観想者21：はい、ありがとうございました。

観想法とはいかなる実践か──実演の解説を通して

　二人の人が半眼で静かに座り、ゆっくり話しながら進めていったこのセッションには、まるで二人で瞑想をしているかのような雰囲気があった。しかし、記録をよく観ると、そういった表面的な雰囲気のなか、じつは精密なフォーカシングが展開していた。「エイジアン・フォーカシング・メソッズ」のひとつである観想法は「アジア的なテイストがあるフォーカシング」と言ってもいいだろう。しかし、「テイスト」だけが特徴ではない。上記で示した実演を詳しく検討して観想法がいかなる実践なのか明らかにしていきたい。

　冒頭では「一年半くらい前のある体験が…消化しきれていない」（観想者1）というテーマがやってきた。ここでは、クリアリング・ア・スペース（第5章3節）をして気がかりを「探しにいった」のではなく、気がかりが向こうから「やってきた」のだった。これを受けた聴き手はとてもフォーカシングの聴き手らしい応答をしている（聴き手1）。それは、一年半前の出来事が何であるのか、その内容を一切聞こうとしない点に現れている。

　第1章でみたように、フォーカシングは人の体験過程に注目しており、体験過程の進展とともに話の内容（コンテンツ）も変化していく。そこで、話の

コンテンツよりも体験の過程に注目する。聴き手はこの話題の出来事が何なのかがわからなくても、何ら不安にはなっていない。

　しっかり観ておきたいのは、コンテンツではなく、体験過程だ。そこで気になってくるのは、フェルトセンスの存在だ。この１年半前の出来事はどのようなフェルトセンスとして感じられているのだろうか。それを確かめたのが聴き手１の応答だった。

　観想法で「観る」のはフェルトセンスだ。すでに形になった「思い」や「気持ち」や「感情」や「考え」ではない。観想法は未形成で言葉になりにくい、感覚的で実存的な了解とかかわるものだ。この場合はひっかかっていて「スポッと出たがっている」（観想者２・３）というハンドル表現で示されているフェルトセンスだ。

　聴き手３はまず「では、それに気づいておきましょう」と応答した。この応答は私が頻繁に用いるものだが、私以外のフォーカシング指導者はあまり使っていないようなので解説を加えておく。

　この応答は瞑想の考え方とも関係している。つまり、それに「気づいている」とは、それを変えたり、無いものにしたり、といった能動を含まない。それはただそれに「気づいている」意識を指している。不思議に思えるかもしれないが、これは落ち着くものだ。仮に、自分のなかに不安があるとしよう。「どうして不安があるの？」「この不安はどうしたら無くなるの？」こういったことを考えるのは自我の働きだ。そして考えれば考えるほど、自我は刺激されて、不安が強くなるものだ。

　反対に、「不安があるんだな」とただ気づいているのは、無我の視点といえよう。無我という観察者、あるいは目撃者がそれに気づいている。そして気づきの対象となっている不安は、自我が好きなように分析したり、抹消したり、操ったりすることができるものではない。こちらの意のままにならない「他者」のようにそこに現存している。腰を落ち着けて、この「他者」の存在に気づいて、対座している、そして他者が何かを発言するのを待っている——感覚的に表現するとそんなイメージになる。それはなんとかして不安を抹消しようと踠いている状態よりも落ち着きがある「あり方」だ。

　聴き手３の応答を細かくみてみよう。まずはただ「気づいておく」ことを促している。そして、すぐに「そのフェルトセンスに興味をもって見ていて、そこから何か浮かんだら教えてください」としている。自我でフェルトセンスを変えようとはしていない。興味をもって観察を続けている。そして、フ

ェルトセンスから何かが浮かんできたら、つまり向こうから何か「やってきたら」、言葉にすることを促している。

　このほかにも「歪に広がる感じがあなたに何か伝えていたら、何を言っているのでしょう」といった応答（聴き手11）もあった。この応答も「何か浮かんだら」と同じように、自分で考えるのではなく、「向こうから何かやってくる、浮かんでくる」のを待って、それに「気づいておく」ことを促している。このようなスタンスは「エイジアン・フォーカシング・メソッヅ」に特徴的なもののように思われる。

　精密なリスニングも記録の至るところに見られる。それは広く言えばロジャーズが「理解の試み」（第2章）と晩年に名づけた応答だ。そして、そのなかには「伝え返し」とも呼ばれる「リフレクション」の応答も含まれる。「エイジアン・フォーカシング・メソッヅ」はロジャーズとジェンドリンのカウンセリングの伝統を踏襲しており、また体験過程モデル（第3章）に依拠しているから、リスニングの応答によって観想者の自己追体験（第3章）を強化している。

観想者5：（5秒）その何か導かれている方向が正しい、ではないけれど、なにか、善い、善い方向かな、善い方向だという確信があるんですけど（うん）だけども、自分自身が追いついていない。

聴き手5：うん。善い方向だという確信はあるんですね（はい、はい）。そこには、そこに追いついていない？（はい）それに気づいておきましょうか。それに追いついていない自分がいる。

　ここにあるように、観想者の語りに新しいニュアンスが見られたときには、必ず理解の試み（リフレクション）の応答が入る。聴き手5では、理解の試み（リフレクション）の応答の直後に「気づいておく」という特徴的な応答をコンビで用いているのが特徴的だ。「リフレクション→気づいておく」といった特徴的なコンビネーション・レスポンスはこの記録のなかに多く登場している。

　リフレクションのほかにも典型的な「理解の試み」の応答が見られる。たとえば、「自分が広がろうとしているから、歪になる、という意味ですか？」（聴き手10）や「ちょっとわからないので、お聞きしたいのですが、どんな眼差しで観ているのですか？」（聴き手17）といったものだ。これらは、ロジャーズのいう「理解の試み」の応答だ。体験過程モデルの観点（第3章）では、

このような応答は、観想者の体験に対する聴き手の追体験を生じさせるために必要だ。

このように精密にフェルトセンスを観て、それを言葉にして、その公式化を言葉で確かめているうちに、「なんか、急にパーと明るくなってきた感じがします」（観想者16）といったフェルトシフトが訪れている。こういったフェルトシフトによって、これまでに感じられていたことが一気に変容している。それにしても、「急にパーと明るくなる」は興味深い表現だ。「明るくなる」を英語で言うと"enlightenment"で、この語は通常は仏教の「悟り」と訳される。

このようなフェルトシフトは、どのような思考過程の結果として起こったのだろうか。

参考までに、このシフトが起こる直前の観想者の発言（観想者14）を検討してみよう。「（5秒）うん、なんかその歪なところが、自分を全面的に受け入れているようにいま、感じます」

どうして歪なところが受け入れているのか、その理屈は正確にはわからない。体験的一歩は前論理的なものだから、それは常に論理に先立っている。このような現象を「自己受容」と呼ぶ場合があるかもしれないが、私はこの用語は適切ではないと思う。「喩えて言うならば、それは自己受容のようなものだ」といった「喩え（メタファー）」としていえるかもしれないが、厳密には、この場合の「観ているもの」を「自己」と呼ぶのか、「歪なもの」を「自己」と呼ぶのか、どちらかわからない。加えて、本当に「自己」なるコンテンツが存在するのか、といった問題もある。さらには、「受容する」といった能動的な作業もここでは見られない。

ジェンドリン哲学では、変化は「起こるから起こる」と考えられている。どうして、この瞬間に変化したのかについて概念的に考えてみると、あとになって「あ、こういう思考過程の結果だった」と後付けで、つまり「推進された"だった"」（第3章）として理解することができる。

興味深いことに、ジェンドリン哲学では、変化は思考過程の結果として訪れるものとは考えられていない。つまり、「これこれという考え方に変えたから気持ちが変わった」のではない。先に気持ちの変化が生じて、気づいてみたら考え方も変わっていた、というのが実態だ。そこで、ここでは観念的な理由づけができても、できなくても、「パーと明るくなった」ことが重要なことだ。実演は、このような変化が生じたところで終わりに向かう。空気の出

入りを観察するところに戻って終了した。

スペース・プレゼンシング

　第5章3節に示した事例のなかで「スペース・プレゼンシング（Space Presencing）」の概念を解説した。気がかり（雑念）のフェルトセンスが「どこかに行って」「こころに空間ができる」現象だ。あたかも、こころのなかに停滞していた雨雲がどこかに流れていって、こころが晴れてくるといった気分をともなう感覚になる。

　第5章3節では、クリアリング・ア・スペースのなかでスペース・プレゼンシングが見られた点を解説している。そこでは、「このことをどこに置いておきましょうか」ではなく、「このことはどこに行きたがっていますか」といった問いに応じてそれが出現してきた。つまり「クライエント」が「置いておく」努力をしたのではなく、「スペース」がやってきた。その現象を言い表すのが述語「スペース・プレゼンシング」だ。

　本来スペース・プレゼンシングは独立したワークではなく、単に「スペースが現れた」ことを言い表す述語だ。本書では、スペース・プレゼンシングは観想法の一部と位置づけることにした。つまり、浮かんできた雑念やそのフェルトセンスについて、それらを「観る」ことが基本で、それがどこかに行ったとしても、そのこと自体が観察対象として意義深いと考えている。つぎの具体例で検討してみよう。

観想者：しなきゃいけない諸々のことが浮かんできて、諸々のこと、というか…分厚い雲のような感じで私の胸のなかに入ってきます。

聴き手：諸々のしなくてはいけない事柄というよりも、その全体の感じが分厚い雲のようで、それがカラダに感じられているのですね。

観想者：はい、そうです。なんか圧倒されそうです。

聴き手：圧倒されないようにね、ちょっと興味をもって、この分厚い雲は私に何か伝えているかな、とみていてください。

観想者：（短い沈黙）何か伝えているんでしょうけれど、なんだかよくわかりません。威圧感があります。

聴き手：威圧感があることに気づいておきましょう。（※威圧感があるため、このままかかわっていると圧倒されてしまうかもしれない。少し距離がほしいが、離

れてくれるだろうか?)この分厚い雲がどこかに行きたがっているとしたら、どんなところでしょうか?

観想者：(短い沈黙)海ですね。

聴き手：どんな海ですか?

観想者：沖縄の海ですかね。ビーチみたいなところ。

聴き手：では、分厚い雲はそこに行かせてあげましょう。

観想者：(短い沈黙)いや、行きたがらないですね。もっと違うところ、ああ、都会の埠頭が浮かびます。

聴き手：ビーチじゃなくて埠頭なんですね。

観想者：そうですね。コンテナーとかが、いっぱいあって(短い沈黙)分厚い雲はコンテナーの上から覆い被さっているような感じで…いろんな用事がぎっしり詰まっているコンテナーのところ…うん、ここがいいようです。

聴き手：はい。いいですか。分厚い雲には埠頭のコンテナーヤードに居てもらって(短い沈黙)いまカラダはどんな感じになっていますか。

観想者：いや、ちょっとすっきりしていますよ(笑う)ちょっと自分から離れた気がします。さっぱりした感じ。

聴き手：では、もう一度、空気が鼻から入ってきて、鼻からでていくのをみにいきましょう、そしてまた気がかりが浮かんだら教えてください…。

　瞑想のなかで「雑念をはらう」意味で、ひとつひとつの雑念・フェルトセンスにどこに行きたいかと問い、行きたいところに行かせてあげることができる。スペース・プレセンシングを瞑想のなかでそのように行うことも可能だ。しかし、本書ではそれを観想法の一幕として位置づけている。上記のように「分厚い雲」に表されるフェルトセンスが数多くの「コンテナーの上に覆い被さる」というイメージには豊かな意味が含意されている。「自分から離れて」「さっぱりした感じ」といったスペースの効果ももちろんだが、スペースだけではなく「行った場所」を観察することにも意味があるため、ここではスペース・プレセンシングを観想法のなかに位置づけた。

4 観我法 (The Focusing on observing selves)

自我を観る

　これまで見てきたように、観想法ではフェルトセンスを「観る」プロセスを主としているが、ときに事柄や状況に関連したフェルトセンスではなく、「自分」を観にいく場合がある。例で示してみよう。仕事の人間関係を思い起こすと、「重苦しいベタベタしたフェルトセンス」があったとした場合。このフェルトセンスは、職場の人間関係のあり方や職場での生きられた状況が象徴化されたものと思われる。この課題は観想法で進めていくことができる。

　これとは別に、「職場の人たちを嫌っている自分がいる」といった主題が現れてくることがある。この場合、取り上げる対象は職場の人間関係ではなく、それを嫌っている「自分」ということになる。つまり、ここでは自分を観ることになる。

　この場合の「自分」は「本当の自分」や「本来の自己」という意味ではなく、職場の人間関係を嫌っている「自我（我執・我）」だ。前にも示したように、私が「自我」や「我（我執）」と呼ぶものは、ある表面的な性格をもった「私」の一側面で、カール・ロジャーズはこれを「仮面」と表現していた。「仮面」だから、カール・G・ユング（Carl Gustav Jung：1875-1961）が「ペルソナ」と呼んだものとも類似している。

　仏教的に表現してみると「恒常的な私という実体がある」と信じて、それに執着することを意味しているから、その意味でそれは「我執」と呼ぶこともできる。例を挙げてみよう。

　自分の性格は基本的に「恥ずかしがり」だと思い込んでいる場合は、恒常的に「恥ずかしがり」という実体が存在していると思い込んでいて、「恥ずかしがり」といった観念に縛られてしまうために「恥ずかしがり」に「執着している」といえる。たしかに人と会話するときは伏し目がちで声も小さく、恥ずかしそうにしている。ところがカラオケを歌っているときは、堂々としていて、よく響く声からは「恥ずかしさ」などはまったく感じられない。「君は恥ずかしがりだと言うが、歌っているときはまったく違うよね」と指摘すると、「いえいえ、普段はこんなに調子いいわけじゃありません」と「恥ずかしがり」の自分が不在でも、根底には恒常的に存在し続けている、また、そち

らのほうがデフォルト、「普段」の姿、つまり本当の姿だと信じてしまっている。その意味で執着しているのだ。私はこのようなありさまを「恥ずかしがりの我」や「恥ずかしがりの我執」と表現している。

第3節でみた観想法の例に戻ってみよう。

観想者4：うん、う～ん、自分がこう、ある方向に導かれているようなんだけれど、（うん）ええ、自分がまだ、それに追いついていないというか（うん、うん、うん）う～ん。

ここに表現されている「自分がまだ、それに追いついていない」という自分は、いったいどんな自分なのだろうか。この瞬間、聴き手には「観我法に切り替える」という選択肢が浮かんできた。しかし、観想法のところで紹介したように、まずは観想法を優先することにしている。ここでの聴き手の動きとその展開を見てみよう。

聴き手4：ちょっと僕の理解を確かめるためにきいてみますね。（はい）何かの方向に導かれている（はい）ようにも感じるけれど、何か追いついていない（はい）ようにも感じる。

「理解の試み」（カール・ロジャーズ）の応答だ。いきなり観我法へのお誘いはしていない。この応答を受けて、観想者5では「ある方向」が「善い方向」へと進展している。それに対して、聴き手5の応答は「理解の試み＋気づいておく」といった特徴的なコンビネーション・レスポンスだった。

その結果、観想者6では「はい。追いついていない、というか、えっと、足りない感じがする？」と「追いついていない自分」から「何か足りない」といったフェルトセンスへと進展が見られた。ここで「追いついていない自分」への我執ははずれていく。

そして聴き手は再びコンビネーション・レスポンスで応え、つぎの応答（聴き手7）では、「足りないもの」のフェルトセンスについて聴いていく。フェルトセンスの出現によって、聴き手7では観我法に移行する意図は消滅していて、観想法で続けようと判断している。

上記の例のように、一瞬、自分へのこだわり（我執）が見えたとしても、そのこだわりがはずれていく場合は、わざわざ観我法を行う必要はない。しか

し、「私へのこだわり」（我執）が続いているようならば、そこにはどんな「私」
——どんな「我（我執）」——があるのか観にいく、というプロセスが役に立
つ。

観我法の実演

　以下の実例は、エイジアン・フォーカシング・メソッヅを意図したセッショ
ンではなく、「通常の」フォーカシング・セッションとして始まったものだ。
そのため、「導入」はなく、厳密には「エイジアン・フォーカシング・メソッ
ヅ」とはいえないかもしれない。しかし、セッションは、はじめから「私」
がテーマとなっており、途中から観我法に切り替えた。

　セッションではざっとつぎのような過程が話された。話し手（観我者）は女
性で、これは対面ワークショップの一幕だった。はじめてお会いする方だっ
た。

　最初から検討したい話題は決まっていた。それは「"はじめまして"の人た
ちが多い場」では何か緊張感があって「パーフォーマンスをしないと人に関
心をもってもらえないのじゃないかと思う」というものだった。

　あるグループのなかにいる自分を思い浮かべると、「なんだろうな、シュン
とする。それがぴったりきています。寂しさというより、がっかりしている
みたいで、"花がシュンとなっている"〜そんな自分がいる」。そんな自分を
みていると、出てきた言葉は「承認されること、それを自分では言いにくい
けれど、シュンとなっている花を元気にするのは関心をもってもらう、承認
されると同時に、それを言っている自分が恥ずかしい、嫌だな。人からの承
認を得たいためにやっていると思うと、気持ち悪い感じがしますね」といっ
た展開になった。

　ここで本人が取り上げているのは、ある出来事や状況ではなく、「自分」「関
心をもってもらいたい我」なのだ。そのため、観我法に切り替えることにし
て、それを提案してみた。（以下は無修正逐語記録。発言番号は観我法に切り替え
たところを恣意的に30番としたが、実際にこの前に29個の発言があったかどうかは数
えていない。）

聴き手30：じゃあ、ちょっとフォーカシングの僕流のやり方で「観我」とい
　うのがあるんですけど、（カンガ？）そう、観察のカンに、いろいろなワレ

があるでしょう、「我」というの、だから我を観察する、だからいま、その承認を得るために発言しようとしている、そんな我がある。（うん、うん）それが私のトータルじゃなくて、そういう我がある。（あーあー）

観我者31：そういう自分の一部がある。

聴き手31：そうそうそう、で、その我をちょっと想像してみたら、たとえば、その我は何歳くらい？　とか、その我はどんな服装しているとか。

観我者32：うん（閉眼してイメージしているように見える 沈黙20秒）その我はね、感覚ですけど（感覚でいいんですよ）なんか３歳という感じ。（３歳？ ほうほうほう）（沈黙10秒）その承認してほしいとか、その３歳のころの現れなのかな、わからないけど、なんか３歳の感じ。

聴き手32：で、その３歳の子はどんな服をきているのですか？（沈黙５秒）これは、イメージするためにね。

観我者33：３歳の我はね〜、う〜ん（沈黙10秒）どんな服？（沈黙８秒）

聴き手33：うん、服は難しければいいですよ。

観我者34：はい（笑い）服はちょっと難しかったです（両者：笑い）

聴き手34：じゃあ、その３歳の子はどこにいるんですか？（沈黙３秒）そして誰の関心を得ようとしているのか？

観我者35：（沈黙５秒）畳があるお部屋で、まあ、でもそうですね、母ですね。母の関心を得ようとしています。

聴き手35：うん、うん、うん（沈黙10秒）じゃあ、その３歳の子が何かを伝えていたとしたら、なんと言っているんでしょう？

観我者36：（沈黙８秒）言葉で出てくるのは「見て〜」です。「見て〜」って言っている感じ（ティッシュで涙を拭く）。

聴き手36：じゃあ、その我を見てあげましょう。（沈黙５秒）「見ているよ」ということを伝えてみたら？（沈黙３秒）どんな反応しますか？

観我者37：（沈黙７秒）あ、でも、すごく嬉しい、嬉しい感じ。（うん）ですね（涙を拭う）うん。

聴き手37：いま涙が出てきているけど、（うん）何を感じていますか？

観我者38：（沈黙８秒 鼻をすする）なんか、わかってもらえたような感覚というんですね（うん）うん。（沈黙18秒 涙を拭う、鼻をすする）なんか、う〜ん、まあ事実がどうかわからないのですけど、やっぱこう、見て！　とかと思ってても、なんかこう、怒られるみたいなことがイメージされる、その当時を思い返すと。まあ、事実かどうかはわかんない（わかんないけどね）で

すけどね、だから、なんか、その我を自分で、こう観てあげると、（沈黙4秒）なんかこう、すごい。

聴き手38：だから、「見てるよ〜」とか、「怒らないから安心してもいいよ」とか、どんなふうに言葉をかける？　その子に。

観我者39：なんかこう、見て〜って言ってきているその子に「なになに、どうしたの」って、でなんかこう、一所懸命みてほしいものを説明して、「あ、そうなんだね」とか、すごいね、とか。

聴き手39：すごいね！　うん。

観我者40：できたんだねとか（できたね〜）、頑張っているね、とか、（頑張ってるねとか）なんかそんな言葉をかけてあげている感じですね。うん（連続的に頷く）。

聴き手40：で、いま、その子はどうしていますか？　そういう声をかけてあげたら。

観我者41：なんか、もっともっと、こう、いろんなことをさらに説明したいとか、（もっと見せてくれているのね）そうそうそう。うん、なんかそんな、なんか喜んで、なんかこう、伝えていくみたいな、なんかそういう、うん、感じ。

聴き手41：じゃあ、その子が喜んで伝えている、そのエネルギーをちょっと感じてみましょう。

観我者42：はい（沈黙23秒）（うん、どうでしょう）（沈黙3秒）すごい、こう、安心感に包まれていますね。シュンという花が、なんかこう、じんわりと、むくむくむくむくみたいな感じで（起き上がってきた）そうそう（笑顔）でそんなことがイメージされます。

聴き手42：で、安心感があるんですね。

観我者43：うん、そう、すごい安心感があって、なんかこう、それこそなんだろう、ここに自分がいていいんだみたいな、そういう安心感がある、という感じがします。すごく居心地がいいです...ほっこりしています。

（聴き手43：ここでセッションを終える提案をして、セッションはここで終了となる。開始から36分）

観我法とはいかなる実践か──実演の解説を通して

このセッションの冒頭に「マインドフルに座る」といった導入を行ってい

ないためか、話し手は通常のカウンセリングのように話している。また、話し手は上記の観想法の実例の男性と比べると、よく話す傾向があった。

　そのためか、記録を通して話のペースばかりでなく、全体の雰囲気が以前の記録とは明らかに違っている。応答の種類も以前の記録とは異なっている。ここでは、前の記録で特徴的に見られた「リフレクション＋気づいておく」のコンビネーションは一度も登場していない。むしろ比較的初心者で、しかも、この方法を初めて行う観我者のために、私がコーチのように導きながら聴いているのが見て取れるだろう。

　私はワークショップで１日に数セッションを行うが、毎回、応答の種類が違っていたり、リズムが違っていたり、雰囲気が違っていたりする。カウンセリングのセッションは機械的なメカニズムで進行するものではない。以前の著作（池見、2010）で示したように、それはまるで音楽を演奏しているようなもので、共演しているミュージシャンが違っていると、同じ曲でもまったく違うようになっていく、そんなことを体験するものだ。

　この女性とのセッションには、前に紹介した男性とのセッションとはまるで違う雰囲気がある。そういった雰囲気は彼女と私の「ひとときの生」だ。記録を細かく検討していき、観我法とはいかなる方法なのかを検討する。

　まずは観我法への導入に注目してほしい。

聴き手30：じゃあ、ちょっとフォーカシングの僕流のやり方で「観我」というのがあるんですけど、（カンガ？）そう、観察のカンに、いろいろなワレがあるでしょう、「我」というの、だから我を観察する、だからいま、その承認を得るために発言しようとしている、そんな我がある（うん、うん）それが私のトータルじゃなくて、そういう我がある。（あーあー）

　観我法を導入する際には、このような説明が必要だ。それは観想法から切り替える場合も同じだ。ここでは、観我法を簡単に説明しただけではなく、もうひとつ重要な動きをしている。

　彼女が自分で口にするのも抵抗がある「性格」のようなものを指し示している。それは「人からの承認を得たいためにやっていると思うと、気持ち悪い感じ」の部分で、花が「シュンとなっている」ように象徴化されたフェルトセンスの部分だ。この部分は彼女の人格の全体（「トータル」）や「真の性格」などではなく、それは一部であり、そのように振る舞っている「我がある」、

というように位置づけている。

　彼女は「あーあー」といってそれに同意しているが、同意した時点ですでに、「我（我執）」が存在することを彼女が認めている。それに「あーあー」と気づいて、暗黙のうちに我を観察する意識がすでに立ち上がっている。

観我者31：そういう自分の一部がある

　聴き手の説明を受けたこの発言ではすでに、「我」を観察する「観我法」が始まっている。ここで、聴き手は「我」をイメージしてみるように促す。

聴き手31：そうそうそう、で、その我をちょっと想像してみたら、たとえば、その我は何歳くらい？　とか、その我はどんな服装しているとか。

観我者32：うん（閉眼してイメージしているように見える　沈黙20秒）その我はね、感覚ですけど（感覚でいいんですよ）なんか3歳という感じ（3歳？　ほうほうほう）10秒　その承認してほしいとか、その3歳のころの現れなのかな、わからないけど、なんか3歳の感じ。

「我」のイメージについて、光石・池見（2022）はつぎのように考察している。

　　　予想しないキャラクターの登場はこのワークの一つの特徴かもしれない。すなわち、「我」を表すメタフォリカル・イメージは事前にすでに形成され、準備されているものではなく、「いま、ここで浮かんでくる」まさに「いま、ここで生成されている」ように思われた。

　この観我者の3歳の子のイメージは、以前から存在していて「無意識」に眠っていたものではなく、聴き手31の「その我をちょっと想像してみたら」といった誘いに応じて、この場で生成したものだ。観我者32は「その3歳のころの現れなのかな、わからないけど、なんか3歳の感じ」といっているように、3歳の頃の記憶かどうかは定かではない。

　光石・池見（2022）では、このような我のイメージは記憶ではなく、「すでに交差されたメタファー（already crossed metaphor）」だとしている。それは第1章でみた「交差（crossing）」（掛け合わせ）で、二つの別種のものが「掛け合わされて」いる。この場合、ある「性格傾向」と「3歳の子ども」の掛け合わ

せだ。このような交差によって新しい状況が生じている。それは 3 歳の子と
しての彼女だ。

　3 歳の子と彼女の性格にはどのような共通点があるのだろうか。従来のメ
タファー理論では、二つのものの共通点が最初から明らかでなければ、メタ
ファーは成立しないといわれている。たとえば、君は美しい、薔薇は美しい、
美しいという共通点が明らかだからこそ、「君は薔薇だ」といったメタファー
が成立する。しかし、ジェンドリンはこれとはまったく異なるメタファー論
を展開している。「共通点がメタファーを決定するのではない。むしろ、メタ
ファーから、そしてその意味が通ったあとになって、新しい共通点のひと組
が導き出されるのである」(Gendlin, 1995. 筆者意訳)[*5]。

　3 歳の子は母親の関心を得ようとしている。3 歳の子といまの彼女の共通
点をつぎのように表現できるかもしれない。それは、まるで 3 歳の子供が親
の関心を得ようとしているように、彼女は人の関心を得ようとしているのだ。

　観我者36では、彼女 = 3 歳の子（二つの実体はすでに交差しているから = で示
す）は"見て〜"って言っている感じ（ティッシュで涙を拭く）だった。ここ
で感情が動きはじめた。それは関心を得ようとしているのに、関心を向けて
くれない母親がいるからだ。つまり、ここでは「欠落した関わり」が明らか
になっているのにほかならない。観我者と我のあいだで、その「欠落した関
わり」が生起するように聴き手は導いている。

聴き手38：だから、「見てるよ〜」とか、「怒らないから安心してもいいよ」
　　とか、どんなふうに言葉をかける？　その子に。
観我者39：なんかこう、見て〜って言ってきているその子に「なになに、ど
　　うしたの」って、でなんかこう、一所懸命みてほしいものを説明して、「あ、
　　そうなんだね」とか、すごいね、とか。

　このように、観我法では、まず「我」を観察すること、そしてその我と関
わることが大切だ。わりと多くの場合、自分に厳しい我が存在していて、「も
っと頑張らないとダメだ」といったメッセージを伝えていることがある。こ
のような場合、葛藤が生じやすい。それは「頑張れ」と言っている我とそれ

＊ 5　"The commonalities do not determine the metaphor. Rather, from the metaphor, and only after it makes
　　sense, is a new set of commonalities derived." (Gendlin, 1995).

に責められている主体（観我者）の葛藤だ。「頑張らないとダメだ」と言っている我にも「感謝してみる」といった欠落していたかかわりをしてみるといいだろう。自分のなかに頑張れと声をかけてくれ部分があるからこそ、いまの自分があるのだと感謝の気持ちを向けてみるとどうだろうか。

以前に経験したセッションでは、とても疲れている我は「マントを着て道端に倒れている老婆」といったイメージで現れた（池見, 2017）。この場合、「私が健やかで幸せでありますように」といったコンパッションの言葉を老婆とそれを観察している主体の両者にかけてあげることで、老婆は元気を取り戻し、立ち上がることができた。「関心を向けてあげる」「感謝する」「幸せで健やかにとコンパッションを向ける」、これらはどれも私が「欠落したかかわり（missing interaction）」と呼ぶものだ。

このように「欠落した関わり」を提供することによって、変化が訪れる。観我法では、喩えて言うならば「自分と仲良くなる」という過程を体験する。自分と仲良くなった結果、自分が生きている感覚がシフト、つまり変容していることに気づくだろう。

私は「欠落したかかわり」という発想をジェンドリンの夢のワークにある「バイアス・コントロール（bias control）」（Gendlin, 1986, pp. 71-83）からヒントを得た。バイアス・コントロールの発想はつぎのようなものだ。

人は夢の登場人物に対して覚醒時と同じ見方をする傾向がある。たとえば、家に誰かが侵入してくるという夢では、侵入者は悪者でその侵入は避けるべき事態だと考えるのが普段の覚醒時の発想だ。しかし、それでは夢の豊かな意味が見落とされてしまう可能性がある。あえて普段の考え方とは反対の発想を用いてみたらどうなるだろうか。侵入者は悪者ではなく、侵入によって何か新しいものが生活の場に提供される。そう思ってみて、それがこころに響いてくるかどうかを確かめてみる。響いてこなければ、バイアス・コントロールを取り下げればいいだけのことで、何も損はない。バイアス・コントロールとは、このような解釈のアプローチだ。

また別のセッションだが、マインドフルに座ったある女性は「怒りっぽい自分」が気になると言っていた。その「我」をイメージしてみると、幼稚園児の自分が浮かんできた。工作の時間になかなかできなくて、最後になってしまっていた。「最後になりたくない！」と悔しい思いが生起してきた。「負けず嫌い」の子だった。女性はその子に「最後でもいいじゃない」と声をかけるが、効果はなかった。

そこで私は「"負けず嫌い"の部分があるからこそ、いまのあなたがいるんですよね。感謝してみたらどうでしょう」と提案してみた。女性はしばらく沈黙していた。「いままで、そんなふうに考えたことがなかった。でも、たしかにそうです」といって幼稚園児に感謝してみた。またしばらく沈黙したあと、「その子の負けず嫌いが私の人生の支えになっていました」と新しい視点が現れてきた。「私が健やかで幸せでありますように」とコンパンションをその子のイメージと現在の自分におくると、彼女は感動的な体験をした。「こんなに短時間で人生観が変わる体験でした」と言っていた。「負けず嫌い」はイヤな自分と認識していた彼女とは反対の発想、すなわち「負けず嫌い」は「感謝すべき」性質だと仮に認識してみて、「感謝する」といった「欠落していたかかわり」を通して彼女は大きな変化を体験したのだった。

今回の観我者の場合もバイアス・コントロールの作用が見受けられる。「承認を求める…自分が恥ずかしい、嫌だな」といった否定的な認識があったが、その我と肯定的にかかわるといった「欠落していたかかわり」を通して彼女は「居心地よく」そこに居ることができた。

観我者43：うん、そう、すごい安心感があって、なんかこう、それこそなんだろう、ここに自分がいていいんだなみたいな、そういう安心感がある、という感じがします。すごく居心地がいいです…ほっこりしています。

5　青空法（Blue Sky Method）

観想法と観我法に加えて、私が考案したもうひとつのエイジアン・フォーカシング・メソッズがある。それは「青空フォーカシング」（池見, 2021; 2022）で、本書では「青空法」と呼んでいる。この方法はガイデッド・メディテーション（ガイド付き瞑想）のようなもので、カウンセリング場面では観想法や観我法ほど頻繁に用いるものではない。しかし、この方法を好む人から「青空法」をリクエストされることがある。ここでは青空法の実施手順を架空例で解説して紹介しておきたい。

青空法も第2節で解説した共通の「導入」から始める。観想法と同じように、自分から気がかりを探しにいくことはせず、雑念がやってくるのを待つ。長居している雑念や、気になる雑念など、取り扱う雑念がひとつやってきた

ときは、そのこと全体を思ったときに、どのようなフェルトセンスが感じられるかを観るようにする。

　導入のあと、話し手（架空）は「職場の人間関係」が雑念として浮かんできた。それを取り上げたいと表明した。

聴き手：職場の人間関係を思い浮かべると、どのようなフェルトセンスがあるでしょうか。胸のなかがゴチャゴチャしてスッキリしないという具合に、フェルトセンスは胸のなかやカラダで感じられます。

話し手：職場の人間関係を思うと胸に重た…"圧"のようなものを感じます。

聴き手：圧のような感じなのですね。それに気づいておきましょう。

　これは感想法でも解説してきた「リフレクション＋気づいておく」のコンビネーション・レスポンスだ。この先から青空法に独特の展開となる。

聴き手：胸の"圧"が空の雲だとしたら、どんな雲か想像してみましょう。

話し手：ああ、暗い色の雨雲のようですね、大きいです。

聴き手：暗い、大きな雨雲のように感じるのですね。それに気づいておきましょう。（コンビネーション・レスポンス）〈続けて〉

聴き手：雲の下にいたら雨が降ってくるかもしれませんので、雲の上にあがり、空から雲を見下ろすようにしましょう…高度を上げていき、空になりましょう…上から先ほどの雲を見下ろすとどのように見えますか？　多くの場合、雲は下からみたときよりも上から見たときの方が小さく見えて、脅威的な感覚も薄れています。

聴き手：雲の色や形を観察します。雲を変えてやろうなどと能動的にならず、雲を眺めています。すると雲は自然に形を変えたりしながら動いていきます。子どものころ、何も考えずに空の雲を見ていたようにただ雲を眺めています。

話し手：雲は薄いグレーで小豆島くらいの大きさに見えてきました。

聴き手：その雲を眺めていて、何か浮かんできたら教えてください。〈しばらくして〉

聴き手：いま、観ている雲のほかにも、いつくかの雲たちが浮かんでくるかもしれません。人生の雲たちを空になって眺めてみます。あ、あの雲はこのことかな、あそこのは、あのことかな、などと浮かんでくることがあり

ます。ただぼんやりと思っていればいいです。何の雲かわからなくても、それを眺めていましょう。また、何かの気持ちを感じてきたら、それは雲だと思って、その雲を観察してください。あなたは空です、そして気持ちは雲です。〈しばらくしてから〉

聴き手：地上にいる自分を探してみましょう。地上の自分は何をしていますか。空から地上の自分にコンパッションをおくります。"私が健やかで幸せでありますように"という言葉を地上の自分とそれを観察している空の自分の両方におくります。声に出す必要はありません。何度かこの言葉を届けます。

　このあと、空気の出入りを観にいく「導入部分」に戻る。「空気の出入りを観ているとイメージが消えていく。しばらく空気の出入りを観て終了する。

　以上が青空法の進め方だ。ワークショップ場面でのこの方法のイニシャル・ケースはすでに報告している。その事例のように、青空フォーカシングでは、生死をテーマにした「劇的」なケースも数例体験している（池見, 2016, pp. 147-161)。しかし、青空法の事例や研究例はまだ少ないのが現状だ。エイジアン・フォーカシング・メソッズは、全般的にまだ十分に事例報告や研究報告がなされていないため、これからに期待している。

第5章
〈フェルトセンス・表現と変容〉のプロセス
──その実践ガイド

　ジョバンニはもういろいろなことで胸がいっぱいでなんにも云えずに博士の前をはなれて早くお母さんに牛乳を持って行ってお父さんの帰ることを知らせようと思うともう一目散に河原を街の方へ走りました。(宮沢賢治『銀河鉄道の夜』)

　本書では「胸がいっぱい」といったカラダに感じられる意味の感覚に注目してきた。ユージン・ジェンドリンがこの類の体験を「フェルトセンス」と呼ぶまで、これを指すはっきりとした述語もなかった。フェルトセンスは感情や論理や意味に先立って存在している。すなわちフェルトセンスは意味の根源だ。人はフェルトセンスを言葉で表現しようとし、適切に表現することができたときに、自分がいったい何を体験していたのかを知ることになる。
　人の表現はフェルト・ミーニング、すなわち「感じられた意味」を表現したもので、辞書にある厳密な定義を意味していない。引用文の「一目散に」という表現は「脇目もふらずに急ぎ走るさま」(『広辞苑 第七版』)だが、「本当にジョバンニが一度も脇目もふらずに走ったか」は問題とならない。つまり、一目散に走ったジョバンニが一度でも博士のほうに目をやったからといって、「ジョバンニは一目散に走っていなかった」とはならない。ここでは「一目散に走る」が意味するものは、その厳格な定義ではなく、フェルト・ミーニングとして、牛乳を届け、父親が帰ることを知らせるということに専心して急いで駆けていくありさまだ。人はいちいち辞書の定義どおりに物事を理解しているのではなく、ざっくりと、雰囲気として──フェルト・ミーニングとして──言葉を使い、言葉を理解している。

ユージン・ジェンドリンは哲学者だったから、彼は人間の体験のあり方を言い表していた。フェルトセンスやフェルト・ミーニングは誰もが体験するものだ。それは、心理学、心理療法論やフォーカシングの専門用語ではない。本書ではこれまでフェルトセンスやフェルト・ミーニングがカウンセリングにおいていかに中心的な作用をしているかを取り上げてきた。本章では専門的な理論としてではなく、誰もが実践することができる「ワーク」として具体的にフェルトセンスやフェルト・ミーニングに目を向け、それらを言い表していき、意味を生成させ、生活に役立てるための方法を紹介していく。

　序章でフォーカシングに不慣れな読者は第5章から読みはじめてもいいとしたのは、このためだ。気がつくと身近にあるフェルトセンスやフェルト・ミーニングに注目する簡単な方法から「フォーカシング」といった自己理解の方法まで、本章ではユージン・ジェンドリンや私が取り組んできたメソッドを紹介していく。

　それらのメソッドの中核にあるのは、体験過程——すなわち体験・表現・理解の循環だ。体験は具体的にはフェルトセンスとして参照されるから、それはフェルトセンス・表現・理解の循環ともいえる。「理解」では新しい意味が生成され、機能しはじめる。このとき、人は自身が変容していることに気づく。これらのことから章題に〈フェルトセンス・表現・変容〉のプロセスを含むことにした。

1　漢字一字で表す

　日本人や中国人など漢字文化に暮らす人々は、漢字という表現形式でフェルトセンスを表現している。赤ちゃんが生まれたら、親はその子がどんな人間に育ってほしいのか、そのフェルトセンスを漢字で表現して命名する。

　私の名前は「陽」で、わりとめずらしい漢字を使っている。なぜその漢字を選んだのかと父親に訊くことがあった。どうやら、私が生まれる4日前に人類最初の宇宙衛星スプートニック1号が打ち上げられたことと関係があったようだ。人が宇宙に出ていく時代になったことからヒントを得て、太陽の

＊1　フェルトセンスとフェルト・ミーニングを厳密に使い分ける必要がないときは「フェルトセンス」と表現する。

ように明るい、大きい、そんな人になってほしいといった願いが込められたようだ。「願い」と書いたが、それはフェルトセンスだ。こうやって漢字文化圏の人々は、フェルトセンスを漢字で表現している。

いま書いた文中にも「父親に訊く」と書いたが、この場合のキクに対してはほかに「聞く」や「聴く」の漢字を用いることができる。それらのうち、私が表現したいニュアンス——フェルトセンス——を表現するのはどれなのか、立ち止まって一瞬のフォーカシング（本章4節）をしてみたところ、「訊く」が「しっくりくる」と感じた。その漢字を選んだ理由らしきものはそれだけだ。もちろん「しっくりくる」というのはカラダでかすかに感じられているニュアンスに対して「しっくりくる」という意味だ。

一方「聴く」や「聞く」では、カラダにかすかな違和感をおぼえた。ちょっと不安になって辞書で調べてみると、「訊」は「たずねる（訊ねる）」にも使うことができたため、この字を選択した背景にはそのような含意された意味があることを知った。

エピローグのエッセーにもあるが、私は日本の義務教育を受けていないので、日本語や漢字は実は苦手だ。だからこそ、こういったことには敏感なのかもしれない。漢字文化圏の人々は漢字を選択するとき、一瞬のフォーカシングをしながらフェルトセンスを表現していることに気づく。

カウンセリングにおける漢字フォーカシング（iFocusing[*2]）

8年間、関係会社に出向して本社に戻ってきたＡさんは、「本社勤務のプレッシャー」から「うつ状態」を発症して休職していた。精神科外来で投薬を受け、症状にはある程度の改善がみられたので復職することになった。ところが、復職したらすぐに症状が増悪し、再び休職に入った。2度目の復職にあたって、この会社の非常勤カウンセラーをしていた私が面接することになった。

私はＡさんの話を聴いていて、どうしても「本社勤務のプレッシャー」が具体的にどのように体験されているのかがわからなかった。「プレッシャー」をどのように感じているのかと問うてみたものの、Ａさんのプレッシャー体

＊2　ジェンドリンによって考案されたフォーカシング（Focusing）と区別するため、池見陽が考案したフォーカシングのワークにはiFocusingの表記を用いる。

験を私は追体験することができなかった。意思決定のプロセスが早いとか、決定から行動に移る仕組みの話になり、プレッシャーの実感——そのフェルトセンス——が私には伝わらなかった。

そこで、「本社勤務のプレッシャー」を少しだけ感じてみて、そのプレッシャーを漢字一字で表現したらどんな字になりますか、と問うてみた。Ａさんは少し驚いた様子で、「漢字一字ですか？」と言ってしばらく沈黙して字を探していた。そのとき、私はＡさんの表情から彼が自然にフォーカシングをしていると見ていた。少しの沈黙のあと、彼は少し驚いた面持ちで「恐怖の『怖』ですね」と答えた。なるほど、と私は思った。それならわかる。

そのあと、彼は堰を切ったように、上司が怖いのだと話しはじめた。そして怖いと感じないようにしていたこと、「上司に負けない」と毎朝自分に気合を入れていたことなどが語られた。自分を誤魔化さずに「怖い」ということに素直に気づいておくことは大切なことだと私は感想を述べた。

Ａさんは私との面接のあと、かかりつけの医師に「病名はうつ状態ですが、先生は私の病状をどう理解していますか」と「見立て」を訊きにクリニックに行ったそうだ。すると医師は「あなたはパワハラ被害者でしょう」と話してくれた。つまり、上司のハラスメントとも思える扱いを受けていることは医師にも話していたようだ。医師にはそのように見えていたのに、本人は「怖い」という自身の体験には蓋をしていたのだった。

その後、復職先を変更することになり、彼は別の職場に復職した。６ヵ月後のフォロー面接では「すっかり元の自分に戻った感じ」で楽しく仕事ができていること、投薬は続いているが、かなり減薬できていることが語られた。

「ここに来て印象的だったのは、自分を客観視できたことです。とくに漢字一字で"怖"が出てきたこと。これには驚きました。自分がどんな気持ちだったのか眺められました。じつはほかのところでもカウンセリングを10回ほど受けていましたが、それは表面的な会話のようになっていました。ここでは漢字一字もそうだし、かなり踏み込んで話ができました」。

暗に感じられている漢字に意味

厳密な「漢字フォーカシング」とは言えないが、漢字一字で表してから、その字を辞書で調べてみることについて、興味深い経験をしたことがある。

Ｂさんは職場での自分のあり方について考えたいと話を始めた。Ｂさんが

職場をどのように体験しているのか、そのフェルトセンスが私には正確に伝わっていないように思えた。

　そこで私は、「職場での自分のあり方をカラダで感じてみると、どんなふうでしょうか」と問うてみた。これはフォーカシングでは頻繁に用いられる応答だ。すると、Ｂさんは、「いや〜職場のことを思うと、このへん（胸・腕）がかゆくなりますね」と言って胸や腕をすばやく掻く動作をしていた。その瞬間、私にはこの動作表現が響いてきた。「かゆい」というあり方で、彼は職場という状況を生きているのだ──それはまさに彼の実存──フェルトセンス──のように思えた。しかし、待てよ、「かゆい」とはどんな漢字だったっけ。「かゆい」の漢字をパソコンにインストールしている漢字辞書で引いてもいいかとＢさんの同意を得て一緒に辞書を引いてみた。

痒

部首：疒部　部首内画数：6画　総画数：11画

［中略］

《音読み》ヨウ（ヤウ）（上）養（yáng）

《音読み》ショウ（シャウ）・ジョウ（ジャウ）（平）陽

《音読み》ヨウ（ヤウ）（平）陽（yáng）

《訓読み》かゆ－い,や－む,やまい

{形容詞} かゆ－い（かゆシ）。[同義語] 癢。「痛痒ツウヨウ」❶ {動詞・名詞} や－む。やまい（やまひ）。心配や悩みのために病気になる。また、その病気。うれえる。うれえ疲れておこるやまい。[同義語] 恙。「瘝憂以痒＝瘝憂（気がふさいで晴れない）して以て痒む」〔詩経・小雅・正月〕❷ {動詞} や－む。そこなわれる。病害を受ける。

［後略］

『漢字源 改訂第五版』

　Ｂさんも私も辞書の解説を読んで目が点になった。①に示された「痒」の意味だ。「や－む。やまい（やまひ）。心配や悩みのために病気になる。また、その病気。うれえる。うれえ疲れておこるやまい。瘝憂以痒＝瘝憂（気がふさいで晴れない）して以て痒む」。Ｂさんは大声で笑い出した。彼が注目したの

は、「気がふさいで晴れない」の部分だった。笑いながら、彼は「ウチの職場、まさにコレですわ」と言って笑っていた。職場が「気がふさいで晴れない」こと、そしてその状況に対して「心配や悩みのために病気」になりそうな自分がいることに気づいたのだった。そうだったのか、と彼は納得して安堵していた。このように辞書を活用して浮かんできた漢字一字を調べ、その意味を状況と「行き来させて」（照合して）みると役に立つことが多い。

漢字一字と質的研究（iFocusing）

　私が勤める関西大学をウィキペディアで調べると、つぎのように紹介されている。

> 関西大学（かんさいだいがく、英語 Kansai University）は、大阪府吹田市山手町三丁目 3 番35号に本部を置く日本の私立大学である。1886年創立、1922年大学設置。大学の略称は関大（かんだい）。

　これは事実だが、もしも誰かに「関西大学ってどんな大学ですか？」と尋ねられたら、これはあまり中身のある答えとは言えないだろう。ほかのサイトをみると、学部ごとの入試偏差値などが紹介されている。偏差値はデータにすぎず、大学の具体的な雰囲気を表したものではない。大学の公式ホームページでは「関西大学のあゆみ」などの歴史が紹介されているページがあり、各学部のサイトなどがリンクされているが、これらも事実中心だ。関西大学にはどんな雰囲気があるのか、大学で体験される生きられた「質」は紹介されていない。フェルトセンス革命の観点からみると、人々が実際に感じるフェルトセンスが表現されていない。

　そこで漢字一字を用いて物事の質を言い表すことができないだろうかと考えてみた。心理学でいう「質的研究法」と同様の試みだ。関西大学文学部のゼミを担当していたころ、ゼミ生 7 名につぎのような課題を与えたことがあった。

　「関西大学を漢字一字で表しなさい」。自分たちが通う関西大学を感じてみて、そのフェルトセンスを漢字一字で表現すると、どのような字が浮かぶだろうか。

　「雑」という字を書いた学生が 2 名、「多」という字を書いた学生も 2 名い

た。その他の３名は「賑」「遊」「楽」だった（教員としては残念なことに、「学」「研」や「究」といった字は見当たらなかった）。これらの字を並べて、一文を構築してみることにした。できた文はつぎのようになった。

「関西大学は雑多な人たちが賑わう楽しいところ」

「遊」の字が含まれていないが、その字を書いた人は「遊」の意味するところは「楽」に含まれているため、こだわらないと言っていた。ゼミ生たちの見解では、この一文は関西大学の質を適切に言い表していると納得していた。

このような質的研究の進め方に興味をもち、文学部以外の学部の学生たちはどんな字を思い浮かべるだろうかと卒業論文で研究した学生がいた。また、他大学に勤務している私の知り合いの先生たちのゼミを訪問して、そこのゼミ生たちに字を書いてもらい、一文を構築してもらうと、どんなふうに言い表されるかといった質的研究を卒業論文にした学生もいた。私の前任校、神戸女学院大学では、関西大学とはまったく違う字が表現されていたことに驚いた。「神」「艶」「家」などの字だった。

そのほかの応用としては、社交ダンスのダンス・パートナーと互いの関係について漢字一字を交換し、それらの字について話し合うことがダンス・パートナーとの関係の深まりやダンスのパーフォーマンスをも向上させるといった論文を書いた学生がいた。ダンス・パートナーは通常は変えないようになっているそうで、二人の「相性」が大事だとされているようだが、この研究は「相性」について漢字一字を利用して具体的に取り組む試みだった。

私の知り合いの会社経営者は、仕事のプロジェクトについてチームのメンバーにプロジェクトから思い浮かぶ漢字一字を表現してもらい、それらの字を利用してチーム全員でプロジェクトについて話し合う機会を設けているそうだ。「とても役に立っています」と言っていた。業務に関係する具体的な内容までは聞かなかった。

保健師で私のフォーカシング仲間の方は、企業の管理職研修で「自分がなりたい管理職像」を漢字一字で表現して少人数で話し合って一文を構築するといった教育を社内研修の一部に取り入れていた。話が盛り上がり、とても評判が良かったと聞いていた。多くの企業管理職研修では、「管理職はこうあるべき」といった「べき論」が優先していて、人がゆっくり自分がなりたい管理職のイメージを言い表してみる機会がないから、これは貴重な研修になっただろうと私には思えた。

どんなふうに休暇を過ごしたいか。パートナーと浮かぶ漢字一字を頼りに

考えてみる。ある活動について少人数のメンバーが漢字一字を言い表して話し合ってみる。漢字一字を用いた質的研究の応用範囲は広いように思われる。

漢字フォーカシング・グループ（iFocusing）

　少人数でのグループ・ワークに漢字一字を活用する試みに「漢字フォーカシング・グループ」がある。これはカウンセリングのパイオニアであるアメリカの心理学者カール・ロジャーズが考案した「エンカウンター・グループ」という、真の自己を知り、他者と出会っていくためのグループのなかで応用することができる。また、エンカウンター・グループでなくても、自己理解や他者理解を深める目的のための集まりでやってみることもできる。仲間の方々と一緒に体験してみると相互理解が深まり、また楽しい体験になるだろう。

［漢字フォーカシングの手順］

(1)　少し知っている程度の人たちと一緒だとやりやすい。初めて会った人でもできないことはないが、初対面の印象しかないために、その人がどんな人なのか、雰囲気を感じとるのが難しいこともあるだろう。また親密な関係にある人と同じグループになるのは難しいと感じられる場合もある。参加人数（メンバー）は最大7名程度が理想的だという印象をもっている。

(2)　メンバーは円になって座る。仮にメンバーが7名の場合、それぞれのメンバーに6枚のメモ程度の大きさの紙が配られる。それらのメモ用紙を使って自分以外の6名のメンバーひとりひとりに漢字一字を贈る。

(3)　自分以外のメンバーをひとりひとり感じてみる。その人の「感じ」は言葉ではなかなか表現できない直接参照だ。そこで、直接参照されるその人の雰囲気を漢字一字で表現してみる。その漢字一字をメモ用紙に書く。

(4)　最初の人を表す漢字一字が書けたら、同じようにしてつぎの人を漢字一字で表現してみる。自分以外の6名のメンバー全員について漢字一字がかけたら、全員がこの作業を終了するまで待つ。

＊3　Direct referent: 言葉を介さず「そんな感じ」などとして参照することができる体験。第1章第1節参照。

⑸　全員が書き終わったら、それぞれのメンバーの席に漢字一字を届ける。自分の前には漢字一字が記された6枚のメモ用紙が並んでいることになる。

⑹　数名の人から同じ漢字をもらう場合がある。なるほど、これは私をよく表現していると思えるような字をもらう場合がある。また、意外な字をもらうこともある。自分では気がつかないけれど、こんな印象を与えていたのかと驚くこともある。あるいは、よく考えてみると、たしかにその字が表すような自分の一面に気づかされることもある。一人一人、自分が贈った字について話す時間を設ける。そのとき、漢字辞書を利用して字の意味を調べてみると、字を書いたときには思ってもみなかった意味があることに気づかされることもある。

　ある合宿授業で「漢字フォーカシング・グループ」を夕食後に始めて、終わったら深夜0時を過ぎていたことがあった。メンバーは7名程度だった。終わったときには、一人一人のメンバーの素顔に出会った感激があり、全員が高揚感に浸っていた。

　また、上海で漢字フォーカシング・グループを初めて中国のフォーカシング愛好家たちに披露した時の場の盛り上がりは感動的だった。漢字文化圏の人々がいつも何気なく漢字を用いて言い表している表現形式を注意深く観察すると、それは本書で「フェルトセンス革命」と呼んでいるユージン・ジェンドリンの哲学の中心課題──体験と象徴の相互関係──そのもののように思える。漢字という象徴が体験と相互作用する。

　象徴（漢字）は単に体験を表しているのではない。象徴化するという行為、すなわち漢字一字で表すという行為が体験を変容させるのだ。「怖」という漢字（象徴）が思い浮かんだことによって、感じられていた「プレッシャー」は「怖い」に変容していた。同様に、関西大学は「大阪府吹田市に本部を置く日本の私立大学」から「関西大学は雑多な人たちが賑わう楽しいところ」に変容した。これらの実例ほどドラマチックではないかもしれないが、漢字で何かを表現しようとしたとき、私たちの体験は変容の縁に立っているのだ。

2 「アニクロ」──生きざまを動物として表現してみる（iFocusing）

アニクロ

　比較的簡単なペア・ワーク「アニクロ」（池見ほか，2019）を紹介したい。このワークは、私が大学院の授業で、哲学者・心理療法家ユージン・ジェンドリンの「体験過程」（第1章参照）という専門的な概念を教えるために試案したのが始まりだ。当時大学院生だった教え子たちが積極的に研究してくれた（岡村・阪本・越川，2017など）。彼らはこの方法の基本にある Animal（アニマル・動物メタファー）と Crossing（クロッシング・交差）から、「アニクロ」という名前を考えてくれた。英語名は"Crossing with Animals"と命名し、YouTube に英語版ビデオが何本かアップロードされている。

　このワークが「比較的簡単」なのは、このワークをするためには専門知識や特定のテクニックは必要ないからだ。気楽にパートナーとやってみることができる。ここでは、アニクロのやり方と実例を示して解説する。

アニクロのインストラクション

　マニュアル的な説明はせず、ワークでのインストラクションを紹介しよう。

　「最近の自分の生きざまを思い浮かべてください。生きざまはなかなか言葉では表現できないと思います。そこで、それを動物に喩えて表現してみてください。自分が生きているありさまは動物に喩えてみると何になるでしょうか？　"なんとなく感覚"から動物を思い浮かべてください」

　その動物は何をしているところでしょうか？　思い浮かんだことはパートナーに話してください。話している途中で動物が変わってもいいですよ。たとえば、"私は野生の狼だと思っていたんだけど、話しているうちに本当は飼い犬なのかなと感じてきました。いや、あ、そうか、狼のふりをしている飼い犬なんだ"。トトロのような実在しないキャラクターでもいいです。

　話を聴くパートナーは普通の会話のように聞いてください。追体験しながら聞いてください。追体験できないときは質問してください。たとえば、いまの例では"飼い犬ってどんな犬種ですか？　小型犬なのか、大型犬なのかイメージできないので教えてください"と尋ねてもいいです。

聴き手がしてはいけないのは、話し手が言ったことを否定したり（例："あなたは犬ではないですよ、もっと自由気ままな動物じゃないんですか？"）あるいは話し手が言った内容を解説したりすることです（例："狼と犬の違いを知っていますか。狼より犬の方が腸管が長いんですよ……"）。話し手が10分間ほど話したら、話し手と聴き手を交代してください」

アニクロの実例

二つの事例をみていただこう。

実例1（Aさん）

「できていないことばかり……」と焦りを感じていた私はリスだった。ずっとせわしない。時々止まってまわりの様子を感じ取っていたかと思うと、つぎの瞬間にはすでに膨らみきっている頬袋にドングリを押し込もうとしている。『なんだか苦しそうだから少し出してみるのは？』という聴き手の言葉で、ドングリをひとつ出してみると、頬袋からポンポンと飛び出していった。余裕のできた頬の感じに、噛むことも飲み込むこともできずに苦しかったこと、あれもこれもと欲張るばかりでどれもしっかり味わえていなかったことに気づいた。

図5-1　アニクロで浮かんだリスのイメージ
（イラスト：杉本悠美）

┈ 実例2（Bさん）┈┈┈┈┈┈┈┈┈┈┈┈┈┈┈┈┈┈┈┈┈┈┈┈┈┈┈┈┈┈┈┈┈┈┈┈

　私は砂浜を這っているウミガメでした。沈んでいく太陽を目指して這っ
ていました。私は最近、どっちの方向に向かって歩いていったらいいの
かわからなくて途方に暮れていました。だけど、このワークをやってい
る時に「ウミガメ　は身体を地面につけていて地球の磁場を感じているの
で、進む方向に間違いはない」と自分が発した言葉に、そんなことに自
分は気づいていたんだと安心し、これでいいんだと自信が持てました。

動物イメージはどこから現れるのか
──フェルト・ミーニングとその象徴化

　アニクロをやっていていつも印象的なのは、Aさんの場合のリス、Bさん
の場合のウミガメといったように、とても「適切」なイメージが浮かんでく
ることだ。

　もちろん、そのイメージが「適切」かどうかは、私が決めることではない。
本人たちにとって、とても納得のいくイメージで、Aさんの場合もBさんの
場合も、その動物イメージに「教えられ」ている。言い換えてみると、Aさ
ん、Bさんの「普段の考え」が及ばないところからイメージがやってきて、A
さん、Bさんの「普段の考え」や普段の自己理解を変容させている。

　さて、この「普段の考えが及ばないところ」とは、いったいどこなのか。動
物メタファーは「感じられた意味」──フェルト・ミーニング（第1章）──
から立ち現れてくる。Aさんは自分の生を振り返ってみた瞬間に「なんとな
くリスっぽい」と感じたのだろう。そしてBさんは「なんとなく」自分の生
きざまは「ウミガメっぽい」と感じていた──というように、人は象徴化し
て表現しようとするとき、「なんとなく」感じられている意味の感覚──フェ
ルト・ミーニング──に触れて、その感覚を表現している。ひとたび表現し
てみると、その象徴（動物）が感じられた意味を適切に言い表していないと感
じることもあり、そのときは、感じられた意味をより適切に言い表せるよう
に動物を入れ替えてみる。あるいは、動物に象徴化してみると、最初に感じ
ていたフェルト・ミーニングが変化していることに気づくこともある。[4]

───
*4　ここに示したようなフェルト・ミーニングと象徴の相互関係については、ジェンドリンの著
　　作『体験過程と意味の創造』の第3章 "How Felt Meaning Functions" に詳しい。Gendlin,
　　E.（1962/1997, pp. 90-137）。

ここで最初に確認しておきたいことは、動物イメージの出現にはフェルト・ミーニングが介在しているということだ。実例のリスやウミガメは論理形式で考えて演繹したわけではない。じっくり「考えた」というよりも「思いつき」なのだが、イメージを語っているうちに、その思いつきには豊かな意味が内包されていることが明らかになってくる。

「生きざま」は実存

　このワークで取り上げている「生きざま」は、哲学で言うところの「実存」だ。実存主義哲学では「実存は本質に先立つ」と考える。つまり、人が具体的にどのように生きているか（実存）が、その人が何者であるか（本質）に先立っていると考える。

　Aさんには「リス」という本質なり本性があり、Bさんには「ウミガメ」という本質があり、だからリスのように、あるいはウミガメのように生きているのだ、という考え方はしない。むしろ、その反対だ。いま、Aさんはリスのように、Bさんはウミガメのように生きているからそのように象徴化され、そのようにそれぞれの生が理解される。

　数日おいてまたアニクロをやってみると、違う動物が浮かんでくるだろう。すなわち「Aさんの本質はリスだから、いつでもリスが浮かんでくる」というわけではない。人の生きるありさまは状況とともに刻々と変化している。そのため、ここで浮かんできた動物が「自分の本質だ」とか、「自分の真の性格だ」とか「本当の自己」なんだ、といった考え方とは合致しない。第1章や第3章でみたように、人の生きざまは常に同じではなく（無常）、体験過程の考え方では人は「いま・ここ」の生を振り返って観て、それを表現しているのだ。

アニクロは生を「振り返って観る」契機

　アニクロでは、あまりそれを意図していなくても、語っているうちに生を振り返って観る意識が立ち上がってくる。Aさんの場合、冒頭の部分で自分の生きざまをリスに象徴化して表現している。

　「できていないことばかり……」と焦りを感じていた私はリスだった。ず

っとせわしない。時々止まって周りの様子を感じ取っていたかと思うと、つぎの瞬間にはすでに膨らみきっている頬袋にドングリを押し込もうとしている。

　Ａさんが生を振り返ってみたときに、リスのようにせわしなく生きている姿が浮かんできている。そして後半では自身の生について省察し、ある気づきに至っている。

　　余裕のできた頬の感じに、噛むことも飲み込むこともできずに苦しかったこと、あれもこれもと欲張るばかりでどれもしっかり味わえていなかったことに気づいた。

　Ｂさんの実例でも同じような展開がみられる。以下に示すＢさんの冒頭部分は「どのように生きているか」を報告しているものだ。

　　私は砂浜を這っているウミガメでした。沈んでいく太陽を目指して這っていました。私は最近、どっちの方向に向かって歩いていったらいいのかわからなくて途方に暮れていました。

　しかし、後半になると本人にも意外な展開が訪れた。それは自分の生き方に対する“気づき”として体験されている。

　　「ウミガメは身体を地面につけていて地球の磁場を感じているので、進む方向に間違いはない」と自分が発した言葉に、そんなことに自分は気づいていたんだと安心し、これでいいんだと自信が持てました。

気づきは「心のメッセージ」

　Ａさんが欲張るのをやめて味わうこと、Ｂさんが進んでいる方向には間違いはないこと。これらは専門家から与えられた助言ではなく、体験が指し示している方向だ。それはあたかも「こころ」が「味わって生きなさいよ」（Ａさん）、「進んでいる方向には間違いはないよ」（Ｂさん）と教えてくれているように感じられただろう。私の最初の著作では、体験は方向を指し示してい

ることの意味を、書名『心のメッセージを聴く』（池見, 1995）に含ませた。「心のメッセージ」とは少々詩的な表現になったが、体験はつぎに進むべき生の方向を「暗に指し示している」のだ（インプライング：第1章参照）。

▍クロッシング（交差）

アニクロという名称にある「クロ」の部分はクロッシング（交差）からきている。二つの本来無関係なものを「掛け合わせて」理解するという人の思考様式を、ジェンドリンはクロッシング（Crossing：交差）と表現した（Gendlin, 1995）。岡村（2013; 2017）によると、交差には日本古来の「なぞかけ」と同じ言語の振る舞いが見られる。それはつぎのようなものだ。

> リスとかけて
> 私の生きざまととく
> そのココロは？
> ──せわしない

> ウミガメとかけて
> 私の生きざまととく
> そのココロは？
> ──進む方向に間違いはない

アニクロに現れた動物をカケに入れて、「私の生きざま」をトキにいれてなぞかけにしてみる。一見、これは動物メタファーを紐解いているようだが、ジェンドリンの考え方からすると、これは「紐解く」のではなく、さらなる交差だ。上記のリスの三段なぞかけでは、「せわしない」と紐解いた、すなわち共通点を見つけたように思えるだろう。

ジェンドリンの考え方では、メタファーとして喩えられるものとメタファーの共通点は最初から存在するのではなく、あとから見つかるとしている。しかも、ここでは共通点「せわしない」でこの謎を紐解いたのではないとジェンドリンは主張するだろう。むしろ、リスと掛け合わせた自分の生きざまを今度は「せわしない」という言葉と掛け合わせているのだ。交差について語ることによって交差がさらに多層的（multiplicity）になるのだ。

人は言い表すまで自身を知らない

　ジェンドリン哲学の興味深い点のひとつは、人は自分が感じていることがいったい何なのか、それを表現してみるまでわからないということだ。Ａさんはアニクロをするまで、いまの自分にとっては欲張らずに味わって生きることが大切だ、といったことを考えてもいなかった。同様にＢさんは、自分がウミガメのようだということ、地球の磁場を感じて進んでいるのだ、といったことを表現してみるまで知らなかった。

　一般的な考え方では、人は自分が何を感じていて、自分が何者であるかを知っていて、それを言葉で表現していると考える。しかし、そうではない。言葉（象徴）にして、はじめて私たちは自分が何を感じているのか、自分は何者なのか、といったことに気づかされるのだ。

気づきは過去に遡及適用される

　「噛むことも飲み込むこともできずに苦しかったこと」にＡさんはアニクロの最中に気づいた。この気づきは過去に遡及適用され、最近の私は「噛むことも飲み込むこともできずに苦しかった」と気づいた。アニクロに登場したイメージから得られた気づきが過去に遡及適応されている。これは第３章でみた「推進された"だった"」だ。

　Ｂさんも同様に、「自分が発した言葉に、そんなことに自分は気づいていたんだと安心し」と述べている。いま、アニクロをして気づいたのに、「気づいていたんだ」と過去形で表現されていることが特徴的だ。自分がウミガメのように地球の磁場を感じて進んでいるという新たな認識が過去に遡及適用されて、いままでも「気づいていたんだ」となっているのも特徴的だ。体験は過去の産物ではない。いま、気づいたことを過去に適用し、過去を更新しながら私たちは生きているのだ。

3 クリアリング・ア・スペース

自分と過ごす贅沢なひととき

　自身の体験について感じてみたり、振り返ってみたり、言葉にしてみたりするためには、体験を適度な「距離」で冷静に眺める必要がある。怒りのような体験を例にとってみよう。あまりにも怒りに「近づいてしまう」と、圧倒されて怒りがエスカレートしてしまう。反対に怒りが「遠い」と、それは感じられない。適切な距離の調整はフォーカシングではとても大切にされる。それは「クリアリング・ア・スペース」と呼ばれている。以前、「クリアリング・ア・スペースと心の健康〜贅沢なひととき〜」というテーマでオンライン・コラム（池見, 2022）を執筆したので、以下に紹介する。

＊　　　＊　　　＊

　自分のために10分ほどでいいから時間を設けること、ここから始めてみませんか。忙しく生活している毎日のなかで、これは贅沢なことかもしれません。そんな贅沢なひとときを味わってみましょう。

　まず、自分に挨拶をしてみます。人は他人には丁寧に挨拶しますが、自身には結構無愛想なものです。自分という良き友人と再会したかのような想定で、「ご機嫌いかがですか？」や「元気？」と挨拶してみましょう。

　「ご機嫌いかがですか？」この問いにどのような答えがかえってくるでしょうか。普段の生活で人に問われたら、「まあ、元気にしているよ」といったように、当たり障りのない答えを返すことが多いと思います。でも、これは自分自身との対話ですから、当たり障りのない答えを返す必要などありません。

　おそらく気になっている事柄が浮かんでくるでしょう。「あ、あの人に仕事のメールを返さないといけない」といったことです。「そうか、それが気になっているね」と肯定しておきましょう。たとえ嫌なことでも、それが気になっているのはたしかなので、まずは肯定しておくことが大切です。良き友人が困っていることを話してくれたら、頭ごなしにそれを否定することはしないのと同じです。

　そして、その事柄を思ったときにどんな気分がともなっているかを感じてみましょう。「気がかり」はいつも「気分」、すなわちフェルトセンスをとも

なっています。それは怒りや悲しみや喜びのような強い感情ではありません。「気分が重たいな」とか「モヤモヤする」といったものです。気がかりにはそんな気分がともなっていることに気づいておきましょう。「あの人に仕事のメールを返さないといけない」という事柄はどんな気分をともなっているでしょうか。ちょっとピリピリした感じ？　はい。では、そんな気分がともなっていることに気づいておきます。

　気になる事柄とその気分を一緒に、どこに「置いておく」のがいいか想像してみましょう。もちろん、それで気がかりが解消するわけではありませんが、たとえば部屋の掃除のように、散らかったものたちをそれぞれの置き場所に収めていくと、床が広くなって気持ちがスッキリします。喩えて言うならば、「こころの中が散らかったお部屋」のように感じられることがあります。

　さて、「あの人に仕事のメールを返さないといけない」という事柄とそれにともなう「ピリピリした気分」はどこに置いておけばいいでしょうか？　よく想像されるのは「透明の瓶に入れてキッチンに置いておく」とか「壺に入れて和室に置いておく」とか「海が見える公園のベンチに置いておく──入れ物なしで」などですが、それぞれの事柄には独特の個性がありますので、楽しんで置き場所や入れ物を探してみてください。ひとつだけ置き場所として適切でないのは「捨てる」類の場所です。自分のこころですから、大切に扱ってあげましょう。

　とくに気になる事柄がないときは、胸やお腹辺りに注意を向けてみます。そこはスッキリしているでしょうか？　特定の事柄は思い浮かばないのに、なんだが、胸のなかがゴチャゴチャしているような気分がしていることがあります。そのときは、胸のなかのゴチャゴチャをまず肯定して、それをどこかに置いておきます。

　多くの人は三つか四つ、気がかりを置いています。もっとあるときは、ひとつの袋にまとめるのもいいでしょう。たとえば「諸々の家事のこと」は「一式としてエコバックに」というように。

　胸のなかが今日はスッキリしていて、気がかりもなければ、それを味わっておきます。「スッキリしている」とはどのようなフェルトセンスでしょうか？　ちょっと喩えてみます。たとえば、それは森の綺麗な空気をたくさん吸い込んだような感じ？　はい、じゃあ、森を想像して胸いっぱいに美味しい空気を吸い込みましょう。

　気がかりが全部どこかに置けたら、ちょっと静かになっているこころを味

わっておきます。こころが平和になったように感じる日もあります。少し元気がでてくることもあります。心を整理したあと、カラダ・ココロの具合はいかがでしょうか？

＊　　　＊　　　＊

クリアリング・ア・スペース

　上記に紹介したのは、フォーカシングのなかにある「クリアリング・ア・スペース」という部分だ。ジェンドリンはよくつぎのようなことを言っていた。

　「クライエントが面接に入るとき、どの話題を取り上げたらいいのか分からないことがある。あるいは、ずっと以前から、"今度、カウンセリングの先生のところに行ったらこの話題を話そう"と決めている場合ある。そうやって以前から決めている場合は、面接室に入ってきた"いま・ここ"で感じられていることは無視されて、アタマで決めつけた内容を取り上げることになる。また、面接室に入る直前にかかってきた電話の内容が気になって、何を面接で話したらいいのか混乱することだってある」。

　そこでまずは「いま・ここ」で何が感じられているかを確認して、一つひとつ丁寧に距離を置いてみる。

　この作業を「クリアリング・ア・スペース」という。会話英語では"クリアリング・ア・スペース"は「片付けて空間を作る」という意味をもっている。ジェンドリンが作った一般向けのフォーカシング・マニュアル（フォーカシング・ショート・フォーム、201頁参照）の最初に登場するのがこの作業だ。

　クリアリング・ア・スペースには少し指示的な面もあるため、フォーカシングのほかの部分とは馴染まない感じも否めない。そのため、クリアリング・ア・スペースは「フォーカシングの準備運動」だと捉える実践者もいる。また、クリアリング・ア・スペースは行わないというフォーカシング実践者もいる。

　しかし、取り上げてみたい事柄を「適切な距離」から見ることは、フォーカシングやカウンセリングではとても役に立つ。つまり、取り上げてみたい気持ちが「遠すぎる」と何も感じない。その反対に「近すぎる」とその気持ちに圧倒されてしまう。悲しさが「遠すぎる」と悲しさが感じられない。反対に「近すぎる」と悲しくなって泣いてしまうから、悲しさのフェルトセン

スを観察することができない。

「適切な距離を保つ」ことは、クリアリング・ア・スペースの実践のみならず、カウンセリングのなかでも、さりげなく意識しておきたいものだ。カウンセリングの最中にクライエントが不安定な感じを強く感じているときは、「一歩下がりましょう」「少し離れたところからその"不安定な感じ"を観察してみましょう」と適切な距離を保っておきたい。

そもそも「悩む」とは、「距離がおけない」と同じことではないだろうか。職場で嫌なことがあったら、そのことや、それにともなうフェルトセンスを職場に「置いて帰る」ことができれば、帰宅して悩むことなどない。反対に、悩み事を持って帰ってしまうと、帰って食事をしていてもその悩み事を思い出し、眠ろうと床についても悩み事を思い出して眠れない。そうなると「悩んでいる」ことになるのだが、「悩む」とは「問題と距離がとれない」ということではないだろうか。

クリアリング・ア・スペースはフォーカシングへの準備運動だと位置づける人もいるが、それだけで「こころ」が整理されて、問題が解消してしまうこともある。それにヒントを得た心理療法が日本で開発されてきた (増井, 2005; 徳田, 2009, 田嶌; 2019など)。クリアリング・ア・スペースは日本で発展していて、日本文化との相性がいいのかもしれない。「間を置いて」みること、激しい感情に振りまわされずに冷静に観察すること、このような関わり方は日本文化で推奨されているようにも思える。「間をおいて」冷静に観察することができない人は「間抜け」だと思われる文化なのだ。

ペアでクリアリング・ア・スペースを実践する

クリアリング・ア・スペースをペアで実践してみよう。もちろん一人でもできるが、話を理解してくれる他者の存在感（プレゼンス）があるだけで、体験がより鮮明に感じられ、集中して取り組むことができる。また、クリアリング・ア・スペースでは内容の詳細を話さなくてもいい。そのため、プライベートな話題は「人間関係のこと」などと大まかにラベリングしているだけで具体的な内容を相手に話す必要がない。パートナーと一緒に表5-1の台詞を読みながら練習してみるといいだろう。

表5-1　クリアリング・ア・スペースのガイディング例

最近の自分の生活を振り返ってみましょう。久しぶりにお友達に会ったみたいな感じで「元気にしてた？」といったように自分に接してみましょう。

［＊］気掛かりが浮かんできたら、一言だけ言ってください（ある人との関係など）それが気になっていることに気づいておきましょう。

そのことを思っているとどんな〈感じ〉（フェルトセンス）がありますか？　そんな感じがあることに気づいておきましょう。

その気掛かりと〈感じ〉をどこかに「置いておく」としたらどこがいいでしょうか？（捨てるイメージはうまくいかないことが多いです。壺に入れておく、棚の上、見通しがいい公園のベンチ、ポケットのなかなどがよく浮かぶようです）置いておくのが難しい場合は、「それはどこに行きたがっていますか？」「それは、本来、どこにあるべきものですか？」ときいてみましょう。

その場所でいいでしょうか。うまく置けないようなら場所をかえてみます。

ひとつの気がかりが置けたら、次にはどんな気掛かりが浮かんできますか？　（三〜四つくらい浮かぶのは普通です）　※［＊］に戻る。

実例

　つぎに、私とのセッションでクリアリング・ア・スペースを初めて体験した女性の方とのセッションを逐語記録で紹介してみよう（池見、2016, pp. 123-126）。CL（クライエント）の記号はその方の発言を示し、TH（セラピスト）の記号で私の応答を示す。あとで解説に使うため、発言には番号を付している。

TH1：からだの内側に注意を向けましょう。内側っていうのは、お腹とか、からだの真ん中あたりです。そこに注意を向けながら、元気かなとか、どんな感じがあるかな、あるいは、最近気になっていることがあるかなとみてください。何か気がかりなどが浮かんできたら一言いってください。中身を説明するのではなくて「人間関係のこと」とか「仕事のこと」とか、そんなふうに一言だけ話してもらったらいいですよ。

CL1：一言だと、出たいけど出られない。

TH2：出たいけど（CL：出られない）出られないみたいな。じゃあ、出たいけど、出られないみたいな、なんかそんな感じがあるわけね。じゃあ、まず、

それに気がついておきましょう。なんか、出たいけど、出られない。出られないみたいな感じがあるんだなあ～で、この出たいけど、出られないみたいな、この感じをちょっとどこかに置いておくとしたら、どこがいいでしょうか？

CL2：ビルの上（CLはセッション中、ほとんど目を瞑っていたが、このときは目を開けて窓の外に見える隣のビルを一瞬のうちに眺めながらそう言った）。

TH1：あのビルの上、いいですか（CL：はい）。じゃあ、あのビルの屋上に置いておきましょうか。いいですか、置けましたか？　はい、じゃあそれはあそこの屋上において、このほかはどうかなって…

CL3：会社のこと。

TH4：会社のことが、はいはい。じゃあ、会社のことっていろんな側面があったりすると思うんですけど、全体の感じはどうでしょう。このことを思うと、どんな感じがするでしょうか？

CL4：石（TH：必死？ ｛聞き取れなかった｝）。石、でっかい石みたいな。

TH5：石、ああ、でっかい石ですね。今、でっかい石って言ったときに、ちょっとニコっとされましたよね。

CL5：でっかい石なんですけど、悪いイメージはあまりない。

TH6：悪い石ではない、でっかいけれど。

CL6：でっかい。

TH7：でっかいんですね。じゃあ、このでっかい石、どこに置いたらいいでしょうか？

CL7：でっかいので、なかなか移動ができないんですけど…ちょっと今は動かせない。

TH8：そのでっかい石はどこにあったらいいんでしょう？

CL8：う～ん、それは自分の中？

TH9：いや～、こういうでっかい石だったら、火山の噴火口の近くとか…

CL9：あ～、もし…そうですね（沈黙）どっか、きれいな景色のあるところに（TH：はいはいはい）オーストラリアの石みたいに。

TH10：オーストラリアの石（CL：はい）？

CL10：エアーズロック*5みたいな。

＊5　「エアーズロック」はオーストラリアに移住してきた白人がつけた名前で、現在オーストラリアでは、原住民の文化や言語を尊重して「ウルル」と呼ばれている。

TH11：エアーズロックみたい、あんなにデカイ（笑いながら）んですね。じゃあ、エアーズロックと並べておきましょうか。

CL11：はい。

TH12：いいですか？　じゃあ、今ふたつ置きましたね。ビルの上とエアーズロック、このほかはどうでしょう？

CL12：あとは家族。

TH13：家族のこと。

CL13：はい。

TH14：で、この家族のことはどんな感じがしますか。

CL14：家族は、何でしょう、すごい自分のなかの、常に気になるんですけど、脇にある。

TH15：気になるけれども、脇にある。

CL15：常にあって、視界の脇にあるんですけど、中心にはない感じ。

TH16：ああ、視界の脇にあるんですね。うんうん、で、この視界のわきにあるのはどんな感じがします？

CL16：いやな感じは全然ないんですが（TH：はい）、う～ん、なんでしょう、忘れちゃいけない感じ、常に覚えておかなきゃいけない感じ、携帯みたいな感じ。

TH17：なんか、自分のなかで、ちょっと僕に聞こえたんですけど、え～と、自分の中で常に家族のことを忘れちゃいけない、常に家族のことをどこか、脇のほうで思っていなきゃいけない、常に携帯していなきゃいけない、なんかそんな発想がある？

CL17：そうですね。

TH18：じゃあ、この発想をどこかに置いておきましょうか（CL：そうですね）。まず、それに気がついておきましょうね。常に家族を思っていなきゃいけないと自分で思っているんだなあと（CL：はい）。この発想をどこかに置いておきましょう。

CL18：はい。

TH19：で、どこに行きたがっていますか？

CL19：空。

TH20：空、凄い！

CL20：空。

TH21：どんな空？

CL21：青くて高い。

TH22：青い、高い空、は〜い。

CL22：（沈黙44秒）（すすり泣く）（さらに沈黙22秒）

TH23：今、何が起きました？　自分のなかで？

CL23：［聴きとれない］空に投げた瞬間に、涙がでてきて…初めての感覚だったのでわかんないです…何が起きたのか（うん、うん）…（涙を流しながら話している）

TH24：どんな感じを伴っています、涙は？

CL24：たぶん話したことが…だれにも言わなかったから、こういう場では…

TH25：ほっとしたみたいな感じ？それとも…

CL25：そうですね。ずっと、こういう講習会とかでも、だれにも話すことがないので…初めてだったので（TH：うん、うん、うん）（沈黙10秒）

TH26：じゃあなんか、初めて話せたなあ…

CL26：そうですね、うん、うん。（沈黙15秒）

TH27：うん、初めて話せて、どんな感じですか？

CL27：すごい、なんでしょ、警戒していたものがとれた感じ。

TH28：ああ、警戒がとれた感じ、はい、はい。じゃあ、なんかずっと警戒してたんだなって、自分のなかで。それで今、その警戒がとれたような感じがする。

CL28：あったかくなって、本当ですね。

TH29：あったかい感じがしている。じゃあ、このあったかい感じとちょっと一緒にいてみましょう。

CL29：はい（沈黙40秒）。

TH30：なにか浮かんできていますか？

CL30：祖母が（笑い声で）（TH：ああ）浮かんできました。（TH：うんうん）

TH31：何か言っていますか、おばあちゃんは？

CL31：何も言わないです、ずっと見て…

TH32：うんうん、じゃあ今、あったかい感じがあって、それから祖母の顔が浮かんでいて（沈黙34秒）で、今どんな感じ？

CL32：気持ちが…肩がすっきりしている。

TH33：すっきりしている感じ？

CL33：肩コリが治った感じ（笑い）。

TH34：肩コリが治った感じ、オーケー。じゃあ、そのあったかくて、肩こりのとれてきた、その感じを味わって、もう十分だなあと思ったところで終わりましょうか？

CL34：はい（沈黙20秒）はい、だいぶ調子がよくなりました（笑い声）。

TH35：いいですか？

CL35：よくなっています。

TH36：はい、はい、オーケー、じゃあ終わります。

〈CLからの感想メール（約1ヵ月後）〉

「……先生に面接して頂いて以来ずっと、肩にあった重荷がとれた感じです。あれ以来、私は不思議に守られている感覚を強くもち、少しずつ、自分を解放している感じです。［中略］是非、研究資料に使って下さい。自分自身と向き合う、大変大きな人生の転機だと思います。［以下省略］」

▐ 実例の解説

　彼女の初めてのクリアリング・ア・スペース体験は短いもので、7分半ほどの時間だった。しかし、記録にあるように濃厚な7分半で、セッションは予想もしない展開となった。このわずかな時間が彼女にとって「大変大きな人生の転機」となったのだ。

　逐語記録の冒頭にあるTH1の導入は「標準的なクリアリング・ア・スペースの導入」といえるだろう。どんなふうに進めていくか、私がプロセスを指示している。「非指示的」なカウンセリングを行う人には馴染みにくいかもしれない。

　しかし、私は彼女がこう感じるべきだ、頑張るべきだ、などといった内容に関する指示は一切行っていない。そもそも内容は知らないのだから。つまり、どのように進めるかというプロセス（過程・処理の仕方）だけを指示している。専門用語でいえば「プロセス指示的（process-directive）」で、また「内容非指示的（content non-directive）」な接し方で、「内容指示的（content-directive）」な関わり方とは区別される。

　このクリアリング・ア・スペースの過程で、私も、彼女も驚いたのは、「あとは家族」（CL12）と家族の問題が出現して、その問題に大きな進展が得られたことだった。この話題については「だれにも話すことがないので…初めて

だったので」（CL25）とクライエントは言っていた。しかし、記録をみて明らかなように、実際には、彼女は家族の問題の内容を話していない。にもかかわらず、彼女はこの問題を私に話したかのような印象をもっている。私もこの発言を聴いたときは不思議な感じがした。

しかし考えてみると、彼女は実際には問題を口に出して話すことはなかったものの、おそらく「未処理だった問題が体験的に処理された（プロセスされた）」と感じていたのだと思える。体験的にこの問題を扱うのが「初めてだった」と理解していいだろう。その体験的処理はCL23付近で起こっている。「［聴きとれない］空に投げた瞬間に、涙がでてきて…初めての感覚だったのでわかんないです…何が起きたのか（うん、うん）…（涙を流しながら話している）(CL23)。」

このあとに出現する祖母（CL30）は何を意味するのか。また、この家族の問題は、それを青い、高い空に投げた瞬間に、どうして変化したのか。こういった家族の背景などについては、私は考えないようにしている。それらは知的好奇心を満たす「説明」や「解釈」に過ぎないからだ。肝心なのは説明や解釈ではなく、実際の体験が前に進む（体験過程の進展あるいは推進、第1章参照）ことだ。

また、本人も「…わかんないです…何が起きたのか」と言っているように、体験的変化は理論、論理や解釈に従って生じるわけではない。なぜだかわからないけれど「空に投げた瞬間」に体験が動き出したのだ。

このことについてはあとから考えて、そこで何が起こっていたのか本人が言い表すことができるかもしれない。しかし、こういった説明は「後付け」で、先に体験が変化していなければ説明すらすることができない。誤解のないように、後付けの説明・解釈は無意味だ、というわけでもない。そのような説明が浮かんできたことによって、彼女は自分が体験したことの意味をあとになって理解することができるだろう。そしてその理解が彼女の体験を更新させていくことになるだろう。

クリアリング・ア・スペースの解説に戻ろう。CL1で提示された最初の気がかり「出たいけど出られない」を彼女は隣のビルの上に置いた（CL2）。この作業は「通常のクリアリング・ア・スペース」だ。

つぎの気がかり「会社のこと」は、「でっかい石」のように感じられていた。つまり、会社のことには「でっかい石」のようなフェルトセンスがともなっている。「でっかいので、なかなか移動ができないんですけど…ちょっと今は動かせない」(CL7)と言っているように、彼女は自力でこの「でっかい石」

を置くことができない。

　そこで私は問いの形式を変えた。「そのでっかい石はどこにあったらいいんでしょう？」（TH 8）つまり、それは「主体」の変更を意図した応答だ。「彼女が」自力で「でっかい石」を動かすのではなく、「でっかい石それ自体が」本来あるべきところに移動するとしたら？　という主体の変更だ。すると彼女は「きれいな景色があるところ」（CL 9）が浮かび、ウルル（エアーズロック）が浮かんできた。

　ここで私の方から「エアーズロックと並べておきましょうか」（TH11）と提案している。彼女と私の相互主観的な世界には、ウルルは二つあるイメージが出現していた。このように、セラピスト（カウンセラー・聞き手）の介入によってクリアリング・ア・スペースが行われることを、私は「セラピスト介在型クリアリング・ア・スペース（Therapist Mediated Clearing a Space）」（Ikemi, 2015）と呼んでいる。

　最後に現れた「家族」をめぐる気がかりは、いつも「視界の脇にある」（CL14）、そして「常に覚えておかなきゃいけない感じ、携帯みたいな感じ」（CL16）といったフェルトセンス（感じられた意味）として把握されていた。TH18 では、このフェルトセンスをともなう家族のこと全体をどこかに「置いておく」ことを提案している。

　これに対してCL18は「はい」とだけ答えている。私の追体験のなかでは、この気がかりは「置き難い」ものだろうと感じられていた。それは「常に覚えておかなきゃいけない」気がかりなのだから。

　そこで私は「で、どこに行きたがっていますか？」と問いの形式を変更してみた。すると彼女はすぐに「空」（CL19；20）と答えた。すぐに応えてくれたので、私は空が鮮明にイメージできているのか少し心配になった。そこで「どんな空？」（TH19）と応答している。すると彼女は「青くて高い」（CL21）とすぐに応え、空がはっきりイメージできていることがわかった。それはあたかも家族の気がかりがどこに行きたいのかを「知っていた」かのように私には感じられ、思わず「凄い！」（TH20）という言葉が口から溢れた。

　このように「その気がかりはどこに行きたがっていますか」という問いに対してその気がかりを置いておける場所（スペース）が現れる現象を、私は「スペース・プレゼンシング（Space Presencing）」と命名した（Ikemi, 2015）。

　ここで不思議な現象が起こった。彼女の目には涙が浮かび、すすり泣く様子がみられた。記録によると、私は 1 分ほどこの状態をそのままにしておい

た。彼女の体験の内に必要なプロセス（処理）が生起しているように思えたからだ。しかし、私には「何が起こっているのかわからない」という不安もあった。言語化を促すことで、彼女の体験を共有することはできないだろうかと思って「今、何が起きました？」（TH23）と介入している。

　すると彼女は「空に投げた瞬間に、涙がでてきて…初めての感覚だったのでわかんないです…何が起きたのか」（CL23）と答えた。私はこの発言にはとても刺激された。想像してみよう。どんなに腕の力が強くても「青い高い空」まで気がかりを「投げる」ことはできない。落ちてくるはずだ。つまり、投げた気がかりを受けとめて、あたかも「吸い上げた」空の存在があり、彼女の「自力」と空に表される「他力」が、この瞬間に一体になったかのように感じられたのだ。

　つまり、彼女が自分の手の内から思いを「手放した」瞬間に、その思いは空（そら・くう）と一体になっていった。もはや問題を一人で「常に覚えていないといけない」彼女の我執は消滅し、彼女の存在と空は一体になっているように思えた。そこに祖母も出現（CL30）。彼女はもう一人ではないのだ。空にも祖母にも支えられている、私にはそう見えた。

「クリアリング・ア・スペース」の日常生活での活用

　「ちょっと間を置いて考えてみる」「一晩寝かせてみる」といった表現があるように、差し迫った気がかりと「ちょっと距離を置いてみる」ことは、新鮮な発想を生み出す方法として一般にもなんとなく知られている。クリアリング・ア・スペースは、このような一般的な知を心理学的なメソッドとして構築したもののように思える。

　上記で示したような言語的なやりとりでクリアリング・ア・スペースをすることもあれば、付箋紙などに気掛かりを書いて、机の上の適切な場所に貼ってみる。ある気掛かりと別の気掛かりは重なり合って張られていたり、机の隅と隅、というように対角線上に張られていたりする。日常生活でたくさんの日程が重なり気持ちがごちゃごちゃしているときは、To Do List や手帳に用事を書き出すだけでも「間がおけて」すっきりする。クリアリング・ア・スペースは人が普段やっている「間の置き方」を活用した方法といえるだろう。

4　フォーカシング

「フォーカシング」の意味するところ

　ジェンドリンの著作Focusing（Gendlin 1981/2007）の冒頭（第1章）に付されているジェンドリン自身による「フォーカシング」の解説を読み、その語が意味するところについて検討してみよう。

> 最初にわれわれは成功する患者さんたちが誰なのか……［中略］……は録音されたセラピーの逐語記録からわりと簡単に特定できることを見出した。このような稀な患者さんたちが面接中にしていることはほかとは違っていた。［中略］その決定的な違いはなにか？　［中略］その違いは話し方にあった。そしてそれは、成功する患者さんたちが内面で行っている行為の表面的な現れに過ぎない。［中略］
>
> 本書の目的は、成功する患者さんたちが何をしているのかを伝え、あなたにもそれができるようにすることだ。この一般に知られていないスキル、この内的行為は、心理療法家との面接で役立つだけではなく、あらゆる状況や気掛かりにアプローチする方法なのだ。［中略］
>
> それから数年のあいだ、私たちはこのスキルを多くの一般の人々に教えてきた。その結果、それ（このスキル）は誰もが学ぶことができるとわかり、本書も一般読者を想定して書かれている。（Gendlin 1981/2007, pp. 3-4. 筆者意訳）

　第1章8節で示したように、「フォーカシング」という語には二つの意味があり、それは上記の引用にも示されている。「フォーカシング」は心理療法で成功するクライエントがしている内的行為だ。
　そして著作Focusingの目的は、その内的行為を抽出し、誰にでもできる「スキル」として、それを読者に提示することだ。「この一般に知られていないスキル、この内的行為は心理療法家との面接で役立つだけではなく……」という文に「スキル」と「内的行為」という言葉が両方使われていることには意

味がある。厳密には「スキル」と「内的行為」は同じでないことが示されているからだ。第1章7節では人が自然に行っている「内的行為」を「フォーカシングα」とし、スキルとして人に教えることができる方法を「フォーカシングβ」とすると論じた。

また上記の引用から、ジェンドリンが一般読者にフォーカシングのスキルを教えることに意欲的なことが読み取れる。当然、読者もこのスキルを身につけるためにこの本を読んでいることから、「フォーカシング・ショート・フォーム（フォーカシング簡便法）」のようなスキルとしてのフォーカシング（フォーカシングβ）のほうが、人が自然に行っている内的行為としてのフォーカシング（フォーカシングα）よりも脚光を浴びることになった。

さらに、ジェンドリンはメソッドが好きだった。おそらく、それはあるメソッド（方法）で視るとある現象が観察されるというように、観察される内容はそれを観察する方法に依存するからだ。

簡単な例だが、「顕微鏡で視る」という方法を用いると、水の中に微生物がいることがわかる。しかし、その方法を用いないと微生物などは見えず、「綺麗な水」が見える。微生物を観察するならば、まずは顕微鏡の精度を上げていくことが重要だ。そのような発想でジェンドリンはフォーカシングの教示（インストラクション）を意欲的に記述した。しかし同時に彼は、心理療法においては「フォーカシングのインストラクション（フォーカシングβ）は三番目でしかない」と明示していた（第1章7節参照）。

内的行為としてのフォーカシング（フォーカシングα）については、その特徴がジェンドリンのフォーカシング関係文献に散見されるものの、はっきりと指し示されていない。著作 Focusing-Oriented Psychotherapy (Gendlin, 1996) の第3章には「体験過程的一歩の八つの特徴」が記述されている。その章の冒頭でジェンドリンはつぎのように解説している。

> 心理療法過程における変容のための一歩（Change-Steps）を理解するには、それらを内側から検討しなければならない。
>
> 内側から見ることに不慣れな読者もいるだろう。(Gendlin, 1996, p. 16、筆者意訳)。

私はこのような書き方がジェンドリンのフォーカシングをわかりにくくし

ているように思う。私ならばここはズバリ「カウンセリングで成功するクライエントがしている内なる行為——その八つの特徴」というように、フォーカシングαの特徴を明確に記述しただろう。

　私の理解では、「フォーカシングα」（内なる行為）とは「体験過程が生じている」ということで、「体験過程が生じている」とは、体験・表現・理解が循環していること、すなわち〈フェルトセンス・表現・変容〉のプロセスが生起していることにほかならない。

　カウンセリングの場にくるクライエントはスキルを学びにきているわけではない。そのために、クライエントにインストラクションをするフォーカシングβは、一般的なカウンセリングの場では生じにくい。クライエントは何らかの相談内容をもってきていて、それについてカウンセラーとともに考え進める。

　そう思うと、カウンセリングの場ではフォーカシングβよりもαのほうが実用的となる。本書ではこれまで、自然に起こっているフォーカシング（フォーカシングα）を優先して、「フォーカシング・ショート・フォーム」（フォーカシングβ）は終章の最後のほうに登場させたのはそのためだ。

　しかしながら、ジェンドリンが一般読者対象に解説した「フォーカシング・ショート・フォーム」は、具体的にどのように実践したらいいのかを示した点では評価されよう。それは人間関係の性質の重要性を説いたロジャーズに比べると具体性に満ちている。

　「共感的に関わる」といった表現は抽象的だが、ステップ1〜6があるマニュアルならば、どのように面接を進めたらいいのかが具体的にわかる。当然、これらのステップは臨床場面向けではないが、臨床場面でそのまま使えないわけでもなく、それなりに成果も実証されている（Kyrcka & Ikemi, 2016）。また、疾患や主訴をもたないが、「フォーカシングを学びたい」人に対して、何を具体的に指導するのかが明確に示されている。そこで、本節ではジェンドリンの「フォーカシング・ショート・フォーム」が成立する経緯とその実際を示しておきたい。

フォーカシング・ショート・フォーム成立までの経緯

　クライエント中心療法が成立していく時期、ユージン・ジェンドリンはカール・ロジャーズの研究グループに「入門」し、カウンセリングを学び実践

するようになった。そして後年のロジャーズの「パーソン・センタード・セラピー」時代には、ロジャーズがジェンドリンの体験過程理論を自身の理論に統合した（第2章参照）。本節で取り上げている「フォーカシング・ショート・フォーム」の成立に関する経緯はクライエント中心療法時代に遡る。

　当時ロジャーズの研究グループが何を研究していて、それらがどのようにフォーカシング・ショート・フォームの成立に繋がっていくのかについては、田中・池見（2016）で詳細に研究されている。ここではその研究をもとに、フォーカシング・ショート・フォームの成立に二つの研究テーマが関係していたことを示しておこう。

　ひとつは「何を話したか」といったコンテンツ（内容）ではなく、「どのように話したか」といった「話し方」をめぐる主題だ。本節の冒頭で引用したように、「その違いは話し方にあった。そしてそれは、成功する患者さんたちが内面で行っている行為の表面的な現れに過ぎない」（Gendlin 1981/2007, p. 4．筆者意訳）。

　もうひとつは、カウンセリングには不向きなクライエントが存在していて、彼らを心理検査で特定することができ、彼らのカウンセリングには不成功が予見されるという知見があった。カウンセラーとクライエントの関係の重要性を論じていたロジャーズ・グループにとっては、これは衝撃だった。関係がすべてではない、クライエントの特性的な何かがカウンセリングの成功・不成功の鍵を握っている可能性が明らかになったからだ。

　このような課題から、ジェンドリンらは第三者評定尺度を用いて研究に取り組んだ。それが「体験過程尺度（EXPスケール）」（表5-1）を用いた一連の研究だ。正確には、これは「体験過程様式（manner of experiencing）」を評定するための尺度で、The Experiencing Scale と呼ばれている（略称 "EXP Scale"）。この尺度のアイディアはジェンドリンによるところが多いが、心理検査の尺度を作成するには心理アセスメントの専門家が必要で、実際に尺度が完成したときにはジェンドリンはEXPスケールの三番目の著者となっている。

　EXPスケールの具体的な評定の仕方などについては、参考文献に示した論文や以前の著作（池見, 1995; 池見編著, 2016）などを参考にされたい。ここでは概要を示すに留める。心理療法で成功するクライエントのEXP値は不成功に終わるクライエントのEXP値よりも高く、面接過程の最初から最後までその傾向は続いている（Kiesler, 1971; 詳しい文献レビューは Klein, Mathieu-Coughlan & Kiesler, 1986を参照）。

表5-2 EXP スケール（体験過程尺度）

段階	レベル*	評定基準	例文
1	Very Low	本人に関係のない出来事や事実を語っている	この道をまっすぐ進むと波止場です。
2	Very Low	自己関与がある出来事の描写や抽象的発言	子供のころ、友達と一緒によくあの波止場に行きました。
3	Low	出来事への反応としての感情表明	いま、その波止場を想像するだけで嬉しくなります。
4	Middle	出来事への反応としてではなく、自らを表すために気持ちやフェルトセンスを表現している	嬉しい、というか懐かしい感じです…でも何かのエネルギーが蘇ってくるような気がするんです。
5	High	問題提起、仮説提起、自問自答など自らの体験を吟味している	子供のころの私は、今よりもエネルギーがあった？元気だったのかな？今はいろいろなことを心配しているのかもしれない。
6	Very High	ひらめき、気づき、体験過程が推進し、はっきりした変化がみられる　笑いや涙を伴うことも	ああ、いや、なんだ、自分でいろいろな心配事を次々につくっていますね（笑）大人は心配ごとがないといけないみたいに思ってますね（笑）。
7	Very High	気づいたことが次々と応用され展開されている	仕事のことも、いくつもの心配事をつくっているし、家族のことも、心配するのが好きなんですね。笑　いまは何も心配していません。晴れ晴れした気分です。

出典：Klien, M., Mathieu, P., Gendlin, E. and Kiesler, D. (1969). The Experiencing Scale: A Research and Training Manual, Wisconsin Psychiatric Institute.
註：Klien et al に基づく日本語マニュアルは：池見 陽、田村隆一、吉良安之、弓場七重、村山正治（1986）「体験過程とその評定: EXP スケール評定マニュアル作成の試み」『人間性心理学研究』4: 50-64; *三宅麻希、池見 陽、田村隆一 (2008):「5段階体験過程スケール評定マニュアル作成の試み」『人間性心理学研究』25(2), 115-127.

　表5-2の例文にあるように、「この道をまっすぐ進むと防波堤です」だと、カウンセラーは「そうですか」と応答するしかない。「防波堤の手前には公園があります、公園の中にはカフェがあります」などと説明が続いたとしても、カウンセラーはなかなか有効な応答ができない。この体験過程様式はカウンセリングには不向きだ。つぎのように介入を試みるとどうなるだろうか。

〈CL ＝クライエント/CO ＝カウンセラー〉
CLA1：月曜日は7時に起きて学校にいきました。火曜日も7時に起きて学

校に行きました。水曜日は9時に起きて、学校は休みました。木曜日は…（EXP段階2）

ＣＯ1：ちょっと待ってね、水曜日は9時に起きた、疲れてたの？　何かあったの？（気持ちなどが知りたくて介入している、EXPレベルを2から3以上に引き上げられるだろうか）

CLA2：いやとくに。起きたら9時半でした。（EXP段階2。介入は不成功）

ＣＯ2：で、学校を休むのはどんなふうに判断したの？　遅れて行くのが嫌だった？（再びEXPレベルを引き上げる介入）

CLA2：いやとくに。もっと寝ようと思って。で水曜日は7時に起きて学校行って、木金も7時に起きて学校行きました。そんな1週間でした。（EXP段階2。介入は再び不成功）

　この調子で面接が続くとEXPレベルは低値で推移し、不成功が予測される。つぎの架空事例の場合はどうだろうか。

CLB1：月曜日は7時に起きて学校にいきました。火曜日も7時に起きて学校に行きました。水曜日は9時に起きて、学校は休みました。木曜日は…（EXP段階2）

ＣＯ1：ちょっと待ってね、水曜日は9時に起きた、疲れてたの？何かあったの？（気持ちなどが知りたくて介入している、EXPレベルを2から3以上に引き上げられるだろうか）

CLB2：まあ、9時まで寝ているというのは、身体が疲れていたのだと思います。でも、とくに身体を使う特別なことはしていないしな…うん…精神的に疲れたというか…月火と普通にしているだけでも…なんだろう…張り詰めている？　緊張している？　隙を見せないように頑張っている…なんだろう。（EXP段階5。介入は成功）

ＣＯ2：聞いていてわかったのは、あなたは学校にいくと、相当緊張している、というか、隙を見せないように頑張っているんだね。（EXP段階5の体験過程様式ならば、TUなどリスニングの応答が有効になる。第2章参照）

　CLB2の発言をよく見てみよう。「身体が疲れていたのだと思います」と、まずは彼の体験に対して「疲れていた」という表現を用いて、自分は「疲れていた」と理解している。しかし、「疲れ」という概念は適切ではないことに

彼はすぐに気づく。なぜならば、「とくに身体を使う特別なことはしていない」からだ。つぎに「精神的に疲れた」と表現し、そう理解している。しかし、それは完全に適切な表現とは言い切れず「張り詰めている」、つぎに「緊張している」、つぎに「隙を見せないように頑張っている」と「体験・表現・理解」が高速循環している。彼は何らかのフェルトセンスをそこに感じている、そしてそれを適切に表現することができる言葉を探している。CLBにはここで〈フェルトセンス・表現・変容のプロセス〉である「フォーカシングα」が生起していることが明らかだ。

　ジェンドリンが記述していた「成功するクライエントが行っている内なる行為」とはまさにこのことだ。当時、ジェンドリンら（Gendlin, et al., 1968）は、CLBのようなクライエントは「フォーカシング能力（focusing ability）」があるとしていた。そして、その「能力」を一般の人に教えるために試作を重ねたインストラクションが「フォーカシング・ショート・フォーム」だった。

フォーカシング・ショート・フォーム

　フォーカシング・ショート・フォームの手順を表5-3に示す。

表5-3　フォーカシング・ショート・フォームの手順

1．Clearing a Space　　クリアリング・ア・スペース
2．Felt Sense　　フェルトセンス ※1
3．Find a handle　　ハンドル表現
4．Resonate the handle　　ハンドル表現を響かせ確かめる
5．Ask　問いかけ ※2
6．Receive whatever comes　気づいたことを受けとる

※1　池見（1995）は1と2の間に2として「気がかりを選ぶ」をステップとして明示している。ジェンドリンのショート・フォームではこの動きがステップとして明示されていないため、日本では誤解される場合があった。

※2　問いかけ例：このこと（状況）の何が（ハンドル表現）のようなのだろう？／（ハンドル表現）はあなたに何を伝えていますか？／（ハンドル表現）は何を必要としていますか？／（ハンドル表現）とは、いったい何だろう？／（ハンドル表現）とカケて、とりあげている気がかりとトク、そのココロは？（最後の問いかけは、岡村心平の「なぞかけフォーカシング」によるもの。岡村心平(2013)なぞかけフォーカシングの試み：状況と表現が交差する その心『Psychologist: 関西大学臨床心理専門職大学院紀要』3:1-10.

① クリアリング・ア・スペース

最初のステップは、前節で解説した「クリアリング・ア・スペース」だ。今日はどんな気がかりがあるのかをみにいき、それぞれの気がかりから適切な距離を置く。

② フェルトセンス（気がかりをひとつ選ぶ）

つぎに、いくつか浮かんできた気がかりのなかから、いまから取り上げてフォーカシングを進めていく気がかりを選ぶ。ジェンドリンの著作 Focusing (Gendlin, 1981/2007) にも「気がかりを選ぶ」ことは文面で解説されていたが、見出しは立てられていなかった。具体的には二番目のステップは「気がかりのフェルトセンスを感じてみる」となっていて、当然、気がかりをひとつ選ぶことが前提とされている。

しかし、ここで「気がかりをひとつ選ぶ」という手順が見出しとして表示されていないために、戸惑ってしまったと複数の人から指摘を受けた。それを受け池見（1995）では、「気がかりを選ぶ」という見出しを立てた。そのため、見た目はジェンドリンの 6 ステップ・フォーカシングに対して、池見版は 7 ステップ・フォーカシングになっている。これは表面的な「見かけ」の違いにすぎない。

ちなみにこのことはジェンドリンに伝えている。「気がかりを選ぶ」をステップとして立てているから、7 ステップのフォーカシング・ショート・フォームになっていると言うと、彼は笑いながら、「そうか、そうか、そうだな」といった内容のことを言っていた。表記上の些細なことだ。

取り上げる気がかりが決まったら、「そのことを思い浮かべると、どんな感じがあるだろうか」とフェルトセンスに触れてみる。「フェルトセンスとは何か」の問いに対しては第 2 章ですでに詳しくみてきた。ここで繰り返しておくことがあるとしたら、それは、最初は言葉では表現しにくい意味の感覚だ。「私がいま感じているのは寂しさ、いや、寂しさじゃないな、うーん、悲しいようでもあるけど、その言葉もちょっと違う……」といったように、「寂しさ」や「悲しさ」からこぼれ落ちた意味の感覚だ。

③ ハンドル表現

このように言葉を介さずして参照される意味の感覚を「直接参照」という。「寂しさ」とも「悲しさ」とも言い切れない「そんな感じ」が「直接参照」だ。

ときに、「"寂しさ"でもない、うーん、でも"悲しい"という言葉もなんか違っていて、言葉にはならないけれど、胸のなかに"キュン"とした感じがあるの」といったように、この気がかりを感じているとカラダに感じる意味の感覚が現れていることに気づく。「キュンとした感じ」は「それ」として参照され、まだ「寂しい」「悲しい」といった言葉（概念）に形成されていない直接参照だ。

　このようにカラダに感じられると、フェルトセンスの姿がはっきりと見えてくる。この胸のキュンとした感じは「フェルトセンスだ」とはっきり断定できる。

　しかし、カラダに感じるフェルトセンスがはっきりしなくても、「直接参照」があれば、それはフェルトセンスなのだ。つまり、「直接参照」と「カラダに感じること」、この二つのうちどちらがフェルトセンスの定義を満たすのに必須なのかと問われると、答えは「直接参照」だ。

　カラダに感じられる意味の感覚があっても、直接参照として機能していないために、フェルトセンスとして機能しない場合がある。「この仕事のことを思うと胸が苦しくなりますけど、まあ、考えないようにしているんですよ」という場合の「胸が苦しくなる」は、カラダに感じられた意味の感覚だが、考えないようにして避けられているから話すときに「参照」されておらず、直接参照にはなっていない。むしろ、「私がいま感じているのは寂しさ、いや、寂しさじゃないな、うーん、悲しいもあるけど、その言葉もちょっと違う……」のほうでは、「寂しさ」という言葉でも「悲しい」という言葉でも言い表すことができないこの意味感覚は何だろうと、それが参照されている。カラダには言及されていないものの、「悲しい」でも「寂しい」でもない「フェルトセンス（感じられた意味）」がそこにあることがわかる。

④　ハンドル表現を響かせる

　ジェンドリンのフォーカシング・ショート・フォームのつぎのステップ（4）では、フェルトセンスに対して適切な表現（ハンドル表現）を見つけて言い表す。その表現を響かせてみて、フェルトセンス（感じられた意味）を適切に表現できているかをみて、必要ならばハンドル表現を変えてみる。そちらの言葉のほうが適切にフェルトセンスを言い表しているかどうかを確かめる。

　「響かせてみる（resonate）」のは、あまり大袈裟に考えずに気楽に進めていくといいだろう。上記の例文ではすでにハンドル表現を響かせてみている。

「私がいま感じているのは寂しさ、いや、寂しさじゃないな、うーん、悲しいもあるけど、その言葉もちょっと違う……」。ここではハンドル表現「寂しさ」を響かせてみた。すると、「じゃないな」になり、つぎに「悲しい」を響かせてみた。この言葉も適切なハンドル表現として機能しないことがわかり、別のハンドル表現を試している。

「ハンドル」とは手に持つ部分をいう。カバンなどの「取手」がハンドルだ。「取手の部分をしっかり握れば、フェルトセンス全体が持ち上げ（lift out）られる」とジェンドリンはよく言っていた。英語のハンドル（handle）も「手（hand）」がベースにある語だ。日本語で考えた場合、「取手」は、英語と同じように「手で持つところ」だ。それは「手をかけるところ」すなわち、ハンドル表現は意味を理解するための「手がかり」として機能している表現なのだ。彼女はいったい何を感じているのか、「寂しい」「悲しい」といった語を「手がかり」に彼女はフォーカシングを進めている。

⑤　問いかけ

仮に彼女が「寂しい」「悲しい」を経て「胸の奥がカサカサになっている」というハンドル表現が浮かび、それがもっとも適切だと感じたとしよう。

ここで、つぎのような問いを使ってみることができる（ステップ5）。以下のなかからもっとも適切と思われる問いを使ってみるといいだろう。問いは以下には限定されず、開かれた問いならばよい。また、以下にある問いかけは日本で用いられている問いかけで、ジェンドリンの著作 *Focusing* には記載されているが、日本語ではうまく使えないものは省いた。

- このこと（取り上げていた状況）の何が「胸の奥のカサカサ」みたいなんだろう。
- この「胸の奥のカサカサ」とした感じは私に何を伝えているんだろう。
- この「胸の奥のカサカサ」とした感じは何を必要としているんだろう。
- この「胸の奥のカサカサ」とした感じはいったい何だろう。
- 「胸の奥のカサカサ」とカケて、いま考えていた状況とトク、そのココロは？（岡村, 2013）

⑥　気がついたことを受けとる

あ！　わかった！　と何かが開いてきたら、わかったことを大切に受けと

める。新しく意味形成されたものは「予想外」と感じられることが多い。「そんなバカな」とすぐに否定するのではなく、「そんな思いがあったんだ」と受け止めてみる。笑いや涙やちょっとした興奮がともなうことがある。

ジェンドリンのフォーカシング・ショート・フォームの主要部分の手順をよくみると、②フェルトセンス→③④ハンドル表現（およびその確認）→⑤⑥問いかけ・気づいたことを受け止めるとなっている。フェルトセンスは体験だ。ハンドル表現は表現だ。そして問いかけを通して新しい理解（意味）が形成される。

すなわち、ここに観られるのは「体験・表現・理解」の循環だ。「寂しい」という言葉を発したときは「寂しい」が体験され、「寂しい」と表現され、自分は「寂しい」のだと理解される。しかし、それではうまく言えていないことに気づいたとき、「悲しい」のようにも体験され、「悲しい」と表現され、自分は「悲しい」と理解される。「胸の奥のカサカサ」が体験され、そのように表現され、なんだかよく概念的にはわからないが、自分は「カサカサ」していると理解している。

ジェンドリンはどこにも書いていないが、Ikemi（2021, p. 106-113）が指摘するように、フォーカシング・ショート・フォームはディルタイの解釈学的循環を基盤においている。言葉になっていない体験を丁寧に言葉にして表現したときに新しい理解が立ち現れる。フォーカシング・ショート・フォームはフェルトセンス・表現・変容のプロセスなのだ。

フォーカシング・ショート・フォーム実例
――つららが変容したフォーカシング・セッション

フォーカシングは人の体験のあり方だから、フォーカシングを本当に理解するには、それを体験しなければならない。以下では「Web マガジン コ2 ソマティックワーク入門」（第16回フォーカシング 池見陽［実践編02］2022/12/19 公開）に掲載されたフォーカシングの実演を紹介する。フォーカシングを取材していたライターの半澤絹子さんがフォーカシングを初めて体験したときの手記だ。半澤さんのフォーカシング体験を通してフォーカシングがどのような体験なのかを示してみたい。[6]

＊6　https://www.ko2.tokyo/archives/10092から転載。

〈今回のセッション方法〉
- 方法：フォーカシング・ショート・フォーム（Zoomを通しての遠隔）
- リスナー（聞き手・セラピスト）：池見陽
- フォーカサー（自分自身にフォーカスする人・クライアント）：半澤絹子

池見（リスナー、以下略）：まず最初に、「自分」というお友達に会った感じで、自分自身に「元気にしてる？」とちょっと挨拶をしてみましょう。声には出さなくていいですよ。

半澤（フォーカサー、以下略）：はい（心の中で自分に挨拶をする）。

池見：つぎに、「今、自分はどんなことが気になってるかなー」とか、そんなふうに、自分の内側に聞いてみましょう。

[Point F]（半澤：以下F）セッションのテーマになるものを探っていく場面。

半澤：はい（自分に向かって「何が気になっているか」を聞く）。

池見：どんなことが浮かんできますか？　ひとことだけ言ってください。

半澤：なんか、"黒いもやもや"がカラダの左のほうにいる感じ、がします。

池見：うんうんうん。それに気づいて。"黒いもやもや"が、カラダの左にいるんですね。じゃあちょっと、そのもやもやの居場所をつくっておきましょう……どんなところにいたらいいかな？

[Point F]フォーカシングの方法のひとつ、「クリアリング・ア・スペース」。いま・ここで何が気になっているのかに気づく。それらの気がかりを、距離をおいて眺めてみる。それらのなかからセッションで何を取り上げるかを選ぶ。気がかりに気づいて、それらと距離を置いてみるだけでも気がかりへの執着がなくなり、スッキリする場合がある。

半澤：カラダの外側に"黒いもやもや"がいたほうがいいんですか？

池見：場所というのはイメージでつくっているので、実際に、"黒いもやもや"がカラダの中にいるわけではないですね。だから、好きな場所でいいですよ。"黒いもやもや"が喜んだり、行きたがっていたりする場所でもいい。

半澤：自分の感覚的には、"黒いもやもや"はカラダの外にいたほうが喜ぶと

いうか、しっくりくる感じがしました。じゃあ、「日当たりのよいところ」がいいかな？　いま、私がいる場所には窓があるんですけど、日当たりのよい窓の近くに"黒いもやもや"が座っている感じ。クッションがあるから、"黒いもやもや"が座れるように、窓の近くに置いてみようかな。

池見：実際にクッションを置かなくても、イメージするだけでもいいですよ。じゃあ、そのクッションの上に"黒いもやもや"さんはいますか？

半澤：はい。

池見：じゃあ、このほかにはどうでしょう？このもやもやのほかに、気になってることはありますか？

半澤：あ、はい。ほかにもいたのに気づきました。

池見：それはもやもやですか？

半澤：ううん。"すっとした長い形のもの"。「悲しさ」というか、「さみしさ」というかわからないんですけど。そんなようなものがここにもいるなって気づきました。

池見："すっとしたもの"もそこにいるんですね。じゃあ、それにも気づいておきましょう。"すっとしたもの"にも居場所をつくってあげようと思います。それは、どこに行きたがっていますか？

半澤：机の上かな？

池見：じゃあ机の上に、"すっとしたもの"の居場所をつくってあげましょう。

半澤：はい。

池見：じゃあ、ひとつは"黒いもやもや"、ふたつ目は"すっとしたもの"を置きました。ほかにはありますか？　もやもやとかじゃなくて、具体的な事柄でもいいんですよ。

半澤：ああ、「仕事しなきゃ」って思ってます。もっとしなきゃって思ってますね。

池見：うん。「しなきゃ」っていう思い？　それとも仕事が「いっぱいたまってる」とかそういうこと？

半澤：いや、もっと、「がつがつ取りにいかないと」みたいな感じかな。

池見：それを思ったらどう？

半澤：そわそわしてちょこっと浮き立つような感じと、ちょっと重い感じの二つがある。「きっとムリなんだろうな」っていう悲しみがいるのかなあ？

池見：じゃあ、そんな感じを、どこに置きましょうか。

半澤：(深呼吸をする)。今、イメージをして、「仕事をしないといけない」と

いう気持ちをベランダの外に置いてみたんですけど、そうしたら、カラダがすっごくラクになりました。

池見：じゃあ、「仕事をしないといけない気持ち」を、ベランダに置きましょうか。いいですか？

半澤：はい。

池見：いま、三つ置きましたが、ほかはどうでしょうか。ほかにありますか？

半澤：「私が気になっていること」がいいんですか？

池見：どんなのがありますか？

半澤：ベランダの外に「仕事しなきゃいけない気持ち」を置いたことで、自分の中に、「お日さま」というか、「観音さま」みたいなすごーい心地いい感じが生まれた。黄色いのが、なんか出てきて、「なんかすごい、いいな」って思った。

池見：うん。じゃあ、それに気づいておきましょう。

半澤：はい。

池見：じゃあ、"黒いもやもや"、"すっとしたもの"、"仕事をしなきゃいけない気持ち"の三つがあったので、そのなかからひとつを取り上げてフォーカシングを進めていきましょう。それと、せっかく観音さまの光みたいなものがあるから、まずはそれをじゅうぶん味わいましょう。

[Point L]（池見：以下L）これからフォーカシングしていく気がかりを選ぶ（池見のステップ2：気がかりを選ぶ）。

半澤：三つのなかからひとつ選ぶなら、"すっとした長方形のもの"だなって感じがします。

池見：それは机の上に置いてありますよね。

半澤：はい。

池見："すっとした長方形のもの"は、なにか、さみしさとか、悲しさとか、そんな感情が伴っていたと仰ってましたね。

半澤：はい（深呼吸をする）。なぜか、もう泣きそうです。

[Point L]ステップ2：取り上げたい事柄のフェルトセンス。

池見：泣きそうになるなら、"すっとしたもの"は、自分にあんまり近づけな

いほうがいいかもしれないですね。これ（すっとしたもの）が何のことを意味するかはわかってます？

半澤：わかってるような、わかってないような。"すっとしたもの"はいろんなものがごっちゃになったもののような気がします。ひとつの要素だけじゃない。

池見："すっとしたもの"のなかに、「いろんなこと」があるんですか？　じゃあ、その「いろんなこと」をクリアリング・ア・スペースで置いていってみましょう。

半澤：はい。

池見：たとえば、「"すっとしたもの"のなかにある悲しさには、Aという悲しさがあります。Aという関係、Bという関係があります」とか、そんな風にやってもらったらいい。言葉に出さなくていいですよ。

半澤：うーん……。"すっとしたもの"はAとも関係があるし、Bと関係もあるし、Cと関係もある。もっと漠然とした何か、みたいなものもあります。

[Point L] ステップ2の途中でステップ1に戻る。「ごっちゃになったもの」を整理するために。

池見：じゃあ、提案なんですけど、たとえば棚に、A、B、C、それから何となくそこにあるDがありますよね。そういう風に並べておけますか？　ちょっと自分から離れたところに。

半澤：はい。（イメージしてABCDを棚に置く）

[Point F] ここでの「クリアリング・ア・スペース」では、"すっとした長方形のもの"に絡まっている状況に一つひとつ気づいておくように整理して、自分との距離感や関係性を捉え直している。

池見：いまいる部屋のなかじゃなくてもいいかもしれない。お寺のなかでもいい。好きな場所に置くのをイメージしてみて。棚のなかに、A、B、C。もうひとつ、Dがある。こういうのが関係して、さみしいような、悲しいような"すっとしたもの"がある。

半澤：（本棚をイメージしてABCDを置き深呼吸をする）。

池見：いま、どうですか？

半澤：うーん置いてみたら……「ABCDが悲しいことに関係してるのかも」って気持ちと、「これがほんとに原因なのかな？」って感じもしてきて。

池見：ABCDはあるんだけど、それがほんとじゃないみたいな。他にもあるの？

半澤：はい。あります。ABCDがフェイクとして置かれてる感じがして、なんか実感がわかなくて。

Point F　AからDまでが実はフェイクだと感じられてきことを受けて、もう一度、フェルトセンスの捉え直しを促している。ステップ2に戻る。

池見：ちょっとABCDは棚上げしましょうか。それは、そのフェルトセンスの本質じゃないかもしれないから。フェイクかもしれないから、それはそのままそこに置いといて。いまのフェルトセンスを感じてみると、どんな感じなんだろう？

半澤："長方形のすっとしたやつ"のことですか？

池見：そう。それを改めて感じて。

半澤：ちょっと変わったんですよね。"すっとしたもの"は長くて白かったんですけど、透明で、もっと"つらら"っぽくなってきて。

池見："つらら"？　氷の？

Point L　フェルトセンスを「ハンドル表現」を用いて表現する。ジェンドリンのステップ2から3。

Point F　フェルトセンスを感じていると、その形や色が変わったりすることがある。それをあらためて感じて表現するなかで体験は過程として動いていく。

半澤：そうそう。

池見：透明のつららみたいなものね。

半澤：つららになってきて……うん。……より鋭利になってきた気もするし。なんか、自分は全然ラクにはなってないですけど……。なんていうのかな…、あ、ほんとモヤモヤする（笑）。

池見：うんうん。「なんていうのかな」というのがフェルトセンスなんですよね。

半澤：うん。ほんとにそんな感じ（笑）。

池見：そうですよね。カラダでも体験されているけれど、うまく言葉にできないものがフェルトセンスです。

Point F この言葉に表せないモヤモヤしたカラダに感じられる意味の感覚こそが、フェルトセンスだ。

池見：いちばん近いのはつららですか？　つららというメタファー（象徴）ですか？

半澤：うん。かなあ。あえていうのなら……。

Point L "つらら"がハンドル表現として機能していることを確認した。ステップ4：「ハンドル表現を響かせる」に入っている。

池見：近い。

半澤：近い。

池見：でもまだ、ぴたっと一致するところまではきてない。

半澤：うん。

池見：でも近いなら近いで、続けてみましょう。

半澤：はい。

池見：そこからもっと適切な表現に近づくかもしれないので。今、"つらら"っていうハンドル表現が出たんですね。このつららを見ていて、「これって、わたしの生きてる状況の何だろうな？」って。「こんなつららみたいな状況ってあるのかな」って。うん。

Point L ステップ4：ハンドル表現を響かせるでは「近い」がぴったりではない、ということがわかるが、拘るよりも、このままつぎのステップ5「問いかけ」に進むことにした。

Point F フォーカシングでの「ハンドル」とは、フェルトセンスの意味をつかむためのカギとなる表現。英語の「ハンドル」は「手で握るところ」、つまり「手がかり」。ハンドル表現を手がかりに意味を探っていく。

半澤：（ハッとして）「おかしい」って思いました、いま。「おかしいと思った」

というか、「感じた」というか。

池見：うんうん。

半澤：「つららがあるのが変だ」って感じた。「何でつららがあるんだ。なくていい。ないものなはずなのに、何であるの？」って。

池見：ほうほうほう。

半澤：怒りみたいなのがわいてきた。

池見：怒りがわいてきたの？

半澤：怒りがわいてきた（笑）。腹が立ってきた。

池見：ふうん。じゃあ、怒りがわいてきたことに気づいておきましょう。ちょっとフェルトセンスが変わってきてますよね。それ、表現として「怒り」って言っていいのかな？

半澤：うん。それが事実かどうかはわからないんですけど。えっと、その、「つらら的なものがある状況を押しつけられてる」みたいな感じがしたんです。

池見：ああ。

半澤：自分にはもともと無いものなのに、あるかのように、なんか、誰かから押しつけられてて、自分はものすごく腹が立ってるみたいな。

池見：僕が押しつけたのかな？

半澤：違う。

Point L 体験はいつも関係のなかで生起しているので、「押しつけて」いるのは私ではないか、「フォーカシングを押しつけているのでは？」と確認を入れてみた。

池見：僕じゃないんだ。じゃあ、誰かに腹が立ってるんだね。

半澤：誰かに腹が立ってる。

池見：うんうんうん。じゃあそれに気がついておきましょう。誰かに腹が立っているの？　そこに誰かが浮かんできましたか？

半澤：浮かんできました（笑）。

池見：うん。じゃあ、それに気づいておきましょう。その人に腹が立っているんだね。

半澤：むちゃくちゃ腹が立ってます（笑）。

池見：じゃあ、その人にむちゃくちゃ腹が立っています。うん。

半澤：はあ（深呼吸）。

池見：良い呼吸がでてきましたね。その人に何が言いたいですか？

半澤：「バカ野郎」って言いたいです。

池見：（笑い）

半澤：（笑）

池見：いま、ニコっとされた。

半澤：ちょっとスッキリしたっていうか。

池見：うんうん。じゃあ、その人に「バカ野郎」って言いたかったんだ。「言いたいんだ」ということに気づいておきます。

半澤：うん。不思議なんですけど、すごいスッキリしてきました。

[Point L] ステップ6：気づいたことを受けとる。

池見：そうでしょ。さっきのつららはもうないでしょ。

半澤：うん。きっとあるだろうけど、自分のものではない感じがしてきた。

池見：変わってきた。今はわりとスッキリしている。

半澤：してます。

池見：うんうん。これは「フェルトシフト」っていうものです。「フェルトセンス」の意味がわかってきて、「『バカ野郎』と言いたい」っていう意味がわかってきて、それがわかると同時に体験が「シフト」するんですよ。変化する。で、フェルトシフトは、だいたい笑いをともなっていたり、「あ、これだ」みたいな感覚がある。

半澤：（笑）。すごいスッキリした感じがします。背中の通りがよくなってる。びっくり（笑）。

池見：そうそうそう。ちょっとびっくりするくらいの変化です。

半澤：なんだこれ（笑）。すごい。想定外のものが、やっぱり出てきた。

[Point F] フェルトシフトが起こると、フェルトセンスの意味が明らかになるだけでなく、カラダの感覚も変わっていく。

池見：そうです、そうです。想定外だからこそシフトするんですよね。すでに知ってることが出てきてもシフトしません。はい。よかった。終わりましょうか。

半澤：ありがとうございました。

求める答えは「もともと知っていた」

① セッション直後のフォーカサー（半澤さん）の感想

　フォーカシングのセッションを体験したあと、自分のなかにあるモヤモヤした感覚（フェルトセンス）の意味を、自分のどこかで知っていたということに気づいた。私の場合は「怒ってはいけない」と、自分の気持ちを見ないフリをしていたようだ。

＊　　　＊　　　＊

　池見さんは、「自分が答えを知っている」ことについて、「インプリシット（暗在的に）」という言葉を教えてくださった。

　「私たちは、自分の中の答えを全く知らないわけではない。明確には把握していないけれど、どこかで答えを知っています。

　自分の感じていることには、実は『ある状況』や『関係』が隠れています。『バカ野郎』って言えたり意味を認識できたりすると、隠れていた状況や関係に気づけて、からだが変化してラクになります」（池見さん）

　一方で、「答え」を知って「方向性」が生まれたとしても、答えが未来を指し示しているわけではないとも感じた。

　筆者の場合、セッションで「バカ野郎」と言えたわけだが、直接それを相手に言うわけではないし、とくにアクションを起こすわけではない。現実は変わらない。けれど、自分の中で何かが動きだした感覚もどこかにある。

　また、セッションで「答えはもともと知っていた」と気づいたが、池見さんがいてくれなかったら、その答えは見つけられなかっただろうとも思った。安心できる池見さんがいてくださったからこそ、セッションに集中できた。一人なら、自分に向き合う勇気が出なかっただろう。

　それは、セッション中、フレキシブルに視点やポジションを変えてくれた池見さんの技術力にもよるだろう。

　「慣れてきたら一人でフォーカシングできると思うけれど、最初のうちは難しいと思いますね。人の相互作用の力が必要だと思うのです。

　常に人との関係性があり、常に未知のフェルトセンスがあって、フォーカ

シングはそこに導かれています。とてもいいセッションでした」（池見さん）

② セッションから半年以上経ったフォーカサー（半澤さん）の感想

　セッションの中で「バカ野郎」と言えたことは、私にとってひとつの通過点となった。セッションを思い出すたび、「黒い感情に気づいて、出せてよかった」という達成感と爽快感を、今でもからだで感じる。……そのせいか、気づいた自分の本音（ネガティブもポジティブも）を出すことに抵抗が薄くなった。社会人として失格なときもあるだろうが、自分を生きる上では大事だと思うようになった。もしかしたら、それが私の変化かもしれない。

　何しろ私が「バカ野郎」と言ったのは、遠い過去の人物だ。ずっと忘れていた。なのにモヤモヤが消えると、とてもからだが軽くなった。「モヤモヤ」、雲のように軽そうなフレーズだけれど、実は重かったと気づいた。

　カラダは常に状況を記憶している。起こったことをなかったことにせず、自分にとっての出来事の意味を知り、自分で認めていくこと。「モヤモヤ」は、私にそれを教えてくれた。

③ リスナーの感想──フォーカサーの感想を読んで

　カラダは実に複雑巧妙（ジェンドリンの専門用語では「イントリカシー」といいます）なありさまで様々な状況が掛け合わされている（ジェンドリンの専門用語では「クロッシング」、日本語では「交差・掛け合わせ」）ことに気づきます。

　半澤さんは、「カラダは常に状況を記憶している」という印象をもたれていますが、厳密には、ここでは過去の記憶が蘇ったのではないのです。半澤さんは生きている状況を「あ、ほんとモヤモヤする」と体験され、それが「つらら」という言葉やイメージと掛け合わされていきます。

　そのあと、その「つらら」に対して半澤さんは「ないはずなのに、なんであるの？」と感じるようになりました。今度はその「ないはずのものがある」は「怒り」と掛け合わされています。つぎに「ないはずのものがある」と「怒り」はある過去の状況と掛け合わされ、その怒りの対象となる人物が浮かんできました。そして、その人物とのかかわりで、インプリシット（暗在的）になっていた関係のあり方を、この場で明在的なかたちで生きられたのです。それは、たとえ象徴的であったとしても、「バカ野郎」とその人に言うことなのです。

　「からだが記憶している過去」のように感じられますが、よくみると、これ

は「いま・ここ」で体験が処理（プロセス）され、前に進んだことによって、過去が見直されたものなのです。このような時制を表現するために、私はcarried forward was（「推進された"だった"」）という用語を提唱しています。体験過程が進んでいって、その人に対して感じているのは怒り「だった」ことにいま、気づいたのです。

出典：Webマガジン コ 2「ソマティックワーク入門 第16回フォーカシング池見陽さん（実践編02）公開 Dec 19, 2022」より

*　　　*　　　*

5　「シカゴ・スタイル・リスニング」（iFocusing）

▌ リスニングの「二重の考察」（ロジャーズ）とカウンセリング教育

第2章の最後にカール・ロジャーズの「リスニングをめぐる二重の考察（double-insight）」について解説した。この「二重の考察」が論文になったのは、彼が亡くなる3ヵ月前のことだった。つまり、これが彼のリスニング（傾聴）の最終的な形だ。

カール・ロジャーズは1940年代の非指示的心理療法の時期に「感情の反射」（「伝え返し」とも呼ばれている）という応答を用いるようになった。しかし、第2章で論じたように、彼は「感情の反射」にアレルギーを感じるようになった。「感情の反射」ばかりでなく、リスニング（傾聴）について語らなくなった。そこから40年ほどの沈黙を経て、彼は再びリスニングについての論考を発表したのだった。それがリスニングについての「二重の考察」だ。

日本では「二重の考察」があまり頻繁に教えられていないこともあって、これを伝えていくことは私に課された使命のように感じるようになった。

「二重の考察」はカウンセラー養成においては重要なインパクトがあり、これからのカウンセリングの教え方に大きく影響するだろう。「二重の考察」の要点を整理してみよう。

これはリスニング（傾聴）に関する二重の考察だ。どういう意味で「二重」なのか。それはカウンセラーからみた視点とクライエントからみた視点の両方が考察されているから「二重の考察」とロジャーズが表現した。

何が考察されているのか。カウンセラーはクライエントの発言からクライエントの体験を理解しようとする。どのように理解したのか、その理解をクライエントに伝えてみて確かめてみる。

ロジャーズはカウンセラーの応答は「理解の試み（Testing Understandings）」（以下TU）だとした。ロジャーズは彼が嫌っていた「感情の反射」という表現をやっと改名することができた。

「理解の試み」は「感情の反射」よりも守備範囲が広い。「感情の反射」では、クライエントが発言した感情表現のみを「伝え返す」が、「理解の試み」では、感情表現があろうとなかろうと、カウンセラーは自分が理解したクライエントの体験を伝えて確かめてみる。それはカウンセラーの追体験あるいは追理解の確認だといえる。

このような応答を受けたクライエントは、カウンセラーの理解に刺激されて、自分がいったい何を体験していたのかを自分でも確かめようとする。すなわち、第4章で解説した「自己追体験」がクライエントに生起し、クライエントの体験過程が推進していく。気がつくとクライエントはフォーカシングαの状態に入っている。これがロジャーズの「リスニングの二重の考察」の内実だ。

これからのリスニング教育において重要なのは、まさにこの「二重の考察」だと私には思える。これまでのカウンセリング教育は「カウンセラーはどのように応答すべきか」あるいは「カウンセラーはどのような態度で聴くべきか」といった「カウンセラー側」のあり方ばかりを教えてきた。「二重の考察」を活かすならば、まずはこれまでのカウンセリング教育がカウンセラー側のみを取り上げた一方的なものだったことを認識しなければならない。

カウンセラーの態度や応答の仕方を教えると同時に、応答を受けたクライエントの体験はいかにあるのかを教えなければならない。フェルトセンスや体験過程について、カウンセラー自身が修練していなければならない。

クライエントに起こっている体験過程が「わかる」ためには、知識のみならず、体験過程が経験的に修得されている必要がある。前節にあったフォーカシング・ショート・フォームのフォーカサー側を何度か経験すると、自分が話をしている最中に、すなわち聴いてもらっている最中に、自然と「フォーカシングα」が自身に起っていることに気づくようになる。カウンセラーはこのようなことを経験的に知っておく必要がある。

つまり、カウンセラーの修練のためには、リスニングにおける応答の仕方

や関係のあり方と同時にフォーカシングを修得しておくことが必須だと私には思える。カウンセラー側、クライエント側の両方を経験するとロジャーズの「二重の考察」の意味が体験的に理解できるようになる。それはまさに、ロジャーズ理論とジェンドリンの理論の両方を体現することになる。

シカゴ・スタイル・リスニングの手順

① 目的

私はリスニングを教えることに長年取り組んできた。大学生・大学院生、臨床心理士、公認心理師、カウンセラー、セラピスト、医療従事者、教職員、企業管理職、心理学に興味がある一般の方など、さまざまな対象者に指導してきた。そのために、いくつかの指導法も考案してきた。この節で紹介する「シカゴ・スタイル・リスニング」もそのひとつだ。

これはカール・ロジャーズの「二重の考察」をフィーチャーしたものだ。これは臨床現場で用いるものではない。また、クライエントの話を聴く方法ではない。カウンセラーやセラピストが聴き手として向上するために自分たちで行うものだ。

② アドバンスド・リスニング

シカゴ・スタイル・リスニングを行う人はリスニングを学んだことがある人だ。カール・ロジャーズのTU（理解の試み）の応答に馴染んでおり、また、フォーカシング α にも馴染んでいる。何度かフォーカシング β を受けた経験があれば、体験過程が推進していく過程を経験しているだろう。シカゴ・スタイル・リスニングはリスニングの基本であるTUとフォーカシングの基盤である体験過程を知っていることが前提とされている。それは「アドバンスド・リスニング」の練習だと位置づけてもいいだろう。

③ 形式

シカゴ・スタイル・リスニングはペア（2名）で行う。所要時間は合計50分。タイマーとなる時計やスマートフォン以外には筆記用具や録音機材などは一切不要だ。

④ 進め方

　ペアの一方が話し手となり、もう一方が聴き手となり、20分のリスニングを行う。以下に解説されているように、20分のリスニングは12分と8分に区切ぎる。（このためにタイマーが必要。）

　話し手は考えてみたい話題を話す。カウンセリングは「悩み相談」というイメージがあるから、悩みを話さないといけないと思う人もいるが、それは正しくない。体験過程は「ネガティブ」な話題でも「ポジティブ」な話題でも、どちらでも生起する。「ポジティブ」、「ネガティブ」は人があとから付けた価値判断で、人の体験過程にはそもそも「ポジティブ」も「ネガティブ」もない。

　話題として適切なのは、「まだ答えが出ていない」話題だ。もう答えがある話題はいくら話をしても考えが深まったり、変わったりすることはない。「旅行に行って楽しかった」という話題は、もう結論が出ているので、いくら話しても考えは深まらないし、楽しかった体験が変わることもない。このような話題はこのワークには適していない。「旅行の手配は全部済ませてあるのに、なんだかわからないけど、いまになって気がのらなくなった。なんだろう」といった話題は、これから考えることなので、同じ旅行を扱ったものでも、こちらのほうは適切な話題となる。

　話を始めるときは、詳細や前置きは話す必要がない。考えたいことからズバリ話すようにする。たとえば、上記のように話しを始めてもいいだろう。「旅行の手配は全部済ませてあるのに、なんだかわからないけど、いまになって気がのらなくなった。なんだろう」。不要な詳細や前置きとはつぎの例のようなものだ。「旅行はオーストラリアのケアンズに行こうと思っているんです。飛行機の切符をジェットスターのセールの日に買って、すごく安くて驚いて……ホテルも予約して、ホテルはケアンズでも高級なホテルなんです。プールサイドバーには……」。このような詳細な前置きは省いて、考えたい本題から話を始める。

〈前半の12分〉

　前半12分では、話し手が考えたい話題を話し、聴き手は言葉で応答せずに話を聴く。聴き手は言葉を使わない。身体の動きは、自然に発生する頷きや笑いや涙などは隠さないように露わにしておく。反対に、相手に合わせようと意図的に演技するような頷きや笑いは禁物だ。ロジャーズが強調したよう

に、「本物であること」（genuineness：第2章）が重要だ。

　また、シカゴ・スタイル・リスニングは「ロール・プレイ」ではない。「ロール・プレイ」では何らかのロール（役割）を演じる。ある特定の病気をしている患者の「役」、ある特定の悩みがあるクライエントの「役」などを演じて、聴き手は「カウンセラー」などの「役割」を演じる。シカゴ・スタイル・リスニングは演技ではなく、その瞬間の「本物の個人」として話し手と聴き手が向かい合う。

　聴き手はつぎの2点に集中しながら話を聴く。

(1)　話し手の体験を正確に理解しようとしていること。正確に理解しているから話し手と同じタイミングで笑みがこぼれることがある。このようなとき、話し手にとっても聴き手が自分の話を理解していることが実感できる。また、話し手の体験がわからないときに、言葉は発しないものの、思わず宙を見上げて考えている聴き手の仕草から、話し手は自分の話は通じていないと気づき、自分が発した表現を再確認してみるだろう。

(2)　聴き手は自分のフェルトセンスを観ながら話を聴く。話を聴いている最中に胸に重たい感じがしてきたり、話し手のある言葉でその重たい感じが急に消えてしまったりするものだ。言葉とともに刻々と変化する聴き手の身に感じられるフェルトセンスに注意を向けておく。聴き手自身のフェルトセンスを感じることを邪魔するのは、聴き手自身の反応だ。質問したくなったり、誘導したくなったり、同意したくなったり、言葉で応答したくなったり、といったものだ。これらにはただ気づいておくようにする。そして注意を喉、胸、お腹〜いわゆる「カラダの真ん中」に向け、そこにはどんなフェルトセンスがあるかを観にいく。

　　フェルトセンスはユージン・ジェンドリンが注目したものだが、カール・ロジャーズも聴き手の「フェルトセンス」に注目していた。第2章で解説したように、ロジャーズは「本物であること（genuineness）」をつぎのように解説していた。

　　　"本物であること"は防衛的な仮面をかぶっているのではなく、彼がカラダで体験している気持ちとともにクライエントに会っていることを意味している。（Rogers, 1961, p. 184. 筆者意訳）

　つまり、聴き手が「本物」ならば、自身の身のうちに感じているフェルト

センスに気づいている。多くのカウンセリング初心者は相手が話している内容についてあれこれ考える方向に注意が向いてしまう。その瞬間、自分のカラダは何を体験しているのかを見落としてしまうから、これは有用な練習だ。

　また、カウンセリング初心者は話を聴きながら、「どんな応答をしようか」と応答を考えていることが多い。そのために、話の一部を聞き落としている場合もある。応答する必要がない前半では、聴き手は話し手の体験に対する自分の追体験に集中することができる。これもカウンセリングには有用なトレーニングとなる。

〈後半の8分〉

　12分が経過すると、後半の8分に入る。ここでは、聴き手は応答したければ言葉で応答してもよい。応答はTU（理解の試み）を中心とする。「聴いていて、私はあなたの体験をこのように理解しました。あっていますか？」といった応答だ。

　このほかに自分が感じたことを"アイ・メッセージ"（I message）として伝えてもよい。「聴いていて、私は感動して涙がでそうになりました」のような「私」の表明だ。そのほか、わからなかったところがあって、話が理解できていないときは、「理解できていないので教えてください」と尋ねてみる（絶対傾聴 "absolute listening"：Gendlin, 1981/2007, pp. 135-138）。また、体験過程の推進を援助するために、表5-3（201頁）に登場する「問いかけ」を用いると役立つことがある。

〈最後の10分〉

　20分のリスニングをしたあと、話し手と聞き手を交代して再び20分のリスニングを行う。ここまでで40分が経過している。残りの10分ではふたりの体験を振り返って話し合う。また、話が時間内に終わっていない場合、この10分を予備の時間として利用することもできる。

▍シカゴ・スタイル・リスニングの感想

　シカゴ・スタイル・リスニングはこれまでもっぱらワークショップで用いてきたため、それ自体を研究の対象としたことはない。そのため、同法の効果についての実証的研究は存在しない。また、調査という文脈で集められた

感想文もない。筆者がよく耳にする感想は以下のようなものだ。

〈聴き手をしたときの感想〉
- クライエントの話を聴いている最中に、「どのように応答しようか」と考え、そちらに集中力を取られていることが多いが、「言葉で応答しない」のだから応答を考える必要がなく、話し手の体験を純粋に追体験できた。
- これまでカウンセリングをしてきて、いかに無駄な質問をしていたかがよくわかった。
- 言葉で応答しなくても、こんなに体験が動いていくということに驚いた。
- 後半になって言葉で応答することができて、より繋がった感じがあった。
- 前半に繋がった感じが強く、後半になっても頷くだけで言葉での応答はしなかった。
- 最初から繋がった感じがあり、始まってすぐから最後まで二人で泣いていたので、言葉での応答はしなかった（初対面の二人）。

〈話し手をしたときの感想〉
- あれ、聴き手の応答がなくても、こんなに体験が動くの!?
- 聴き手が真剣なまなざしを向けてくれていたのが印象的だった。
- 話し出したら、聴き手が見てくれているだけで、次々と自分の体験が開いていき、話し終わったときには「なるほど、そうだったのか」と思った。
- 後半になって言葉で応答してくれたのでより繋がった感じがした。
- 前半は独り言を言っているみたいで、どうかなと思った。
- 聴き手がなにも言わないのに、私はフォーカシングをしていた。

　カウンセラーやセラピストは、自分の技量がクライエントの体験を進め、クライエントの役に立っていると思う傾向がある。もちろんカウンセラーの技量は重要だ。しかし、それはクライエント自身が言葉を紡ぎ出すことによって、クライエント自らが体験・表現・理解のサイクルをまわしていき、新たに意味形成していく力の上に成り立つ。クライエントの力を信頼すること。そして、プレゼンス（存在感・臨在すること）をもってそこにいること。これらが重要だ。

　クライエントが自ら意味を見出す力が存在しないのならば、そもそも「クライエント中心」も「パーソン・センタード」セラピーも成り立たないのだから。

「深いリスニング（Deep Listening）」（傾聴）との関係

フォーカシング指導者デイビッド・ローム氏（David Rome）と初めて会ったのは2006年ごろだった。キリスト教の修道院を仏教財団が買収して研修所としてリニューアルした施設がニューヨーク郊外にある。デイビッド・ロームはそこの理事だったか責任者をしていた。

ジェンドリンの友人でもあり、フォーカシングの研修には仏教施設を使わせてくれた。そこで行われたフォーカシング研究所の夏期講習会で教えていたころ、彼とはよくフォーカシングや仏教のことを雑談するようになった。じつは、彼はアメリカにチベット仏教を広めたチベットの高僧チョギャム・トゥルンパ師の秘書として長年勤め、アメリカ合衆国における仏教教団の活動をビジネス面でサポートしてきた。また、友人のジェンドリンをサポートしようと、フォーカシング研究所（The International Focusing Institute）の理事長としてフォーカシング研究所を支えていた時期がある。

彼の視点では、チベット仏教とフォーカシングはとても相性がよく、仏教瞑想にないものがフォーカシングにあり、フォーカシングにないものが仏教瞑想にあった。彼は独自の「マインドフル・フォーカシング」を考案し、彼の著作は日本語にも翻訳されている（Rome, 2014; ローム , 2016）。

私が試みていた「エイジアン・フォーカシング・メソッズ」（第4章）とも共通点が多い。シアトル大学で開かれた国際会議では二人で同じフロアで発表し、それぞれの発表についてコメントしあった。また、2017年に私が第1回アジア・フォーカシング国際会議を神戸で主催したときには、ゲスト・スピーカーとして彼を招聘した。関西滞在中に、関西カウンセリングセンター（大阪）でデイビッド・ロームのワークショップを開催して私が通訳を務めた。

デイビッド・ロームのワークのなかに「ただ聴く（Just Listening）」というものがある。これは「深いリスニング（傾聴）」とも呼ばれる。また、YouTubeでは、Embodied Listeningと題して紹介ビデオが数本アップロードされている。[7]

私が最初に「深いリスニング」を体験したのは、じつはデイビッドのワークショップではなく、ジョーン・ハリファックス老師（Joan Halifax：ウパヤ禅センター主管、アメリカ合衆国アリゾナ州）のGRACE[8]ワークショップだった。食

＊7　Embodied Listening, Deep Listening Protocol. "Just Listening" といった用語をどのように使い分けているのかは定かではない。

事をしていると共通の友人にデイビッド・ロームがいることに気づき、「アキラ、明日デイビッドのリスニングのワークをするから手伝ってね」と言われたのがきっかけだった。その後、デイビッドのワークショップの通訳をするなども経験して、このワークの手順が把握できてきた。

　マインドフルに座るなど、最初は数分の短い瞑想から入る。考えが落ちていき、注意をからだの真ん中に向ける。話し手の話を言葉で応答しないで聴く。話を聴いているときに、聴き手自身のカラダに感じられるフェルトセンスに注意を向ける。また、聴き手自身の反応にも気づいておく。それらはつぎのようなものだ。

- はっきりわかっている／混乱している
- 賛成か／反対か
- 愉快か／不快か
- 助けたい・解決したい・直したい
- 自分の反応を、自己判断することなく、受け入れましょう。
- こころを開いて、共感的に、判断せずに相手を傾聴することに戻りましょう。

（ローム, 2016, p. 112 より）

　すなわち、私の「シカゴ・スタイル・リスニング」の〈最初の12分〉、言葉で応答しない部分は、デイビッド・ロームの「深いリスニング」だ。彼はセッションの長さの設定はしていないが、終了1分前に聴き手が話し手に知らせることを手順に含んでいる。彼が推薦するところでは5分から始めて、心地よければ延長していくようにペアで話し合って決めることになっている。アメリカ人は5分間黙って聴くのは難しいような印象を私はもっている。そのため、沈黙の傾聴5分間で始めるのは納得がいく。日本人は5分では短いと感じるため、私は12分と設定している。[9]

　デイビッド・ロームの「深いリスニング」は役に立つという実感があった。院生たちと試してみているうちに、カウンセラー養成をしている私の立場では、言葉を使う部分も必要だと思うようになった。そこで、私は〈後半の8

---

[8]　GRACE ワークショップについては、つぎのホームページが詳しく紹介している。https://gracejapan.org

[9]　12分と8分という時間設定には特別な根拠はなく、経験的に決めたものだ。

分〉を「深いリスニング」に加えた。それによって、このワークがめざすところはロームの「深いリスニング」とは区別することができた。

　私が考案したワークはジェンドリンが注目したクライエント（話し手）に起こる「内なる行為」（フォーカシングα）とロジャーズが注目したカウンセラー（聴き手）の「理解の試み」（TU）となった。まさに、ロジャーズによるリスニングの「二重の考察」のワークとして仕上がった。カール・ロジャーズとユージン・ジェンドリン、シカゴ大学教授だったふたりに敬意を表し、「シカゴ・スタイル・リスニング」と命名した次第だ。

エピローグ

1 「書く」ことによって発想が推進される

　本を書き終えたときには、いつも「これで言いたいことは言い尽くした」と実感する。しかし不思議なもので、つぎの本を書きはじめてみると、前の本に書いたことからの発展がいくつもあることに驚かされる。「その先があったんだ」と自分でも感心するほどだ。

　「何をきっかけに発想が先に進んだのか」と人に問われると、「これ」という答えは見つからない。ひとつだけ確かなことは、「書く」という行為は発想を推進させるという事実だ。本書の執筆を薦めてくれて、編集を担当してくれた創元社の堂本誠二氏に感謝する。本書は書き出してから脱稿まで丸2年半かかってしまった。当初の予想を大幅に上回る時間がかかった。発想が次々と推進していったことに自分でもついていけなかった面がある。

　ジェンドリン哲学のキーワードのひとつに"saying"（言う、ということ）がある。何かを言うということは新しい意味を創出することで、言う前にあった意味の感覚は「言う」という行為によって変容する。この変容こそが、本書で取り上げてきた「体験・表現・理解」に特徴づけられる「体験過程」だ。

　理解が先にあって、それを表現するのではなく、うすうす感じている何かを表現してはじめて理解が成立する。言葉にして書いてみて、はじめて自分が言いたかったのはこれだったとわかる。無数の論点が浮かんでいる池のなかから、論点のいくつかを掬い上げてみて、はじめて論点と論点が線になって繋がっていることに気づき、新しい理解が成立していることがわかる。

また、時には、掬い上げた論点たちが線になって繋がらず、それらを池に戻し、つぎはどのあたりから掬い上げたらいいのか、立ち止まって吟味している自分に気づく。「作品は生き物だ」とよく言われるが、こうやって掬いあげて線になった思考はどこに向かっているのか、どこまで続くのか、いつ頃一段落するのか、著者自身にもわからない。

　本書で明らかになった新しい観点とはいかなるものか。それは著者よりも読者のほうが正確に読み取っているだろう。著者としてはいくつかの新しい観点や手法が提示されているように思う。なかでも著者自身に印象的なのは「フォーカシングα」と「フォーカシングβ」を明確に区別できたことだ。そして、「フォーカシングα」の内実を体験過程、すなわち「体験・表現・理解」の循環だと基盤づけた。

　ジェンドリンの「体験過程」は、哲学者ディルタイのErleben（生きられた体験：「体験・表現・理解」）だという事実は、田中秀男氏が以前から注目しており（田中2016, pp. 53-54など）、このことについて田中氏はジェンドリン本人とも話し合っている。この観点は本書の柱となっているから田中秀男氏にも感謝したい。そもそも、ジェンドリンは、彼が使用する語「体験過程」はディルタイのErlebenだと修士論文（Gendlin, 1950）で明言していた。

　「フォーカシング」というと、その方法（フォーカシングβ）ばかりが注目される傾向がある。それはなぜなのかと考えてみると、答えははっきりしている。フォーカシングの方法がはっきり提示されているからだ。

　一方、人が行っている「内的行為としてのフォーカシング」（フォーカシングα）の原理は記述が少ない。事実、ジェンドリンは彼が執筆したフォーカシング関係文献で「体験・表現・理解」を解説したことがない。彼の哲学に「もっとも根本的なインパクトがあったのはディルタイだ」（Gendlin, 1997, p. 41）と明言しているわりに、彼の哲学文献のなかではディルタイへの言及は少ない。彼が執筆したフォーカシング文献ではGendlin（1973, p. 317）以外でディルタイへの言及を見た覚えがない。

　どうしてジェンドリンがフォーカシングの文脈でディルタイに言及しないのか、私にはわからない。しかし、確かなことは、彼が言及しないからフォーカシングαの原理が一般に知られていないということだ。私は日本語では本書で、英語ではIkemi（2017）やIkemi（2021, pp. 107-108）でこのことを発信し、内的行為としてのフォーカシングについてジェンドリンが解説していなかった側面への理解を浮かび上がらせようとしている。

本書を書き終えてみると、本書は二人の人間をフィーチャーしてきたことに気づく。それは私のシカゴ大学大学院当時の恩師ユージン・ジェンドリンと、もう一人は私自身だ。そこでこの二人について執筆したエッセーをエピローグに含めて筆を納めることにする。

2　　フォーカシングと私──狭間でのめぐり逢い

▌狭間に暮らす

　天秤座に生まれたこととは関係がないかもしれないが、幼いころから私は狭間を生きてきたように思える。六甲山脈のなかでは比較的低い標高ではあるが、山の上で育った。学校の友達は山を下った街に住んでいたから、学校から帰宅すると、ポツンと一人で過ごした。雲が流れていくのを見ているのが好きで、蟻の動き方が面白いと観察するのに飽きることはなかった。将来はあまり人とかかわることがない、物書きのような仕事をしてみたいとも思っていたのを覚えている。

　父親は広告業で小さな会社を営んでいた。仕事の内実はほとんど営業だった。常に人と関わっていて、頻繁に家に人を招いていた。週末は決まって接待ゴルフだった。そんな仕事の仕方は無理だと幼いころから決めていた。母親は「この子は大学の研究室に残って何かをコツコツと研究していくタイプだ」と思っていたからか、雲や蟻や鳥を観察していていいのだと安心していた。妹は父親の傾向を受け継いだのか、常に友達を呼んできてはテレビの前で歌謡曲の振り付けを練習して盛り上がっていた。それを横目に黙って犬と散歩に行くひとときに充実感を感じていた。

　一人好きの反面、人好きでもある。人付き合いの範囲は妹に比べると狭いが、友達とのかかわりはとても楽しいと感じていた。しかし、人疲れをする傾向はあり、ある程度の時間を友人たちと過ごすと、一人の時間を守り、適度に自閉していた。天秤のように人といる時間と一人でいる時間の巧妙なバランスをとっていたのではないかと、いまになって思う。

　コロナ以降はインターネット会議システムZoomでフォーカシングの個人指導、会議さらにはワークショップや講演をするようになった。Zoomになって驚いたのは、繋がる相手は海外の人たちが多くなってきたことだ。いま

では日本人が4割、海外の人たちが6割ほどになっている。旅費節約の意味もあってインターネットでワークショップをするようになったが、物理的に海外に行く機会が減ったのは少し残念だ。

第一言語設定がUS Englishのマックを通して、一日中英語で話している日もある。そして見ているテレビはMSNBCやCNN（アメリカ合衆国から発信されるケーブルテレビ）、つけっぱなしのインターネット・ラジオはJazzradio（アメリカから発信）ならば、いったい自分がどこで暮らしているのかさえも実感が薄い。日本と海外の狭間に暮らしているようなものだが、このボーダレスで、ワールドワイドで、バーチャルなリアリティ、それに自閉的とも社交的とも判定困難なこの生活実態こそがNew Normalなのだろうか。

言語の狭間に聴こえてくるもの

インターナショナル・スクールのバイリンガル環境（英・日）で育ったことも、私の研究課題と大いに関係している。カール・ロジャーズの著作のなかに"This Is Me"と題した章がある。「これが私だ」と言い切れる感覚は英語的だと思う。日本語だとそう単純ではない。そもそもMeという一人称は日本語の場合は常に関係的だから、相手によって「わたくし」なのか「わたし」なのか、「僕」なのか「俺」なのか、などと感じ方が異なる。独り言で「俺はね」と口に出して言ってみる。つぎに「私はね」と口に出して言ってみる。前者を言うときと後者を言うとき、自分（主体）の感じ方（フェルトセンス）が違っていることに気づく。

いつ、どんなときでも、相手が誰であろうと、私はいつもMe、あなたはいつもYouという感覚は英語で話すときに味わうことができるcut n' dryな（ドライに割り切れる）感覚だ。その対人関係の感覚は日本語では表現しにくい。反対に、相手（とくに男性）の名前のあとに「〜さん」をつけるか、「〜くん」をつけるか「呼び捨て」にするかを迷うのは日本語でしか味わうことができない微妙で繊細な人間関係のテイストだ。

私が「真の私」であり続け、あなたは「真のあなた」であり続け、二人が「出会う」ことのスッキリした素晴らしい奥深さは、英語チャンネルで体験可能だ。映画「出会いへの道」（日本語吹き替え版。カール・ロジャーズ主演、エンカウンター・グループを取材したアカデミー賞受賞映画）では、日本語に吹き替えられた音声の下に、ところどころ元の英語が残っている。そして、この二つ

の言語がもたらすフェルトセンスの違いに驚く。カラダの感じ方がまるで異なるのだ。女性参加者がカール・ロジャーズに「先生！」と甘い声をかける、そのときカメラワークは彼女のチャイナドールのようなお人形さん顔と奥深い瞳にズームイン。こんなカットが数ヵ所ある。

　じつはここ、英語では「先生」ではなく"Carl"と（日本語的に言えば）「呼び捨て」にしている。彼女は彼女らしくいて、カールとわかり合う一瞬の出会い場面には「スッキリした素晴らしい奥深さ」があるように私には感じられる。一方、日本語の「先生！」という甘い響きにはキャンディの甘さとべたべたと手にひっついて離れない感覚が立ち現れてくる。私は台詞訳を批判しているのではなく、言語が変わるとき、こんなにも感じ方が変わるということの実例をこの映画のいちシーンを通して紹介しているに過ぎない。

　言葉や象徴は、ある意味のまとまりや「現実」を運んできてくれる。私は別の論文（池見, 2019）で、象徴が意味連関を「運んでくる」機能をギヴス（Gives）と表現した。「アートは心の内側を外側に表現する」と一般的に言われるが、私はアート表現は内側→外側の一方通行ではないと主張した。すなわち、ある象徴は意味を「運んできて（gives）」、それによって私たちの思考が「前に運ばれる（carry forward）」のだ。これはアートの文脈で論じられているが、じつはこの発想の背景にはバイリンガル体験がある。

　高校生の野球の試合を放送で見ながら、「野球選手」という日本語の言葉が運んでくるギヴスには、どんなものがあるだろうかと思ってみた。「日焼け」「根性」「練習」「厳しい」「合宿」「汗臭い」「体育会」など、ひとつの意味のまとまり——フェルト・ミーニング——ちょっと雑だが——ひとつの「現実」——がこの言葉を口にしたとたんに発生する。

　では、「野球選手」を英語にして"baseball player"と言ってみたとき、何が起こるだろうか。まったく違うギヴスが運ばれてくる。Playerはplayする人、つまり「遊んでいる人」。「ベースボールをして遊んでいる人」からは「楽しい」「愉快」などのギヴスが運ばれてくる。英語の"play"の感覚は日本語の「遊ぶ」とまったく同じではないにしろ、「野球選手」と"baseball player"～これらは同じ意味の言葉だ、と言われても、そう簡単には納得できないほどフェルトセンス（フェルト・ミーニング）が違っている。日本の高校野球の選手は"baseball players"ではなく"baseball samurais"のように目に映る。こういったバイリンガル言語がもたらす狭間を私は中学生のころから顕著に感じるようになった。

横道に逸れるが、昔、私よりも一世代年上の諸先生方から「日本人は自我が弱い」とよく聞かされた。ご指摘の現象はよくわかる。だけど、それは自我の構造的な問題ではなく、言語の性質だと思う。

　「私は〜こう思っている、あなたはどう思っているの？」は"I love you, do you love me?"と同じできわめて英語的な発想だ。日本語だと、「私の感じ方」のなかに、「あなたはきっとこう感じているだろうが……」が最初からブレンドされている。つまり、私の感じ方のなかに相手の思いが暗在的（implicit）に含まれている。それは「甘えの構造」ではなく、言語の構造だ。

　ミック・クーパーとの対話論文（Cooper & Ikemi, 2012）の結びで述べたように、ロジャーズの6条件の第一条件、つまり「二人の人間に心理的接触があること」では「あなた」と「わたし」が個別の実体であるかのように描かれているが、「あなた」と「わたし」が「もともと絡み合っている（originally entangled）」様相をパーソン・センタード理論に構築していくことは今後の重要な課題だと認識している。

　「わたし」のなかにすでに「あなた」が暗に交差されているというのはジェンドリン先生（Eugene Gendlin）の追体験をめぐる観察（Gendlin, 1997, p. 41）だが、日本語話者にはこれはとくに際立って体験される。「わたし」と言うのか「俺」と言うのか、これを無自覚に選択しているときに、すでに相手の存在が第一人称（主体）と絡み合って交差している。そして、それがいかに絡み合っているのかは、発言をした後になってしかわからない。あとになって省みたときに「ああ、あのとき私がこれこれと発言したのは、暗に彼の気持ちを汲み取っていたからだ、そうだった」と気づく独特の推進の様相をIkemi（2017）は「推進された"だった"（carried forward was）」と表現している。本当に言いたかったことは、何度か言葉を言い換えてみて、やっとしっくりした言葉が見つかって「こうこうだった」となる。

　では、発言する前には本当に言いたかったことは存在するのだろうか。それはフェルト・ミーニング、つまり意味感覚として存在する。然るに日本語的な感覚では、"I love you, do you love me?"は青臭く感じられ、言葉にならない以心伝心のなかで、互いが"love"という一語からこぼれ落ちる複雑巧妙（intricacy）なありさまをフェルト・ミーニングとして汲み取る。日本語は、英語に比べて相互主観性や共感性に富んでいるように感じる。

　さて、中学生のころに戻ろう。「本当の自分は日本語のなかにいるのか、英語のなかにいるのか」こんな課題を思いついたのは9年生（中学3年）のころ

だった。事実、英語を話しているときと、日本語を話しているときでは身体の動作までもが違っている。「はじめまして」と発言するときに、少し頭を下げて、少し緊張する身振りと "How do you do" と胸を張って、腕を伸ばして、スマイルして手を差し出す身振りでは身体の動作も気分もまるで違っている。本当の私はどっちだ？

　いまになっても、この課題を卒業したとは言い難いが、いま振り返ってみると、「本当の自分」の存在を、このころは疑うことはしなかった。そして「本当の自分」を存分に引き出してくれるのは日本語か英語か、といった単純な問いの立て方をしていたことに気づく。

心理学と哲学の狭間に現れるもの

　「本当の自分」などといったものに興味があったから、何の疑いもなく心理学専攻としてボストン大学（Boston College）に入学した。しかし、胸を躍らせる思いで最初に履修した心理学科目 Psych101（心理学概論）で、私の思い描いていた学問は心理学ではないことに気づかされた。

　このころの心理学概論は2セメスターに分かれており、「自然科学としての心理学」と「社会科学としての心理学」はどちらを先に履修してもいいが、2セメスターに分けて履修しなければならなかった。「母性行動の研究」は、生理心理学の教授が担当する「自然科学としての心理学」の中心課題だった。教授自身の数々の動物実験を紹介しながら、ラットにおけるホルモンと行動の関係を説いていった。待てよ、これ、生物学？　心理学だとすると、「本当の自分」とはまったくベクトルが違っている。迷子になった不安な気持ちはつぎの学期の「社会科学としての心理学」が解消してくれるだろうと信じてみることにした。

　ところが、つぎの学期の「社会科学としての心理学」はのっけから統計学だった。参った！　数学アレルギーというか、算数がわからないまま数学を勉強したために、数学が「理解できた」実感がもてないままの私は、まるでショック状態に陥ったも同然だった。

　小学生のころからゼロの概念の意味がよくわからない。ここに1本の牛乳パックがある。これを0で掛け算する（つまり、掛け算しない、という意味？）$1 \times 0 = 0$ だと教わったが、そんなことはあるものか。目の前の牛乳パックは消えてなくなるわけではない。だから $1 \times 0 = 1$ が正解のはずだ。友達は、

そういうことはどうでもいいので、とにかく、この手の問題がでたら0と書けばいいのだと教えてくれたが、納得がいかない。

こういったことはほかにもあった。長々と字数を割いて書くほどのことではないが、「通分」とはいったい何か？　ウチは二人兄妹。妹が1人、男は私1人（男は1/2）。隣は兄妹3人、うち男は2人（2/3）。合わせると、子供たちは5人で男は3人（3/5）。つまり、1/2 ＋ 2/3 ＝ 3/5となるが、これは「通分していないので間違っている」らしい。しかし、目の前には子供たちが5人、そして男の子が3人いることは疑う余地がないではないか。

算数の基本がよく理解できていないまま数学に進むと、「わけがわからない」溜息の連続となった。ルートとは何か？　そんなことを、あらためてゆっくり考えてみる間もなく $1/\sqrt{n-1}$ などの意味不明の記号を含む統計の宿題が容赦なく降り注いできた。

心理学に失望していた時期に「フロイトと哲学」と題した哲学授業に救われた。この科目を担当していたコブ・スティーブンス教授（Richard Cobb-Stevens）はソルボンヌで、ポール・リクール（Paul Ricoeur）がジークムント・フロイト（Sigmund Freud）を扱った著作を執筆していたころ、助手をされていた。先生はフロイト思想が「ヒステリー研究」以降どのように展開していったのかを詳細に講義していかれた。

この授業に「のめり込んだ」私は、心理学科で教えている精神分析や心理療法論について、奥行きの不足を感じるようになった。哲学への関心が増し、哲学授業を積極的に履修したり、もぐったりするようになった。ボストン大学にはジャック・タミニオー先生（Jacques Taminiaux）やハンス・ゲオルク・ガダマー先生（Hans-Georg Gadamer）といったヨーロッパの著名な現象学・解釈学の客員教授陣がおられた。ベルギーのリューベン大学から来られていたタミニオー先生の授業「ニーチェ」には深い感動を覚えた。授業内容ばかりでなく、じつは先生のヨーロッパ的で紳士的なお人柄や人との繊細な接し方のテイストに惹かれるものがあった。それはフライドポテトを口いっぱいに頬張って、バドワイザーで流し込みながら、アメフトの試合に熱中して、チアリーダーを見てワーワー騒いでいるノリのアメリカ合衆国では滅多に接することができない、自分自身の繊細な感覚とも重なっていた。

心理学科から哲学科に転専攻しようかとも考えたが、「パーソナリティ心理学」の授業で読んだ ジョージ・ケリー（George Kelly）とカール・ロジャーズには魅力を感じた。とくに、ロジャーズの著作 *On Becoming a Person* に収録さ

れている"What it Means to Become a Person"を読んだときには目が覚める思いがした。ロジャーズの著作の多くは講演録で構成されているため、平易な話し言葉で書かれていることも印象的だった。カウンセリングへの興味を捨てきれず、転専攻はしないことにして、心理学専攻、哲学副専攻で大学を卒業した。

ハイデガーとロジャーズの合流が培うもの

　大学卒業後の進路について、マルチン・ハイデガー（Martin Heidegger）の哲学やジャン・ピアジェ（Jean Piaget）のモラル発達を研究されておられたシスター・マーガレット・ゴーマン（Sr. Margaret Gorman）と相談しているなかで、はじめてユージン・ジェンドリンの名前を知った。

　「哲学者ハイデガーの英訳に携わって、文通もしている哲学者よ。しかも、彼はカール・ロジャーズとともにクライエント中心療法を研究している人だよ、アキラには是非おすすめだわ」と、先生の言葉が私の脳に到達した瞬間、何かが着火したかのごとく全身に興奮が走った。だって、ハイデガーは今世紀最強の哲学者だろう、とその根拠を検討するまでもなく信じていた。素人を寄せ付けない文の難解さはあるが、その奥に光る何かがあって、それとよく似た何かがカール・ロジャーズにも光っていた。こちらは対照的に素人にわかりやすい英語の話し言葉で、その何かを伝えようとしていた。

　研究スタイルとしては、図書館に籠もってギリシャ語の古典からコツコツと築き上げていくハイデガー。対照的に、カウンセリングやエンカウンター・グループのような対人関係の場に出て行って、そこで人と関わるということを研究の対象にしているロジャーズ。適度に自閉しているのが好きで、かつ、人好きな私にとってみれば、これほど魅力的な組み合わせは考えられなかった。

　大学を卒業する頃はまだ電子メールがない時代だった。そこでジェンドリン先生に連絡を取るには電話をする以外になかった。先生の研究室はいつも不在だったので、連絡がとれるまでには相当な時間を要した。やっと電話で連絡がとれると、先生は、「いまはフォーカシングをやっている」と言われた。それは、聞いたことがなかった。どんなものですか？　すると先生はシカゴ市内の会場でワークショップをする、無料で入れてあげるから、見にくるか、と誘ってくださった。さっそくシカゴに飛んでワークショップに参加した。

その会場でジェンドリン先生と初めてお会いした。とてもヨーロッパ的で繊細な人間関係のテイストが感じられた。先生がフォーカシングのリスナーをされている場面はまるで魔法を見るようだった。先生はひたすら優しく聴いているように見えた。当時、フォーカシングを知らない私は、どこがフォーカシングなのか、わからなかった。印象に残ったのは、とても敏感で、優しく、非指示的で、それでいて力強いリスニングだったこと。目の前のクライエントは、たちまち変容していくではないか。すぐにシカゴ大学（University of Chicago）大学院に進むことを決めた。幸い同大学院より学費・寮費全額給付の奨学金にも恵まれ、シカゴ市内はハイドパークのキャンパスに居を移した。

ジェンドリン先生は大学ではフォーカシングは教えておられなかった。開講授業科目はフッサール、ハイデガー、カント、それと理論構築（Theory Construction）だった。授業科目にフォーカシングはなかったが、先生の研究室が当時のフォーカシング研究所（The Focusing Institute）だった。そして、著作『フォーカシング』の出版に合わせてはじめてフォーカシング・トレーナー養成のための夜間コースが行われた。事務局をしていた ドラリー・グリンドラー（Doralee Grindler）を手伝うということで、これに参加させていただいた。

授業時間外にジェンドリン先生とは言語の話で盛り上がった。ときどき先生のフォーカシングのリスナーをしていると、先生はドイツ語のハンドル表現を使うことがあった。意味がわからないと伝えると、わからなくてもいいから、その発音を真似して伝え返してくれ、と言っておられたのは印象的だった。どうしても英語にならないと仰っていたが、もちろん、私もどうしても英語にならない、日本語にしかならない感覚はいくらでもある。先生に「多少は」「気を遣っていた」が、これらも日本語でしか表現できない感覚だ（「多少」とは a lot… 多いのか、それとも a little … 少ないのか？）。こうやって、互いが言語の狭間にいる感覚を楽しんで語り合った。

2013年の夏、先生を訪ねた。電子メールでときどき連絡をとっていたものの、実際には、何年かお会いしていなかった。別れ際に "Let me give you a big hug. This is the last time I'll be seeing you（最後になるだろうから、ビッグ・ハグをしよう）" そんなことはないよ、と私は言ったが、先生は私の耳元で "I know" とだけ囁かれた。

2018年の夏、先生亡きあと、先生のウィーンの生家や先生が通われたギムナジウム（学校）、それに「ユージン・ジェンドリン展」を行っていたウィー

ンのAlsergrund地区にあるBezirksMuseum（地域ミュージアム）を訪ねる機会があった。ジェンドリン先生からはまだまだ学ぶことがある。

3　ユージン・ジェンドリンの故郷ウィーンへの巡礼の旅

　2018年7月、ウィーン大学で開催された国際会議の際、ユージン・ジェンドリンと生前から懇意だったウィーン在住のロール・コーベイ（Lore Kobei）が「ジェンドリン・ウォーク」というオプショナル・ツアーを企画した。ユージン・ジェンドリンはウィーンの生まれだった。彼は「ジーン（Gene）」というあだ名で親しまれていたが、ドイツ語圏で過ごした幼少期は、きっとドイツ語の発音「オイゲン（Eugen）」と呼ばれていたに違いない。ジーンのウィーンでの生活のことを知りたい僕たちはロールの案内で地下鉄U2号線をShottenring駅で下車した。地上に出るとすぐにロールの声が聞こえてきた、「左手を見るように」と。そこには日本で言えば「高級マンション」が建っていた。ウィーン第9区 Rossauer Lande 通り25番地、ここがジーンの生家だった。少年オイゲンは、ここで11歳になるまで暮らしていた。

　きっと建物のなかから外をみると、通りを隔ててドナウ川の運河Donau Kanalとその両岸の公園が視野に飛び込んできただろう。ジーンが住んでいたニューヨーク、マンハッタンはウェストサイドのアパートメントでも同じだったことを僕は思い出していた。窓の外、通りを隔てたところにハドソン川が流れていた。もちろん、ハドソンのほうが運河よりもずっと大きいが、川とその両岸の公園を見下ろすのは同じだった。

　ジーンは都会が好きだった。ウィーン育ちのジーンには都会が似合っていた。奥さんのメアリーは郊外の一軒家に住みたかった。一時期、ジーンはマンハッタンのアパートメント、メアリーは郊外の家にそれぞれ一人住まいだった。「せっかく郊外の家を手に入れたのに」とメアリーがぼやいていたのを

思い出した。歳をとって、マンハッタンでの生活を諦め、メアリーと郊外で暮らすようになった。USエアウェイズ1549便がニューヨーク離陸直後、エンジンに鳥が巻き込まれてパワーを失い、ハドソン川に不時着したときには、もうジーンは郊外のスプリング・バレーで生活していた。もしもウェストサイドにいたら、窓の直ぐ外の出来事だった。

ウィーン第9区についてロールは「ここにはブルジョア・ユダヤ人がたくさん住んでいたのよ」と言っていた。そして、彼女はジーンがドイツ語で話すとき、いまではあまり耳にしない、微かなブルジョア・ユダヤ人の訛りが聞き取れたと言っていた。「おじいさんみたいなのよ」と彼女は僕に言った。言葉の訛りだけじゃなく、「アキラは柄物のシャツを着ているけど、ジーンは絶対着なかったでしょう。いつも、白か、クリームの無地のシャツにグレーのズボンだったよね、おじいさんみたい」と言って僕たちは笑った。たしかに、僕の記憶でもジーンはいつもクリーム色のシャツとグレーのズボンだった。

ジーンの生家から1ブロックほど歩き、左に折れて運河を背にして歩いた。すぐにジーンが通ったギムナジウム Erich Fried Realgymnasium（進学校）に到着した。学校の外壁にユージン・ジェンドリンのメモリアル・プレートが設置されていた。彼は Ehrenzeichen der Stadt Wien（ウィーン名誉市民）だったから、このプレートの序幕式にはウィーン市長も参列したそうだ。それは2018年5月、本稿執筆の2ヵ月前のことだった。ドイツ語で書かれたメモリアル・プレートの内容はつぎのようなものだ。

ユージン・ジェンドリン
オイゲン・ジェンデリンとして生まれた
1926年12月25日ウィーン〜
2017年5月1日　スプリング・バレー、ニューヨーク

ウィーンのアルセグルントで育ち、学校に通う。1938年4月28日、彼は大勢の一人として学校から引き離され、なんとかアメリカに逃れ、後年、彼の作品は世界的に有名になった。オーストリア系アメリカ人の哲学者、心理学者、心理療法家。彼はパー

ソン・センタード・セラピーの共同創始者で、フォーカシング・メソッドを開発した。

1938年4月28日という日付は、ウィーンがナチスに支配された日付だ。ジーンを含むユダヤ系の子どもたちは学校から追放されることになった。その子どもたちの名前は校舎内のプレートに刻まれている。この子たちの多くはアウシュヴィッツに送られ殺された。のちに消息が判明したのは10名にも満たないそうだ。このプレートがある壁と直角になっている別の壁には生存者からの手紙が飾られており、そこにジーンからのメッセージが写真とともに掲示されている。

1996年の夏、僕はジーンとドイツのリンダウ近くの研修施設で一緒だった（第1章7節）。そのとき、「これからウィーンに行く」と言っていたジーンを見送った。そのときにドイツの関係者たちから聞いた話だが、ジーンはなかなかヨーロッパには「里帰り」しようとしなかった。フォーカシングの本が出版されたあと、彼はチューリッヒ大学の招きでほぼ40年ぶりにドイツ語圏を訪れ、そこで初めてドイツ語で講演したそうだ。彼のドイツがあまりにも「古い」ので、「笑いをこらえるのがたいへんだったのよ」とあるドイツ人の方が言っていた。「でも、最近は普通になったわ」と言っていた。第二次世界大戦のころと同じ口調の日本語で1979年に講演したら、それは「おかしい」感じがあるだろうなと僕は思った。

「ウィーンの人々は怖くないんだ。でも、ウィーンの建物は怖い」ジーンは

そのようなことを言っていた。たしかに、ウィーンの建物の外見は1930年代といまもあまり変わりない。学校に「里帰り」したジーンは歴史教師の授業を借りて高校生たちと話をしたらしい。その授業のあと、階段で立ち止まり「学校の臭いですべてを思い出した」といって涙ぐんでいたそうだ。

僕たちは学校をあとにして、20分ほど歩いてアルセグルントの地域ミュージアム（Bezirksmuseum Alsergrund）を訪れた。そこでは「ユージン・ジェンドリン特別展」が置かれていた。このミュージアムの地上階でコーヒーとウィーンのパンの茶話会があった。ロールはナチス支配下のウィーンからの脱出を描いたジーンの伝記を朗読した。この伝記はロールが編集したもので、その日本語訳はフォーカシング研究所のウェブサイトに上がっている。ウィーンで朗読を聴くと、ひとつひとつの言葉に歴史の重みが染み込んでいた。ミュージアムを後にした僕たちは市電にのってShottentorの地下鉄の駅まで向かった。そこで、「ジェンドリン・ウォーク」は解散となった。

［付記］
　ウィーンを離れたジェンドリン一家はオランダを経由して、ワシントンD.C.に落ち着いた。ジーンはその後シカゴ大学に進学し、哲学の学士・修士・博士を修めた。彼は心理学者、臨床心理学者などとよく言われるが、彼は心理学を学んだことはなかった。「臨床心理学者」ではなく「心理療法家」として著名だった。

　彼の哲学は主に大陸哲学で「体験と象徴の関係」を取り上げたものだ。それは「考える」という営みに新しい地平を開いた。カウンセリングについては、彼が大学院修士課程のころから、同じシカゴ大学で教鞭をとっていたカール・ロジャーズの門を叩き、心理療法を実践し、研究するようになった。

　博士論文を書き上げた1958年から1963年までロジャーズとともにウィスコ

ンシン大学に移り、同大学精神医学研究所のリサーチ・ディレクターとして勤務した。1963年からシカゴ大学に戻り、行動科学部方法論研究（Department of Behavioral Science, Committee on Methodology）で教鞭を取るようになった。哲学部ではなく行動科学部ではあったが、ジーンが担当していた授業科目は哲学だった。シカゴ大学在職中も夏はニューヨークで過ごしていた（アメリカ合衆国の大学教員は学部長などの役職者を除き9ヵ月契約となっていて、夏休みの3ヵ月は契約外期間となっている）。1995年に定年退職するまでシカゴ大学で教鞭をとり、退職後はニューヨークで過ごした。

　アメリカ心理学会（APA）より四つもの心理学賞を受賞し、その他の心理療法関連学会から三つの心理学賞を受賞したジーンは、心理学の分野で著名になった。哲学者としてのジェンドリンもますます脚光を浴びつつある。

〈謝辞〉
　本書の編集を手伝ってくれた関西大学大学院心理学研究科の大学院生、岸本夏季さん、田中千香子さん、西野弘明さん、山﨑星弥さんに感謝します。
　第4章：エイジアン・フォーカシング・メソッヅが形になるまでトライアルを共に重ねた大阪フォーカシング・サンガ（コロナ期より不開催）の皆様に感謝します。とくにメンバーの一人、真言宗僧侶の渡邉真教さんには貴重な助言をいただきました。ありがとうございます。
　第5章：草稿を読んで、リスのイラストを描いて提供してくれた杉本悠美さんに感謝します。

初出一覧

- 第3章2節「面接事例の提示」：池見陽（2022）．「体験過程モデル：あるフォーカシング・セッションから言い表される論考」『人間性心理学研究』第39号, pp. 131-141. を改編。
- 第5章3節「クリアリング・ア・スペースの実例」：池見陽編著（2016）．『傾聴・心理臨床学アップデートとフォーカシング』ナカニシヤ出版, pp. 123-126.
- 第5章3節のうち「自分と過ごす贅沢なひととき」：関西大学心理臨床センター ホームページ「晴れたり曇ったり」掲載エッセー「ちょっと贅沢なひととき」（2022年1月20日公開）を改編。
- 第5章4節のうち「フォーカシング・ショート・フォーム実例——つららが変容したフォーカシング・セッション」：コ2 [KOTSU]「ソマティックワーク入門 第16回 フォーカシング 池見陽さん（実践編02）」（2022年12月19日公開）※転載のご承諾に感謝いたします。
- エピローグ第2節「フォーカシングと私——狭間でのめぐり逢い」南山大学人間関係研究センター紀要『人間関係研究』第20号, pp. 67-75を改編。
- エピローグ第3節「ユージン・ジェンドリンの故郷ウィーンへの巡礼の旅」：The International Focusing Institute ニュースレター（2018年9月発行）掲載の A Pilgrimage to Eugene Gendlin's Vienna を「ユージン・ジェンドリンの故郷ウィーンへの巡礼の旅」として著者自身が邦訳し、著者個人のウェブサイトで公開したもの。

参考文献

Cooper, M. & Ikemi, A. (2012). Dialogue: A dialogue between focusing and relational perspectives. *Person-Centered and Experiential Psychotherapies, 11* (2): 124-136.

Friedman, N. (2007). *Focusing-oriented therapy.* iUniverse.

藤田一照. (2012)『現代坐禅講義：只管打坐への道』佼成出版社.

藤田一照, 山下良道 (2013)『アップデートする仏教』幻冬舎新書.

Gendlin, E. T. (1950). *Wilhelm Dilthey and the problem of comprehending human significance in the science of man.* MA Thesis, Department of Philosophy, University of Chicago.

Gendlin, E. T. (1962/1997). *Experiencing and the creation of meaning.* Northwestern University Press. Originally published in 1962 by the Free Press of Glencoe.

Gendlin, E. T. (1964). A theory of personality change. In P. Worchel & D. Byrne (Eds.) *Personality change* (pp. 100-148). John Wiley & Sons.［E. T. ジェンドリン「人格変化の一理論」E. T. ジェンドリン『セラピー・プロセスの小さな一歩（オンデマンド版）』（池見陽, 村瀬孝雄訳）pp. 165-231. 金剛出版.

Gendlin, E.T. (1973). Experiential psychotherapy. In R. Corsini (Ed.) *Current psychotherapies.* F. E. Peacock.［E. T. ジェンドリン「体験過程療法」E. T. ジェンドリン, 池見陽 (2021).『セラピープロセスの小さな一歩（オンデマンド版）』（池見陽, 村瀬孝雄訳）pp. 75-138. 金剛出版.］

Gendlin, E. T. (1978). The body's releasing steps in experimental process. In J. L. Fosshage & P. Olsen (Eds.), *Healing. Implications for psychotherapy* (pp. 323-349). Human Sciences Press.

Gendlin, E. T. (1978-1979/2018). *Befindlichkeit: Heidegger and the philosophy of psychology. Review of Existential Psychology and Psychiatry, 16* (1-3), 43-71. In E. Casey & D. Schoeller (Eds.) (2018). *Saying what we mean: Implicit precision and the responsive order. Selected works by Eugene Gendlin* (pp. 194-224). Northwestern University Press.

Gendlin, E. T. (1981/2007). *Focusing.* Bantam Books. Revised 2007.［E. T. ジェンドリン (1982).『フォーカシング』（村山正治, 都留春夫, 村瀬孝雄訳）福村出版.］

Gendlin, E.T. (1984). The client's client: The edge of awareness. In R. L. Levant & J. M. Shlien (Eds.) *Client-centered therapy and the person-centered approach: New directions in theory, research and practice* (pp. 76-107). Praeger.

Gendlin, E. T. (1986). *Let your body interpret your dreams.* Chiron Publications.［E. T. ジェンドリン (1998).『夢とフォーカシング』（村山正治訳）福村出版.］

Gendlin, E. T. (1990). The small steps of the therapy process: How they come and how to help them come. In G. Lietaer, J. Rombauts & R. Van Balen (Eds.), *Client-Centered and Experiential Psychotherapy in the Nineties* (pp. 205-224). Leuven University Press.［E. T. ジェンドリン (2021).「セラピー・プロセスの小さな一歩」E. T. ジェンドリン, 池見陽『セラピー・プロセスの小さな一歩（オンデマンド版）』（池見陽, 村瀬孝雄訳）pp. 27-72. 金剛出版.]

Gendlin, E. T. (1992). The primacy of the body, not the primacy of perception: How the body knows the situation and philosophy. In *Man and World, 25* (3-4), 341-353.

Gendlin, E. T. (1995). Crossing and dipping: Some terms for approaching the interface between natural understanding and logical formulation. *Mind and Machines, 5* (4), 547-560.

Gendlin, E. T. (1996). *Focusing-oriented psychotherapy*. Guilford Press.［E. T. ジェンドリン (1998/1999).『フォーカシング指向心理療法（上下）（オンデマンド版）』（村瀬孝雄, 日笠摩子, 池見陽監訳）金剛出版.]

Gendlin, E. T. (1997). How philosophy cannot appeal to experience and how it can. In D. M. Levin (Ed.), *Language beyond postmodernism: Saying and thinking in Gendlin's philosophy* (pp. 3-41). Northwestern University Press.

Gendlin, E. T., Beebe, J., Cassens, J., Klein, M. & Oberlander, M. (1968). Focusing ability in psychotherapy, personality and creativity. In J. M. Shlien (Ed.), *Research in psychotherapy*, Vol. III (pp. 217-241). American Psychological Association

ジェンドリン, E. T. (2021).「体験過程療法」（池見陽訳）『セラピープロセスの小さな一歩』（池見陽, 村瀬孝雄訳）pp. 75-138. 金剛出版（オンデマンド版）.

ジェンドリン, E. T. (2021)「セラピープロセスの小さな一歩」（池見陽訳）『セラピープロセスの小さな一歩』（池見陽, 村瀬孝雄訳）pp. 27-63. 金剛出版（オンデマンド版）.

Ikemi, A. (2005). Carl Rogers and Eugene Gendlin on the bodily felt sense: What they share and where they differ, *Person-Centered & Experiential Psychotherapies, 4* (1), 31-42.

Ikemi, A. (2008) Focusing-oriented therapy (FOT): A contribution to the practice, teaching and understanding of focusing-oriented therapy by Neil Friedman. *Person-Centered and Experiential Psychotherapies, 7* (2), 147-149.

Ikemi, A. (2013). You can inspire me to live further: Explicating pre-reflexive bridges to the other. In J. Cornelius-White, R. Motschnig-Pitrik, M. Lux (Eds.), *Interdisciplinary handbook of the person-centered approach,* Springer.

Ikemi, A. (2014). A theory of focusing-oriented therapy. In G. Madison (Ed.), *Theory and practice of focusing-oriented therapy: Beyond the talking cure.* Jessica Kingsley Publishers.

Ikemi, A. (2015). Space presencing: A potpourri of focusing, clearing a space, mindfulness and spirituality. *The Folio: A Journal for Focusing and Experiential Therapy, 26* (1), 66-73.

Ikemi, A. (2017). The radical impact of experiencing on psychotherapy theory: An examination of two kinds of crossings. *Person-Centered & Experiential Psychotherapies, 16* (2), 159-172.

Ikemi, A. (2018). Commentary on 'His master's voice': A focusing perspective. *Person-Centered and Experiential Psychotherapies, 17* (4), 348-355.

Ikemi, A. (2019). A portrait of the person seen through the four dimensions of focusing. *Journal of Humanistic Counseling, 58* (3), 233-248.

Ikemi, A. (2021). Stop to appreciate Gene's legacy and then step forward: Developments from Gendlin's focusing. In N. Kypriotakis & J. Moore (Eds.), *Senses of Focusing* (pp. 105-123). Eurasia Publications.

Ikemi, A. (2022). How can I be of help: The experiencing model. keynote presentation at the 15th world conference for person-centered & experiential psychotherapy & counseling. Copenhagen, July 4th to 8th, 2022.

Ikemi, A. (2023). Crossing with animals: How new forms of focusing can be developed from Gendlin's philosophy and psychotherapy theory. Gendlin Symposium, *Deliberative transformation: Embodied phenomenology and process thinking*. (Online Symposium) The International Focusing Institute.

Ikemi, A., Okamura, S. & Tanaka, H. (2023). The experiencing model: Saying what we mean in the context of focusing and psychotherapy. In R. Severson & K. Krycka (Eds.), *The psychology and philosophy of Eugene Gendlin: Making sense of contemporary experience* (pp. 44-62). Routledge.

池見陽 (1995).『心のメッセージを聴く』講談社現代新書.

池見陽 (1997).「セラピープロセスとしてのフォーカシング：３つのアプローチ」『心理臨床学研究』15 (1), 13-23.

池見陽 (2010).『僕のフォーカシング・カウンセリング：ひとときの生を言い表す』創元社.

池見陽 (2012).「人間性心理学と東洋」『人間性心理学ハンドブック』(pp. 186-193). 創元社.

池見陽 (2012).「漢字フォーカシング：暗在に包まれた漢字一字と心理療法」『Psychologist: 関西大学臨床心理専門職大学院紀要』(2), 1-11.

池見陽 (2013/2023).「憧憬に満ちた問いへの答え：観察と集中を巡る僕の在外研究 (改訂版)」2013年執筆, 2023年改訂

http://www.akira-ikemi.net/ewExternalFiles/WatTamDoiTohnRV2-essay.pdf

池見陽 (2015).「アーユルヴェーダを通りし縁の道」『人間性心理学研究』32(2), 199-205.

池見陽編著 (2016).『傾聴・心理臨床学アップデートとフォーカシング：感じる・話す・聴くの基本』ナカニシヤ出版.

池見陽 (2016).「村上春樹の小説にみるフォーカシングの心理学 (改訂版)」http://www.akira-ikemi.net/ewExternalFiles/HarukiMurakami%26Focusing.pdf

池見陽 (2017).「人間性心理学のマインドフルネス的展開」『精神科治療学』32(5), 655-660.

池見陽 (2018).「複雑に布置された全体は動きを指し示している」『大阪経済大学論集』68 (6), 81-96.

池見陽 (2019).「表現のセンスとギヴスの創造的な出会い：体験過程とアートの相互作用をめぐって」『臨床描画研究』(34), 62-85.

池見陽 (2021).「フォーカシングとマインドフルネスの現状と展望」『心理学評論』64 (4), 518-535.

池見陽 (2022).「体験過程モデル：あるフォーカシング・セッションから言い表される論考」

『人間性心理学研究』39(2), 131-141.

池見陽 (2022).「エイジアン・フォーカシング・メソッズ」池見陽, 浅井伸彦編著『あたらしい日本の心理療法：臨床知の発見と一般化』遠見書房.

池見陽 (2022).「ちょっと贅沢なひととき」〈晴れときどき曇り〉関西大学心理臨床センター (https://www.kansai-u.ac.jp/psc/news/column/2022/index.html).

池見陽 (2023).「"フォーカシング指向心理療法"とは如何なる療法か、そしてそれを補うのは何か」『日本人間性心理学会第42回大会発表論文集』(p. 70), 日本人間性心理学会.

池見陽 (undated)「アーユルヴェーダを通りし縁の道 (改訂版)」(http://www.akira-ikemi.net/ewExternalFiles/ayurveda-revised.pdf)

池見陽, 筒井優介, 平野智子, 岡村心平, 田中秀男, 佐藤浩, 河﨑俊博, 白坂和美, 有村靖子, 山本誠二, 越川陽介, 阪本久美子 (2019).「アニクロ：体験過程理論から見出された実存的なワーク」『Psychologist：関西大学臨床心理専門職大学院紀要』(9), 1-12.(http://hdl.handle.net/10112/16827)

池見陽, 森田志生実 (2024).「共感のプロセス：パーソン・センタード・セラピー時代に展開したカール・ロジャーズの共感論」『人間性心理学研究』42 (1), 9-15.

Lietaer & Gundrum (2018). His master's voice: Carl Rogers' verbal response modes in therapy and demonstration sessions throughout his career. A quantitative analysis and some qualitative-clinical comments. *Person-Centered and Experiential Psychotherapies, 17* (2), 275-333.

増井武士 (2007).『心の整理学：自分でできる心の手当て』星和書店.

Mead, G. H.(1932/1980). *The Philosophy of the Present*. The University of Chicago Press. (Phoenix edition 1980.)

光石歩乃佳, 池見陽 (2022).「『観我フォーカシング』では何が起こっているのか：セッション・レポートからの考察」『関西大学心理学研究』(13), 17-27.

村上春樹 (2004).『ノルウェイの森 (上)』講談社文庫.

中田行重 (2013).「Rogers の中核条件に向けてのセラピストの内的努力」『心理臨床学研究』(30), 865-876.

岡村心平 (2013)「なぞかけフォーカシングの試み：状況と表現が交差する"その心"」『Psychologist：関西大学臨床心理専門職大学院紀要』(3), 1-10.

岡村心平 (2017).「交差と創造性：新たな理解を生み出す思考方法」『人間性心理学研究』(35), 89-100.

岡村心平, 阪本久美子, 越川陽介 (2017).「自分を動物に喩えるワークから見るリスニングの特徴についての一考察」『日本人間性心理学会第36回大会発表論文集』pp. 97-98.

Purton, C. R. (2014). *A Focusing-Oriented Counseling Primer* (Reprint Edition). PCCS Books.

Rogers, C. R. (1942/1989). The use of electronically recorded interviews in improving psychotherapeutic techniques. In H. Kirschenbaum & V. L. Henderson (Eds.), *The Carl Rogers reader* (pp. 211-219). Houghton-Mifflin, 1989.〔C. R. ロジャーズ (2001).「サイコセラピー技術の改善における電気録音面接の利用」(池見陽訳) H. カーシェンバウム, V. H. ヘンダーソン編『ロジャーズ選集 (上)』(伊東博, 村山正治監訳). 誠信書房.〕

Rogers, C. R. (1951). *Client-centered therapy: its current practice, implications and theory.* Houghton-Mifflin.

Rogers, C. R. (1957). The necessary and sufficient conditions of therapeutic personality change. *Journal of Consulting Psychology, 21* (2), 95-103.

Rogers, C. R. (1961). *On becoming a person*, Houghton-Mifflin.

Rogers, C. R. (1961). What is means to become a person. In *On becoming a person* (pp. 107-124). Houghton-Mifflin.

Rogers, C. R. (1975/1980). Empathic, an unappreciated way of being. *The Counseling Psychologist, 5* (2-10). Reprinted in C. R. Rogers. *A way of being* (pp. 137-163). Houghton-Mifflin.

Rogers, C. R. (1981). The foundations of a person-centered approach. *A way of being* (pp. 113-136). Houghton-Mifflin.

Rogers, C. R. (1986/1989). Reflection of feelings and transference. Person-Centered Review, (2), 375-377. Reprinted in H. Kirschenbaum & V.L. Henderson (Eds.), (1989). *The Carl Rogers reader.* Houghton-Mifflin.［C. R. ロジャーズ (2001).「気持ちのリフレクションと転移」(池見陽訳) H. カーシェンバウム, V. H. ヘンダーソン編『ロジャーズ選集（上）』(伊東博, 村山正治監訳) 誠信書房.］

ロジャーズ, C. R. (1984).『人間尊重の心理学：わが人生と思想を語る』(畠瀬直子訳) 創元社.

Rome, D. (2014). *Your body knows the answer: Using your felt sense to solve problems, effect change and liberate creativity.* Shambhala.［D. ローム (2016).『マインドフル・フォーカシング：身体は答えを知っている』(日笠摩子, 高瀬健一訳) 創元社.］

Sartre, J.P., (1943). *L'être et le néant: Essai d'ontologie phénoménologique.* Gallimard.

Severson, E. & Krycka, K. (2023). *The psychology and philosophy of Eugene Gendlin: Making sense of contemporary experience.* Routledge.

田中秀男, 池見陽 (2016).「フォーカシング創成期の2つの流れ：体験過程尺度とフォーカシング教示法の源流」『Psychologist: 関西大学臨床心理専門職大学院紀要』(6), 9-17. (http://hdl.handle.net/10112/13417)

Tanaka, H. (未公刊) *Anthology; Dilthey as Precursor of Gendlin.* Unpublished Manuscript.

田嶌誠一 (2019).『壺イメージ療法：その生い立ちと事例研究』創元社.

徳田完二 (2009).『収納イメージ法』創元社.

池見 陽（いけみ あきら）

関西大学名誉教授。兵庫県生まれ。ボストン・カレッジ卒業、シカゴ大学大学院修士課程修了。医学博士（産業医科大学）。北九州医療センター、岡山大学助教授、神戸女学院大学教授、関西大学文学部教授、同臨床心理専門職大学院教授、同人間健康学部教授を歴任。2019年、アメリカ・カウンセリング・アソシエーションより Living Luminary（存命の輝ける大家）に指名。2020年、日本人間性心理学会学会賞受賞。
著書：『僕のフォーカシング゠カウンセリング──ひとときの生を言い表す』（創元社）、『バンヤンの木の下で──不良外人と心理療法家のストーリー』（木立の文庫）、『傾聴・心理臨床学アップデートとフォーカシング──感じる・話す・聴くの基本』（編著、ナカニシヤ出版）、『心のメッセージを聴く──実感が語る心理学』（講談社現代新書）など。

カウンセリング再発見
──それはフェルトセンスから始まった

2025年2月20日　第1版第1刷発行

著　者	池　見　　陽
発行者	矢　部　敬　一
発行所	株式会社 創 元 社

https://www.sogensha.co.jp/
本社 〒541-0047 大阪市中央区淡路町4-3-6
Tel.06-6231-9010㈹
東京支店 〒101-0051 東京都千代田区神田神保町1-2 田辺ビル
Tel.03-6811-0662㈹

印刷所　　　　　　　　　　株式会社 太洋社

©2025 Akira Ikemi, Printed in Japan
ISBN978-4-422-11835-2 C3011

本書を無断で複写・複製することを禁じます。
乱丁・落丁本はお取り替えいたします。
定価はカバーに表示してあります。

JCOPY〈出版者著作権管理機構 委託出版物〉
本書の無断複製は著作権法上での例外を除き禁じられています。
複製される場合は、そのつど事前に、出版者著作権管理機構
（電話03-5244-5088、FAX03-5244-5089、e-mail: info@jcopy.or.jp）
の許諾を得てください。